人物叢書

新装版

秋山真之《あきやまさねゆき》

田中宏巳

日本歴史学会編集

吉川弘文館

秋山真之肖像

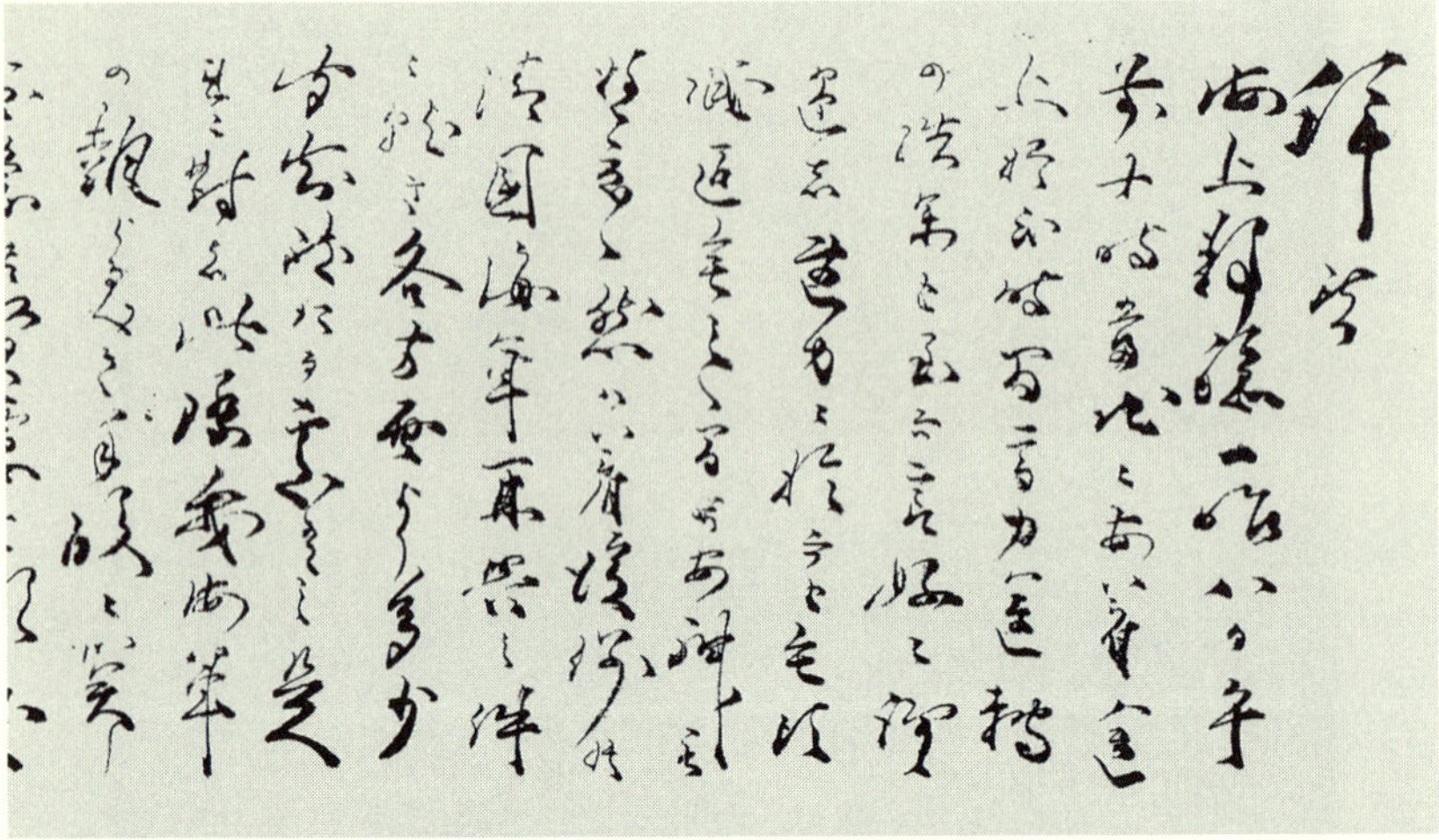

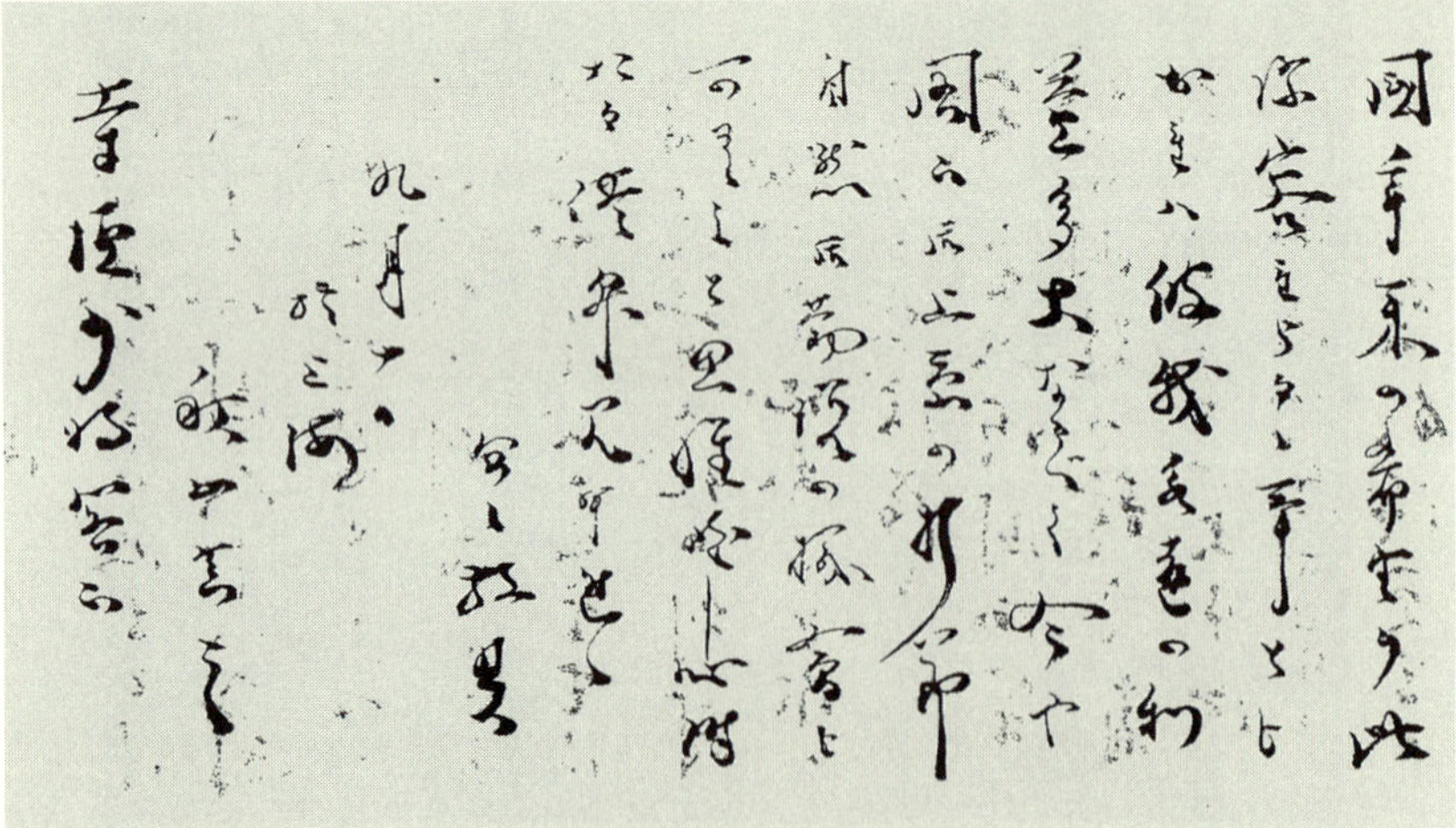

寺垣猪三宛秋山真之書簡

（大正３年９月10日付，230〜236ページ参照）

はしがき

政治家は何をしても批判される。それも数十年も昔のことまで批判されるまったく損な役回りである。数多《あまた》のなり手から選ばれたのだから、それくらいのことは当然ともいわれる。利害や価値観の異なる者が主張をたたかわせ、妥協点を見出せば良し、見出せなければ多数決で決着をはかるのが近代政治制度だが、決定の適否が明らかになるのはずっと先のことが多く、この間、反対者からいつまでも批判が続く。

昭和七年（一九三二）の五・一五事件以後、武断政治が続き、これを軍国主義時代と呼ぶ。武断政治が好ましくない理由は、反対者の批判を認めたがらないことで、これは近代政治ではない。国家がある以上、政権は存在するが政治はなくなったも同然である。政治家は批判の応酬で決着点を見つけようとするが、軍人は自己の判断を確信し、反対意見を力で封じて決着しようとする。これが政治家と軍人がもっとも違うところである。

功績を讃え、これを世に知らしめることを「顕彰」というが、軍隊や軍人の間ではとくに盛んであった。軍国主義時代には、全国各地の部隊に顕彰碑が林立し顕彰を目的とした出版物が氾濫した。軍人の「伝記」も、顕彰目的のものが多い。武断政治を進めるには、軍人がいかにすぐれた人間であるか世に知らしめる必要があったのである。どの分野の伝記でも、その編纂と出版には故人を讃える関係者からの資料や経費の提供を必要とし、どうしても顕彰的色彩が濃くなるものだ。軍人の伝記の中で最も多いのは、日露戦争で活躍し、功成り名を遂げて大正時代に現役を退き、大正後半か昭和に死去した世代のものである。昭和十二年にはじまる日中戦争は国内を総力戦体制へと変質させたが、翌十三年末の紙の統制と十四年の顕彰碑建立運動が、軍人の伝記の出版を促す契機になった。紙の統制は逆に陸海軍に手持ちの紙を増やし、石の顕彰碑に対する紙の伝記を公にする動きを加速した。

秋山真之は大正七年（一九一八）に病没し、彼の最初の伝記が刊行されたのが昭和八年であり、編纂者は松山出身の後輩の海軍軍人で、時代も関係者も彼を顕彰するのを当然と考えた。軍人の伝記は大将や中将にのぼった者がほとんどだが、伝記を編纂してもらえるのはその中のごく一部の者だけである。元帥府《げんすいふ》に列しても功績大であっても編纂されるとは限らず、幾つかの幸運が重なる必要がある。秋山の場合、伝記が編纂されたのは執筆者に恵まれたことが大きい。この幸運は松山出身者によってもたらされた点に留意しなければならない。

明治期に活躍した軍人の場合、日露戦争後について描くだけで敬仰《けいぎょう》者から非難されることが多い。とくに日露戦争で活躍した軍人については、戦役後に触れないことが暗黙の不文律にさえなっている。日露戦争を司馬《しば》遼太郎《りようたろう》のように坂の上にある青雲になぞらえ、明治時代の国家や個人の歴史を日露戦争の勝利を目指して邁進《まいしん》する姿に似せ、その向こうにある景色に盲目になってきた。坂道症候群とでもいえようか。この不文律に反する伝記を立てると、資料にあるがまま書いても、主人公を批判しているとして縁故者から強い反発を受けることもある。敗戦後、軍人およびその一家に対して加えられた社会の非難をよく覚えている家族はきわめて神経質になっており、今日も話題にされることすらも喜ばない。

秋山の功績は、海軍大学校での兵術講義と日露戦争の作戦計画にある。日露戦争は秋山一人ではできないが、兵術講義は彼一人の努力の結晶であり、もっとも秋山らしい功績である。純粋に学術的活動のように見えるが、海軍という組織が動く際に不可欠な思想を注入し、実効をあげることではじめて評価されるものである。いくら秋山が名文家でも兵術思想は難解で、これを読み込んで彼の思想の核心を解き明かし、その実効を跡付けるのは容易なことではない。完全な理解は無理としても、ある程度の理解なくしては秋山の功績の意義を明らかにできないが、この点は、本書でも達成できたとは断言しにくい。

陸軍の児玉源太郎を典型として、日露戦争に全精力を費やした軍人は肉体的にも精神的にも疲れ果て、勝利の余韻《よいん》を噛みしめる間もなく生涯を閉じた。児玉ほどでなくても、徐々に衰えた例なら、陸軍の大山巌《いわお》、海軍の上村彦之丞《かみむらひこのじょう》など幾らもあり、秋山もこの部類に入る。戦争当時、三十七、八歳であった秋山には隆々たる未来があったはずである。戦後、六人もの子をもうけ、子供たちの養育、教育を考えると、老けてなどおれなかった。だがときどき言葉の端々に、苦悩と疲労の間で迷い続ける内面を覗かせた。秋山の偉さは、超エリート軍人であり、余人では太刀打ちできない頭脳の持ち主でありながら、人間の弱さ、平凡な人間に共通する喜怒哀楽が透けて見えることである。無理に強がる昭和の軍人と違い、人間の限界を自認し宗教に救いを求めるなど、その生き様に共感を覚える現代人は多いであろう。晩年の秋山を描くには、こうした面を避けて通れないと考え、あえて隠蔽しなかった。

日本歴史学会の理事会から執筆のご依頼があってから久しいが、どうにか上梓できた。資料の閲覧や松山の現地調査には、影山好一郎氏、高橋安朗氏、諸永京子氏、梅岡貴美子氏、その他多くの方々にお力添えをいただいた。心より感謝を申し上げる。

平成十六年八月十日

田中宏巳

目次

口　絵

秋山真之肖像

寺垣猪三宛秋山真之書簡

挿　図

挿　表

第一　日露戦争まで

一　おいたちと松山中学

松山の風土

四国松山《まつやま》は、文と武の国である。いずれも武士のたしなみである。城下町らしく、藩主である松平家（維新後、久松《ひさまつ》家）が学問を重んじたこともあって、武家の教養である漢学が盛んであった。漢学の一部に漢詩があり、漢詩の創作、解釈が重んじられた。その一方で和歌や俳句の創作が盛んで、明治時代になると、正岡子規《まさおかしき》をはじめとするこの世界の指導的俳人をつぎつぎに輩出した。

俳　句

五・七・五の十七音で表現する俳句も、五言《ごごん》または七言《しちごん》で繰り返す漢詩や日本古来の和歌にしても、よけいな音や文字を排除し、いわば最小限の字数で最大限の表現を目指す。「松山文学」という呼び方はないが、短い語句に長い時間や広い空間を閉じ込め、無限の意味を持たせる表現力の練磨を重んじる風土があり、それが和歌や俳句に結実して、明治時代にはとくに俳句の世界を席巻する勢いを示した。

このような松山で、秋山真之は生を受け育った。故郷と人格との間にどれだけ関係があるかは時代や場所によって異なるが、徳川時代に育てられた地方文化が残る明治時代までは、濃密な関係があったといえるであろう。秋山を有名にした数々の逸話にも、松山の生まれでなかったら、こうはならなかったと思われることが幾つもある。

生家

町の中心にある松山城は、どこからでも見える山の上に建つ。山の上にある城を山城《やまじろ》というが、津和野《つわの》城や岐阜《ぎふ》城の建つ比較的高い山でなく、山より丘の表現が似合う程度の山の上に立っている。勢いのある敵兵であれば一気に登り切れそうな山だから、山の周囲に堀をめぐらす必要があった。今日では松山城の見学にケーブルカーが使われるようになったが、そのケーブルカーの出発駅に近い中歩行町《なかかち》に秋山の生家があった。今では常盤《ときわ》同郷会《どうきょうかい》の柔道修練《しゅうれん》道場があり、秋山好古《よしふる》・真之兄弟の生誕地として保存されている。

家系

女中を一人か二人程度を置く士族の家系である。父の久敬《ひさたか》（平五郎）は旧藩時代に歩《か》（徒）行《ち》目付《めつけ》をつとめたが、この役職は下級武士に属す。豊かではなかったが、貧乏でもなかったから、秋山兄弟は一通りの教育を受けられた。長男則久は病身で世に出ることはなかったが、次男正矣は岡家の養子となり、のち朝鮮京城電気株式会社の重役に、三男好古が陸軍大将、四男道一《みちかず》は西原家の養子となり、実業界で活躍中に死亡、五男真之が海軍中将、秀才揃いの兄弟である。

好古と真之

兄弟でしかも同じ軍人の道を選んだ好古と真之が似ていたかというと、兄の大柄で日本人離れした彫りの深い顔立ちは父親似で、長じては悠揚《ゆうよう》迫らぬ大人の風格を備えた。一方弟真之は小柄な母の貞《さだ》に似ており、彼を象徴するきびきびした動きのほか、性格ともに違っていた。子供の頃は、兄の好古が気のやさしい泣き虫、弟真之がいたずらっ子でガキ大将、喧嘩のときには総大将をつとめ、母の貞が真之にやられた相手の親に詫びることも稀でなかった。

二人の人格

成人した好古は無駄口をたたかず、何事にも厳格で、真之を東京に呼び寄せたときも一切妥協を許さず、また父の死にも泰然《たいぜん》として表情一つ変えず、母に気休めの一言もなかった。元来は気弱であったはずだが、克己《こっく》と鍛錬《たんれん》で自己革新をはかったのである。近寄りがたい人格かといえば、食事代わりの大酒のみで、水筒に酒を入れて部下を指揮することもあり、生真面目な人間が見れば、噴飯者《ふんぱんもの》としてさげすまされたにちがいない。これに対して真之は、母にいつも孝行息子らしい言葉をかけ、父が亡くなったときも、襖を閉めて一人で泣いた。また日露戦争中、敵弾のために肉片だけを艦橋《かんきょう》に残して消える同僚や部下を見て、人生の無常にいたたまれず、僧侶になって弔《とむら》いたいと真剣に考えたこともあった。まったく対照的な兄弟であった。

「もののふ」観の相違

このような違いは、二人の「もののふ」に対する解釈の違いにもあった。兄は、感情を見せるのは人間の弱さの表れであり、とくに戦場に立つ者は決して見せてはならないと考えていた。これに対して弟は、痩せ我慢して悲しみを溜め込むよりさっさと発散し、つぎの仕事に全力集中した方がよいと考えた。日本では好古のような人物が「もののふ」の理想的体現者と考えられたが、弟の方は、こうした伝統と異質の合理主義を尊ぶ近代的思想を持っていたといえるかもしれない。

出生

秋山が生まれたのは明治維新《めいじいしん》の年である。まだ藩が存続していたから、維新の影響は家計に影響していない。しかし明治四年(一八七一)八月の廃藩置県《はいはんちけん》による藩の廃止は、全家臣の解雇を意味した。秋山家も家禄《かろく》を召し上げられ、わずかばかりの奉還金《ほうかんきん》を頂戴した。何か職にありつかなければ、一家が路頭に迷うのは目に見えている。幸い父久敬は県の学務課に職を得て一家が食べていける見通しがついたが、薄給の小役人である。

秋山家の家計

秋山が生まれたばかりのとき、両親が寺にあずける話をしているのを聞いた好古が、

「自分が大きくなったら何とかするから止《や》めてくれ」とせがんだ話が残っている。藩の禄をはみ、いまは県の役人になった家庭が子育てもできないほど極貧であったとも思えない。秋山家より貧しい家なら、それこそいくらでもあったはずだ。好古はこの時の約束を忘れず、陸軍少尉《しょうい》になると、真之を中学で勉学させる学資の面倒を見た。

近藤塾で漢学を学ぶ

秋山は長じると、小唐人町《ことうじんまち》一番町寄りの新栄座《しんえいざ》近くにあった儒者近藤元修《げんしゅう》の近藤塾に通い、漢学を学んだ。後輩の水野広徳《ひろのり》によれば、市内にあった三つの私塾のうちで、教授法が最も厳烈といわれたのが近藤塾であった。儒学の基本テキストである「論語《ろんご》」や「孟子《もうし》」などの四書五経《ししょごきょう》のほか、『十八史略《じゅうはっしりゃく》』『八大家文《はちだいかぶん》』等の素読を繰り返し、間違えると、近藤の持つ竹の鞭《むち》が容赦なく机をビシィ、ビシィと叩くので背筋がすくんだ。意味がわからないまま、幼い頭脳は暗記し血肉化する。これが学問の出発点である。意味がわかる年齢になると、暗記したものに道徳的、哲学的意味を与える。秋山らの世代のほとばしるような語彙の発散も、この時に学んだ漢学が源流になっている。

和歌をたしなむ

松山が歌詠みの盛んな土地柄であることは前述したが、秋山も、十四歳頃から歌人井《い》手正雄《でまさお》について武士のたしなみとされた和歌を学んだ。井手は、のちに『秋山真之』を書く桜井真清《さねきよ》の叔父である。すでに七、八歳のころから詠みはじめ、あらためて習うことに何の抵抗もなかった。むしろ歌が好きだったことを推察させる洒脱《しゃだつ》と風刺《ふうし》の効いた作品がいくつか残されている。

勝山小学校

明治元年(一八六八)生まれの秋山の世代は、漢学塾での勉学だけではすまなかった。朝暗いうちに提灯《ちょうちん》の明かりを頼りに漢学塾に通い、それから新制教育を行う勝山小学校に通った。中には小学校終了後、再び別の塾に通うものもあった。当時市内には四つの小学校があり、秋山の通った小学校は士族子弟の割合が最も高かった。

松山中学校

卒業後は同じ構内にある松山中学校に通った。明教館《めいきょうかん》と呼ばれた藩学の講堂を使い、松山市内および周辺の俊秀が集った。明教館は、十一代藩主松平(久松)定通《さだみち》時代の文《ぶん》政《せい》十一年(一八二八)二月に建設され、朱子学《しゅしがく》の大家日下伯巌《くさかはくげん》、高橋復斎《ふくさい》を教授として開校された。藩学時代は、職員十人、生徒数六十人で、文武両道を目指す教育が行われた。維新後、県学校、英学所と変わり、明治十一年六月に松山中学校になったが、市民は明教館の響きを懐かしみ、いつまでも同校のことを「明教館」と呼んだ。

同窓生との交流

秋山の生涯にわたり直接間接にかかわるのが松山中学の同窓生で、松山の風土をより深く理解するためにも、彼らに焦点を当てておく必要がある。異境である東京では、同郷意識が在京の同郷人を強く結びつけ、旧藩主の旧江戸屋敷を交歓の場に、何かと集ま

錚々たる卒業生

俳人と軍人

明教館講堂

っては相談し、協力し合い、情報を交換したものだ。中学の俊秀の多くは東京に出て活躍の場を探したが、秋山の周りに同窓生が見え隠れするのも、東京で接触する機会が多かったという理由によるものであろう。

明教館時代を含めた松山中学の卒業生の中から、歴史に名を残す著名人をかいつまんであげると、つぎのようになる。

〈俳　人〉内藤鳴雪《めいせつ》、正岡子規、松根東洋城《とうようじょう》、高浜虚子《きよし》、中村草田男《くさたお》、河東《かわひがし》碧梧桐《へきごとう》

〈軍　人〉秋山好古、秋山真之、白川義則、水野広徳、桜井忠温《ただよし》、桜井真清、山路《やまじ》一善《かずよし》、川島義之

このように見事なまでに俳人と軍人に二極化した錚々《そうそう》たる卒業生を輩出し、日本の歴史の中に足跡を

刻んでいる。近代俳句は彼ら卒業生が作ったようなものだし、日露戦争での陸海軍の戦いも伝承も卒業生抜きでは語れない。近代日本の文と武の発展の重責を担ったことに驚かされる。一方は松山の文化を象徴する俳句の道に進んだ者、他方は文の道とは対照的な武の道に飛び込んだ者である。むろん官界や学問の道で活躍した卒業生もいるが、とくに近代日本の歴史の中で光輝を放つのは俳句と軍事での貢献である。

武士の理想型

一見相対立するかのように見える二つの分野だが、徳川時代、一個の人格に「もののふ」と歌人を両立させるのが武士階級の理想であった。この武士の理想形を念頭において俳句を和歌と読み替えれば、明治期の対照的な人間と思いがちの俳人と軍人とは、文武両道の一個の武士から分離したものと解釈できる。明治以後、近代化によってかつて武士が担っていた軍事、政治、文化などが分離し、一個人が軍人でも歌人でもある必要がなくなった。この分化の作用が、もっとも効果的に発揮されたのが松山であり、分解過程で偉材を輩出したものと考えられる。

松山人の苦節

右の中で、秋山のおいたちの上で兄の好古の存在が最も大きい。また白川義則、正岡子規らも忘れることができない。軍人が多くなるのは、秋山が軍人の手前やむえない。兄の好古をはじめ白川、山路、水野、桜井らは、生家が下級武士層に近く、維新の激動期に貧困の中で刻苦勉励し、薩長《さっちょう》優勢にもめげないで頑張った。彼らの苦節は秋山の歩んだ道にも重なるので、その生い立ちを見るのは秋山の理解に有益であろう。

山路一善

四人のうち山路は海軍兵学校《へいがっこう》の同期で、首席《しゅせき》を争った仲だが、不思議なほど秋山との関係が薄い。どうしても人間関係が深まらない相手がいるものだが、山路もそうした人物らしい。これにくらべ陸軍に進んだ白川義則とは、兄弟同様のつきあいをした。

白川義則

白川は秋山と同じ一八六八年の生まれ、この年の九月八日に改元しているため、秋山は慶応《けいおう》四年三月、白川は明治元年十二月の誕生である。中学をともに過ごした二人は、小柄で俊敏という共通点もあり肝胆相照らす仲であった。従来の秋山の伝記の中にほとんど出てこないが、秋山が死の間際に枕元に呼んで後事《こうじ》を託したのは白川であり、秋山の死に水を取ったのも彼である。正岡子規との関係ばかりが取り上げられるが、白川とはそれ以上だったかもしれない。記録における現れ方や記録量が、必ずしも事の重要性や価値に直結しない好例を二人の関係に見ることができる。

白川義則

白川家の家計

白川の家は城下の下千船町《しもせんぶねちょう》にあり、父佐々《さっさ》

右衛門親応《うえもんちかまさ》は二百石取りの馬廻《うままわ》り役であり、下級武士とはいえない。維新後には材木問屋をはじめて、多くの使用人を抱える市内有数の商家になったが、白川が秋山と同じ勝山小学校に入った三、四年後から家業が傾き、卒業を迎えるころには家屋敷をたたんで、松山裁判所検事の家の近くに引っ越した。松山中学校を中途退学し、県庁の給仕、勝山小学校の代用教員をつとめるなどして家計を助けた。ちょうどこの頃、検事の家には法律家志望の書生で、のちに陸軍大将・内閣総理大臣になる田中義一《ぎいち》が勉学していたが、白川は知る由もなかった。

白川の陸大進学

明治十七年（一八八四）、白川は規定の身長に足りないところを試験官に助けられ、千葉の陸軍教導団《きょうどうだん》に入った。生活を切りつめて極貧の家族へ仕送りを続け、それでも陸軍士官学校に合格した。猛勉強の甲斐あって優秀な成績で卒業し、その後も刻苦して超難関の陸軍大学校（以下、陸大）にも合格した。陸大在学中、四谷信濃町《よつやしなのまち》の好古の家に同居させてもらったが、好古は同郷の後輩というだけでなく、秋山の分身のように遇した。

秋山との関係

日清・日露戦争に参加した白川は数々の殊勲《しゅくん》を立て、日露戦争後、はじめて陸軍省勤務になった。秋山も海軍大学校（以下、海大）教官として東京勤務になり、気の置けないつき合いが復活した。この間、秋山と同じ治罪法改正委員をつとめた。大正四年（一九一五）

に広島第九旅団長となり、翌年陸軍省人事課長となって東京に戻り、秋山の病気を見舞い、秋山の死を看取ることになった。その後、陸軍士官学校長、第一師団長を経て陸軍次官《じかん》、関東軍司令官《しれいかん》を歴任し、昭和二年(一九二七)、田中義一内閣の成立とともに陸軍大臣となった。秋山の陸軍版が白川とする見方があり、これに従えば、秋山も元気でいれば海軍大臣もしくは軍令部長《ぐんれいぶちょう》になる未来図ができる。

第二次上海事変

昭和七年、陸軍の満州事変《まんしゅうじへん》に対抗して海軍が上海《シャンハイ》事変を起こしたが、数次の政治革命と第一次大戦中の飛躍的経済的発展を遂げた中国は、以前の中国とはまるで違っていた。海軍陸戦隊《りくせんたい》の力では中国軍をどうにもできず、やむなく陸軍に応援を求めた。これに応じて陸軍が編成した派遣軍の司令官に白川が選ばれた。総攻撃によって中国軍を租《そ》界《かい》外に駆逐し停戦を実現したが、天長節《てんちょうせつ》の式典中に爆弾を投げつけられて負傷し、間もなく胃腸病が主な原因で死去した。

二人の作家

白川が軍人の王道を歩んだとすれば、水野広徳と桜井忠温は間道とでもいうべき道を選んだが、誰にでも歩ける道ではなかった。二人は松山出身者らしく、軍人ながら作家として筆で身を立てた変わり種である。桜井は日露戦争で負傷、その体験を踏まえて旅《りょ》順《じゅん》攻囲戦を描いた『肉弾《にくだん》』で文壇にデビューし、他方、水野は日露海戦史の編纂で得た知識を生かした『此一戦《このいっせん》』で登場した。社会が次第に大衆化し、戦争も大衆の支持、協力なくしてはできなくなりつつあり、筆で戦争や軍隊を大衆に紹介できる仲介者が不可欠になった。海軍の小笠原長生《おがさわらながなり》がその方面の象徴的存在だが、海軍の水野広徳、陸軍の桜井忠温がその代表格に当たる。

水野広徳

水野は、松山藩のお能方《のうかた》であった光之《みつゆき》の末っ子として生まれ、六歳までに両親を失って一家離散の憂き目にあい、叔父の笹井真澄《ささいますみ》夫妻に育てられた。叔父夫婦は中学校まで進ませてくれたが、容赦のない躾《しつけ》を加えた。水野の反骨精神は語り草にもなっているが、こうした生い立ちと無関係ではあるまい。東条塾で学んだ水野は、筆写した教科書を売って小遣い銭を稼いだといわれる。余談だが水野は、お囲《かこい》池の水練場《すいれんじょう》（水泳場）で、海軍兵学校生徒服でさっそうと現れた秋山と山路が、得意げに泳ぎ回るのを見ている。

水野の海兵入学

明治二十八年（一八九五）、日清戦争で生じた穴を埋める兵学校追加募集の試験で、水野は辛くも合格した。成績は入校時も卒業時も中の中であった。何度落ちてもあきらめず、受け直して入校した兵学校であったが、気が向かないと机の前に座らない性格では成績の向上は望めなかった。すでに文筆家によく見られる気ままな性格が出ていた。

水野の戦歴

義和団事件では、陸戦隊小隊長として上海警備についた。新鋭戦艦「初瀬《はつせ》」の勤務以外はすべて窮屈な小型艇で、そのまま日露戦争でも水雷艇長《すいらいていちょう》や水雷艇隊長などを勤めた。第三回旅順閉塞作戦《りょじゅんへいそく》、明治三十七年十二月の露艦「セバストーポリ」攻撃、日本海海戦の夜間攻撃にも参加した。日本海海戦では、バルチック艦隊（以後、バ艦隊）に極限まで接近し、水雷攻撃を何度も繰り返し、連合艦隊《れんごうかんたい》司令長官から感状《かんじょう》（戦功を賞し与えられる書付）をいくつももらった。しかし終戦直前に島根県沖で台風に遭遇し、水雷艇の一部を壊したかどで謹慎十日の処分を受けた。水野の不運な海軍生活のはじまりである。

日露海戦史の編纂

戦役後、東京の軍令部第四班に所属し、終日机に向かう仕事についた。日露海戦史の編纂である。編纂事業の委員長は、前半が江頭安太郎《えがしらやすたろう》、後半が名和又八郎《なわまたはちろう》だが、実務を取り仕切っていたのは前述の小笠原長生である。ここで水野は日本海海戦の部分をまかされ、各艦船から届いた戦闘詳報《せんとうしょうほう》や戦時日誌を整理した。海大に戻った秋山を何度か訪ね、海戦の作戦計画や実際の指揮について聞いた。日露海戦史は三種が編纂されたが、水野が関係したのは部内研究用と一般用の二つであった。この間に取ったメモを参考に、自宅で書き上げたのが処女作『此一戦』である。日本海海戦に完勝した事実を知っていても、概略しか知らなかった読者は、はじめて知る詳細に興奮した。

『此一戦』

現役軍人が出版する場合、所属機関の許可を受けなければならない。許可を出す者は責任を問われるのをおそれ、原稿の細部にまで苦情を呈し修正を命じる。修正要求通りにすれば骨抜きになり、つまらない作品になるのは目に見えている。陸軍では、後述する桜井の『肉弾』が出たあと、大急ぎで「陸軍将校《しょうこう》著作規定」を作って暗に出版を禁止した。その辺のところは小笠原が指導したが、編纂用の資料で私的な作品を書くことに部内の空気は冷たかった。大半の編者が編纂事業の終る四十四年度末まで軍令部に籍を置いていたのに対して、水野に対する小笠原のかばい立ても通用しなかったらしい。

海軍省文庫

不評を買った水野は舞鶴《まいづる》水雷団に飛ばされ、ここでも上司と部下の処遇で争い、佐世《させ》保《ほ》海軍工廠《こうしょう》検査官という閑職に追われたのち、海軍省人事局がもっと閑職と考えた海軍省文庫《ぶんこ》主管《しゅかん》に押し込められた。海軍省文庫は機密《きみつ》・普通文書類や各種印刷物、かつて水野が整理した戦史資料等を保存する海軍の公文書館である。ここにポストを得た水野は、水を得た魚か、野に放たれた虎である。用済みと決め込む公文書の価値に無関心な軍人官僚には、文書を開くときのわくわくする醍醐味《だいごみ》は理解できない。水野は海軍省公認のお墨付きをもらい、宝の山に没入した。至福の時とは、こうしたことをいう。

不屈の文筆家

第一次大戦中、二度私費で欧州留学した。大正十年(一九二一)一月、『東京日日新聞』に「軍人心理」を発表、謹慎処分を受けた。今度は三十日間で、自ら引退を申し出て認められた。幼少期から波乱の連続で、在職中も穏やかな時がなかった。引退後の水野は、『興亡の此一戦』、『海運』掲載の「戦争と政治」で、再三発禁処分を受けた。その都度、政治色のない『高須峰造先生』『秋山好古』などで執筆意欲を発散したが、長続きしなかった。いつしか不屈の文筆家と呼ばれ、予期した通りの太平洋戦争敗北を見ながら死去した。

桜井忠温

桜井の経歴も波乱に満ちていた。生家は下級士族で貧乏であった。しかし兄弟はみな頭脳明晰で、長兄の桜井鷗村《おうそん》は津田英学塾教授、弟の忠武《ただたけ》は海軍航空エンジンの権威として海軍中将に昇っている。家の前にあった巽《たつみ》小学校から松山中学に進み、漢学は河東碧梧桐の父が開いていた河東塾で習い、のちに秋山と同じ近藤塾に変わった。これ以外に桜井は、松浦巖暉《がんき》の下で日本画を習い、高い素質を認められ将来を期待された。

松山中学での同期生には、俳人になる松根東洋城、普選博士といわれた今井嘉幸《よしゆき》、一足先に陸軍士官学校に進んだ川島義之がいた。川島は二・二六事件の時の陸軍大臣で、大将にまでなった。二・二六事件に出くわした陸相ならば、もっと知名度が高くてもいいが、存在感がないのである。秀才というだけで指導力に欠け、反乱軍や皇道派《こうどうは》のメッセンジャーボーイをつとめ、昭和天皇の「朕《ちん》が鎮定《ちんてい》に当たらん」の一言で軍人生命を失った。

日露戦争へ出陣

桜井が陸軍士官学校を受験したのは父の命令であった。明治三十四年（一九〇一）、優等の成績で士官学校卒業後、松山の歩兵第二十二連隊に配属になり連隊旗手をつとめた。間もなく日露戦争となり出陣する。松山連隊は香川県善通寺《ぜんつうじ》の第十一師団に属し、同師団は第一師団とともに乃木希典《のぎまれすけ》を司令官とする第三軍の隷下《きか》に入った。

旅順総攻撃での負傷

第三軍は、海軍の要請で旅順港を背後から攻略するため、遼東《りょうとう》半島南部を目指した。松山連隊は三十七年八月十九日からの第一回総攻撃に参加、この攻撃で桜井は重傷を負った。突撃で果てた戦死者の間から救出されたが三日間意識なく、気づいた時には顔に白い布がかかっていた。入院一年有余、何度も手術を受け、右手首関節を失い、左手で敬礼した。左右の足の長さにも差ができ、階段の上り下りに四苦八苦した。

経理学校へ赴任

退院後、松山連隊に戻り中隊長になったが、訓練もできない身体である。新設の経理《けいり》学校に回され、十年を過ごした。主計《しゅけい》将校を養成する経理学校は、のちに超学力優秀者が入校するが、当時はそれほどでもなかった。時間を持てあました桜井は、左手に筆を握り、巻紙にぎこちない字で体験に基づく旅順戦を書き始めた。経理学校赴任が三十八年八月、処女作『肉弾』の刊行が翌年四月、書き上げるのに半年もかかっていない。だが出版社がなかなか見つからず、結局、印税無しの条件で出版となった。

『肉弾』

『肉弾』も、旅順戦の詳細を知りたがっていた読者に爆発的に売れた。発行の二ヵ月後、本書を非常に高くかった乃木の計らいで明治天皇の天覧《てんらん》に供《ぐ》され、拝謁《はいえつ》の栄誉にも浴した。アメリカやヨーロッパで翻訳されて、各国で絶賛された。しかし内部から妬み嫉みの声が起こり、本省の高級軍人は管理上問題と騒ぎ、前述した著作規定まで作った。

田中義一の庇護

桜井は水野と違い、七年間筆を断った。七年後、桜井に声をかけたのは、松山に縁のある陸軍次官田中義一であった。田中は、官僚的管理ばかりを口にする了見の狭い中央の軍人を嫌った。自分がいる間は心配せずどんどん書くように勧めた。そして出来たのが『銃後《じゅうご》』である。その後、京都の第十六師団付副官、小倉《こくら》の第十二師団付副官を経て陸軍省新聞班長となった。執筆とマスコミとの関係を配慮した人事である。これが陸軍における最後のつとめになる。田中義一の死去から一年後のことであった。

桜井の作品

田中の庇護を受けても、一冊しか出せない陸軍には未練がなかった。本格的執筆をはじめるのは、陸軍を去ってからである。が、陸軍省新聞班長までつとめた桜井には、国家政策や陸軍の行動を批判する原稿は書けない。書くのは、陸軍ファンや軍国主義の賛同者を増やす作品ばかりであった。それがもとで敗戦後、ＧＨＱの公職追放リストに桜井の名が載り、昭和二十七年（一九五二）まで処分が続いた。

二人の作品内容の相違

大正末期からうねり始めた軍国主義は、軍部が政治権力を握り対外政策を弄《もてあそ》んだだけでは形成されない。社会が軍人を模範的日本人と考え、その生き方を個人、家庭、学校、地域が模倣し、軍人が作った言葉を国民が日常生活でも使用するようになったときに成立する。水野は鋭い触覚によって軍国主義の危険性を看取し、これに楯突く作品を相継いで出した。他方、批判のできない桜井は、歯が浮くような美辞麗句で軍国主義を煽《あお》りはしなかったが、間接的に肯定した内容作品を量産した。

『錨と星の賦』の著者木村久邇典《くにのり》は、松山と松山中学が、水野、桜井を筆頭として桜井真清、秋山まで、文章でメシが食える軍人を輩出した事実について、水野の言葉を引きながら、たまたまの偶然としている。が、世に出る機会は偶然としても、それを生かすも殺すも実力であり、これだけの実力者の登場を偶然で割り切るには無理がある。

地方文化と松山

徳川時代、全国の各藩が学問を奨励し、江戸や京都から遠く離れた九州や東北でも高い地方文化が維持された。これなくしては文明開化を実現できなかったというのが、島崎藤村研究で有名な米マサチュセッツ大学のW・ナフ教授の指摘である（ナフ教授インタビュー）。秋山兄弟や白川・水野らは、赤貧《せきひん》の中から身を起こし、食事を節約してでも地方文化の支柱であった漢学塾で学び、新教育制度で設置された小学校、中学校にも学んだ。この共通点こそ、彼らが能力を培った有力な源泉であった。

維新後の諸藩の人材

戊辰《ぼしん》戦争の際、薩長土肥《さっちょうどひ》群に入れなかった諸藩の人材は働き場所がなく、新体制が固まり、全国から俊秀を登用するまで、片田舎で鬱々と機会の到来を待たねばならなかった。海軍兵学校の前身である海軍兵学寮や初期の海軍兵学校世代には、鹿児島や佐賀の出身者が多いが、公正な試験制度が確立するにしたがい、他県出身者が増えてくる。だが兵学校の席次が昇進を左右するのが慣例になっても、鹿児島県や佐賀県の出身者が上位を占めた事実は、両県から優秀な人材が輩出され続けたことを物語る。維新による既得権だけでは説明できない事例が、山ほどあることを評価しなければならない。

松山出身者の特徴

薩長土肥以外の出身者は、陸海軍の中で押しつぶされないために強い精神力と存在感を持つ必要があった。松山出身者が、貧しくとも意地っ張りで猛烈な努力家という共通項を持っているのも、そのための裏返しであろう。好古が騎兵、真之が戦術思想、白川が人事、水野や桜井らの文才も、自己の存在をアッピールする武器であった。意地で培った個性こそ、松山あるいは松山中学出身者の特徴である。

軍事と俳句

軍人と俳人は武士の文武両道が分化する現象として生まれたとして、軍事と俳句には、一個人に並立する機能上の共通した特徴はないのだろうか。最小の言葉で最大の表現につとめるのが和歌や俳句の特徴だが、これは軍人にも不可欠な資質である。戦場を想定する軍人の組織では多弁は好まれなかった。少ない言葉で、多くの必要事項を正しく伝達することが理想とされた。秋山はのちにまとめた『海軍戦務《かいぐんせんむ》』の中で、最小の言葉による的確な意思伝達をロジスティックの一項目に加えており、この意義を重要視していた。

寡黙《かもく》の好古が軍人として成功できたのも、この点を押さえていたからにちがいない。歌人や俳人と、軍人に求められた表現法とは、意外にももっとも肝心な点で共通していた。徳川時代に根付いた簡潔明瞭な表現力を切磋琢磨《せっさたくま》する松山の風土が、すぐれた俳人や軍人を育むのに役だったと考えるのは飛躍した解釈であろうか。

二　海軍を志望

中学五年生のとき、親しくなった正岡子規《まさおかしき》が松山を出て上京した。真之もこれに刺激され、上京する糸口を探した。結局好古《よしふる》の指示で上京するが、おそらく秋山が繰り返し兄に懇請したものにちがいない。真之十五歳の時である。

大学予備門に入学

明治時代でも旧藩主に対する忠誠心が残る士族が地方から上京すると、旧藩主の屋敷に伺候《しこう》し、ここでしばらく居候をしながら異境での生活の準備をしたものだ。子規も上京すると真っ先に日本橋浜町《はまちょう》の旧藩主久松邸を尋ね、しばらく久松家のお長屋で暮らしている。しかし秋山も旧藩主とは主従の士族だが、東京麴町《こうじまち》番町にあった好古の家で厄介になった。子規に教えられた通りに大学予備門に入りやすいという理由で共立学校に入り、のちに蔵相、内閣総理大臣にもなる高橋是清《これきよ》に英語を学んだ。それから一年後に大学予備門（のちの第一高等学校・一高）に入学している。

帝国大学を目指す

好古が陸大に入校し、家で勉学する時間が多くなると、生活リズムを異にする二人が狭い一室で勉学する不便を避けるため、秋山は兄の下を出て神田猿楽町《さるがくちょう》の正岡子規の下宿に移り、ともに帝国大学を目指して猛勉強した。この頃の帝国大学は東京の一つだけである。明治三十年（一八九七）に京都にもできると、一方を東京帝国大学、他方を京都帝国大学と呼ぶようになった。

子規との寄席見物

魅力一杯の東京、活動的な秋山は、勉学のかたわら早速楽しみを見つけている。秋山は、岡家に入った兄正矣の東京芝の南佐久間町の家に半年ほど住まわしてもらったこともあるが、伯母の岡しん子の談によれば、よく握り飯を腰にぶら下げて玉川（多摩川）に釣りに出かけたり、山が好きでしばしば登山を楽しんでいた。子規と暮らし始めてから見つけたのは、寄席《よせ》見物である。近くに小川亭や白梅といった寄席があり、夕食後、二人はきまって寄席破りに出かけた。貧乏少尉の兄の仕送りだけでも連日行けたことは、庶民の娯楽らしくタバコ銭にもならなかったのだろう。秋山は前座を野次り倒すのが面白く、駆け出しの噺家《はなしか》を泣かせた。

浄瑠璃に入れ込む

当時、寄席では娘《むすめ》義太夫《ぎだゆう》が盛んで、近松の浄瑠璃《じょうるり》がよく上演された。しかし日本人でも、聞いただけで台本を理解するのはむずかしく、意味をわかろうとすれば事前に台本を見ておく必要がある。すっかり入れ込んだ秋山は、暇を見つけて浄瑠璃本を読み始めた。海軍の中で最もたくさんの戦記物、東郷伝を書いた小笠原長生《おがさわらながなり》も、浄瑠璃に熱を上げ、しまいには自ら浄瑠璃の台本を書いて上演してもらったというから、のぼせ上がるほど人を惹き付ける魅力があったのであろう。

軍人志望への転換

ところがある日、松山時代の友人柳原極堂《やなぎはらきょくどう》が二人の下宿を訪ねると、秋山の姿が見えず、代わりに同じ同窓生の清水則遠《のりとお》がいた。柳原が子規に秋山について尋ねると、秋山は方針を変えた。年々学生がどんどん殖えてゆくのを見て、必つ《ママ》と将来は大学出があふれるだらう。さうなると我々も悲観せざるを得ん、といって海軍兵学校にいった。

（田中歳雄「秋山真之―人と風土」『秋山真之のすべて』所収）

との返事だった。親しい友人にとっても、秋山の軍人志望への転換と兵学校行きは晴天の霹靂だった。それにしても、どの道に入っても帝大出で一杯になるから将来の見通しはよくないというのは、随分と弱気である。若い噺家を激しく野次り、子規と張り合って猛勉強していた時期に、自信満々の発言ならともかく、こうした競争を避けるニュアンスの発言は本心ではなく、方針を変えた照れ隠しの言い訳にちがいない。

好古の勧め

伯母岡しん子によれば、学費その他を出してくれている好古の勧めで軍人の道を決心し、好古の「比較的志望者が少ないので、海軍軍人になった方がよい」という勧めにしたがったのだという。青年時代に味わう苦悩の果てに辿りついた結論ではなさそうだ。秋山にすれば、兄のすねをかじり続けるのは気が引ける。自立して勉学しようとすれば学費なしの学校を探すほかなく、そうなると陸軍士官学校、海軍兵学校、あるいは兄も出た師範学校ぐらいしか思い当たらない。だが教師になる意志はさらさらなかった。

残るのは軍人に進む道である。この時まで軍人になることなど考えたこともなく、自分に陸軍が向いているか、海軍が合っているか考えたこともない。受験手続きの締め切りが迫り、兄の助言もあり、一種のはずみで海軍を選んだ。

海軍を選択

人で溢れかえる陸軍に比べ、人の少ない海軍の方が有利というのも納得できる説明ではない。幼年学校出身者が圧倒的に多い陸軍士官学校では、非幼年学校出身者の肩身が狭く、もし秋山が入れば後者に属す。これに対し全員が中学から一発試験で入る海軍兵学校の方が不平等がない。幼年学校出身でない秋山が兵学校を選ぶのは自然である。

海軍転向の理由

もし秋山が帝国大学に進んだとして、何を専攻し何を目指すつもりであったのか、肝心な点がわからない。子規と張り合って猛勉強をしていれば、何になりたいかぐらいは二人の会話の中に出そうなものだが、二人の間で将来の夢を語り合ったエピソードがない。将来への展望のなかったことが、いとも簡単に海軍軍人の道に転換した原因かもしれない。あるいは周囲に語ったこともない希望があり、これを実現するには時間と学費が必要で、彼の境遇では不可能なため早々に諦めたという解釈もできる。松山を出て兵学校に入るまでのわずか三年余、これが人生の岐路になった。

海軍兵学校に入学

兵学校入学試験は明治十九年(一八八六)九月にあり、十月一日に六十人が仮入校した。それから約一ヵ月間、品行学術審査があり、十月三十日に五十五名が正式入校した。入校時期は年によって異なるが、十一月、十二月がもっとも多く、明治四十年を過ぎると五

兵学校の江田島移転

築地の海軍兵学校

月に落ち着いた。秋山らは兵学校十七期生、一番は森山慶三郎《けいざぶろう》で秋山は下から数えた方が早い三十六番であった。当時の兵学校は、東京新橋《しんばし》から海の方に歩いたところ、現在の朝日新聞社本社、国立癌センター、海上保安庁がある辺りにあった。近くには歌舞伎役者宅や新橋芸者の置屋があり、江戸以来の風情を残している界隈であった。

秋山の兵学校在学中、大きな変動があった。明治二十一年、兵学校が東京築地《つきじ》から瀬戸内の江田島《えたじま》に引っ越したことである。築地の風紀が教育上よろしくないというのが移転理由であった。築地が悪ければ、市内のほかの地を探せばよいのに、隔離した環境の中で教育するのが好ましいという意見が部内で強く、僻地《へきち》の江田島が選ばれた。一般常識では、教育のために子弟を都会に出すが、海軍は逆に純粋培養するために遠隔の僻地を選んだ。

教育環境の変化

江田島のような僻地に行って一番困るのは教師の確保である。東京にあった時には、帝国大学、師範学校（のち東京教育大学）、外国語学校（のちの東京外国語大学）、高等工業学校（のちの東京工業大学）等で教鞭をとるわが国最高の頭脳を招聘《しょうへい》できた。江田島周辺には大学も師範学校もない時代だから、結局海軍軍人が教育を担当せざるをえない。教師の質が大きく変わることを危惧する声は、江田島移転反対論者に多かった。

東京への再移転論

『帝国海軍教育史』第七巻には、移転後十年を経過した明治三十年代に、兵学校を東京に再移転する議が持ち上がっている事実を伝えている。同書はとくに海軍教授荒川重平の再移転論を紹介しているので、そのいくつかを抜粋してみよう。

江田島に兵学校を置くの不利なる要点を左に列記仕候《つかまつりそうろう》

一　兵学校江田島に移らざる以前明治四年より二十一年まで、生徒の退校を命ぜられたる者にして花柳《かりゅう》病等の不品行者ありしを聞かず。然《しか》るに江田島移転後十数年間其数少なからざりし事。

一　僻遠《へきえん》の一局地に在りて、眼界狭く他に接して智識を得るの道なき事。

一　東京に在らば陸軍其他諸学校の生徒に対して競争心甚《はなは》だ強く、自《おのず》から己を律し己を正うする等の利益広大なるべきに江田島にては一も此《この》利益なき事。

一　海軍志願者を奨励するの好方便は、実物を実見若《も》しくは実接せしむるに在り。若し兵学校東京にあらば、其生徒は東京多数の子弟・学生の目に触れ、又交際して自然之《こ》れが刺激を与うべき事論なし、江田島に在りては此利皆無なる事。

一　教官僻地に在りて学会の新智識に接せず、其刺激を受けず、自ずから安逸に流れ易《やす》く、其結果生徒教授上に大影響あるべき事。

一　東京に在らば徳育上碩学鴻儒《せきがくこうじゅ》を聘し、修身《しゅうしん》講話其他の手段多々あるべきに、江田島に在りては其利益なき事。

こうした江田島移転の不利は、事前に予想されていた。移転十年を過ぎてからも問題点が指摘され、再移転論が噴出している。誰しも青春を過ごした時代や場所は、歳月を経るにつれ懐かしく良く見えてくるものだ。これが思い入れというものである。江田島で青春を過ごした人に、悪い話を聞き出すほど無駄なことはない。

遠泳

江田島移転によってできた名物に遠泳があるが、のちになると、遠泳があるから江田島は素晴らしいという声まで出るようになった。これなども思い入れの典型である。前出の小笠原長生は、短期間だけ江田島で過ごした経験を持つ十四期出身である。築地で水泳をやらなかったせいか終生金槌《かなづち》のままで、彼のほかにも金槌がいた。小笠原は、日清戦争では「高千穂《たかちほ》」の分隊長をつとめ、日露戦争の開戦間際まで「千代田《ちよだ》」副長であったが、艦が沈められなかったので金槌でも困らなかった。日露戦争まで艦が撃沈されることはほとんどなく、金槌でも海軍軍人がつとまったのである。遠泳をパスしなければ海軍軍人になれないわけでなく、遠泳は青春の江田島を思い起こす一助にすぎない。

読書傾向

東京には本屋が方々にあったが、築地の生徒は各自関心のある本を買い求め、各人各様の読書と勉学をした。それぞれに得意分野があり、そのため悪くいえば個性的な軍人が育った。これに対して僻地の江田島には本屋がなく、クラスで注文をまとめ構内の売店が取り次ぎをした。一括購入するため、みんな同じ本を読み同じ知識を共有した。つまり金太郎飴的な性格が、江田島卒業生の特徴になるのである。

一般教養重視の教育体系

明治五年に海軍は英国式、陸軍は仏国式を採用する方針を決めて以来、陸海軍は独自の教育体系を模索した。英仏ともに一般教養が重視され、広い視野と柔軟な思考を有する普遍的な軍人の育成が目的とされた。英国式を採用した海軍でも洗練された教養人を理想とし、このためには多種多様な読書が許されてしかるべきであった。

専門性重視に転換

しかし築地から江田島への移転は、広い学識を持つ教員の代りに軍人が教壇に立つことによって、自ずと術科本位、専門性重視の教育へと変質した。東京に士官学校を置いた陸軍にしても、明治十八年に来日した独陸軍少佐メッケルの影響により仏国式教育が独国式に改められ、さらに二十年代末から「軍隊内務書」「陸軍将校団教育令」の制定にともない、独国式の術科教育、画一的軍事技術教育が重視され、将校も職人的専門性の体得を目指すようになり、陸海軍ともに狭い視野を当然視するようになった。

国際情勢が背景

江田島移転後にはじまった術科本位・専門性重視に拍車を駆けたのが、朝鮮半島をめぐる日清対立、ロシアの南下といった国際情勢であった。もしもに備えて戦える海軍を作らねばならない使命感が、すぐに役立つ専門・術科教育を重視する動きを加速した。教育は十年、二十後を見据えるべきだが、日本ではそうした悠長な取り組みはできない。

各国の軍隊教育

陸軍の術科偏重の独国式教育の特徴は、短期間に将兵の戦力化をはかることである。その背景には、二正面作戦に陥りやすいドイツの地理的位置に鑑み、先制攻撃による短期決着をはからざるをえない国情があった。しかし将来に起きる戦争の様相は、専門家の予想を裏切るのが通例で、予想が外れた場合、偏狭なまでに専門性を重視した独国式軍隊教育はお手上げになる。これに比べ、イギリスやフランスの教育は教養や基礎を身につけることに重点が置かれ、すぐに役立たないかもしれないが、いかなる事態にも工夫し、解決策を見つける能力を開発する点ですぐれている。

ドイツ式教育に傾斜

目前の戦争に備えて軍人を速成する方針に立てば、戦争に直結する術科能力を身につける教育に走りやすい。陸軍は、日清対立が深刻になる情勢の下で、独国的な術科重視の教育を選択した。海軍も制度変更をしなかったが、江田島移転がきっかけになり、結果的に独国的教育に傾斜した。組織として、個性を認める集合体がいいか、画一的な知的集合体がいいか、それぞれに一長一短がある。江田島ではじまった術科偏重教育は、個性を否定し、画一的知識および専門能力を優先する士官育成の道を選んだことを意味した。

築地時代の気風

秋山の世代は、江田島の伝統が形勢される以前であり、さいわいまだ術科教育に偏重しきっていなかった。秋山や小笠原のような個性的な生徒がいられたのも、まだ築地時代の自由で豪放磊落《らいらく》な気風が残っていたからであろう。

首席秋山と四国出身者

入校当初は、同じ松山中学出身の山路《やまじ》一善《かずよし》が頑張り、森山慶三郎と首席を争った。しかし第一年が終わる頃には秋山が奪取し、卒業まで首席を守り通した。二番が高知出身の田所広海《たどころひろみ》、山路が三番で、一番から三番までを四国勢が独占した。秋山らが卒業して一年後に松山中学の後輩である桜井真清が入校したが、四国、わけても愛媛出身者は優秀という評判が伝説化しており、桜井も秀才と見られて当惑した。

兵学校卒業

明治二十三年（一八九〇）七月十七日、旧機関学校の丙号《へいごう》生徒を含めた八十八名が卒業した。慣例にしたがい首席をとった秋山が水雷術について記念講演した。卒業生は即日少尉候補生となり、実地練習のため「金剛《こんごう》」「比叡《ひえい》」に乗り組んだ。秋山は「比叡」であった。遠洋航海の航路は毎年異なるが、秋山たちの年は日本沿岸を航海する計画であった。

トルコ軍艦の遭難

ところが九月十六日、特派使節海軍少将オスマンパシャ一行を乗せたトルコ軍艦「エルトグロール」が、役目を終え帰途についた直後に暴風雨に遭い、紀伊半島樫野崎《かしのざき》の灯台下に擱座《かくざ》し沈没した。近くの住民による決死の救助活動にもかかわらず、五百八十余人が溺死し、助かったのはわずかに六十九人、生存者は神戸和田崎検疫所に収容された。

生存者の還送

明治天皇が直々に海軍に生存者の還送を命じ、練習艦隊がその任に当たることになった。旧トルコ領をめぐる東方問題で対立するロシアとドイツが還送引受を申し入れ、国際問題化の気配を呈したため、両艦は徹夜で出港準備を整え、十月十一日に出帆した。

還送艦隊の行程

「比叡」艦長田中綱常《つなつね》、「金剛」艦長日高壮之丞《ひだかそうのじょう》が率いる艦隊は、長崎、香港、シンガポール、コロンボ、アデンで石炭と水の補給を繰り返しながら、十二月十八日、エジプトのポートサイドに入港した。待ち受けていたトルコ海軍大佐リザベーが、クリミヤ戦争後のパリ条約により、他国軍艦のダータネルス海峡通過が禁止され、首都イスタンブール入港はできない旨を伝えた。先任大佐田中艦長は、天皇の書状と品々をトルコ皇帝に直接奉呈したいと譲らず、リザベーはトルコ政府の判断を仰ぐことにした。

生存者を引き渡し帰還

トルコ政府の回答を待たずに艦隊は出港、トルコのペシカ湾で生存者を引き渡し、スミルナに回航した。同地で皇帝の許可を得て、二十四年一月二日、イスタンブールの金角湾に入港した。艦隊は盛大な歓迎を受け、日・トルコの友好関係強化の使命を全うした。二月十日、艦隊は派手な見送りを受けながら金角湾を出港、帰路についた。

艦上での訓練と教育

出港後間もなく、候補生の本格的訓練と教育がはじまった。艦隊がエジプトのアレキサンドリア等を経由して品川沖に帰着するのは、三ヵ月後の五月十日である。その間、候補生は、天文航法、推測航法、水雷術、砲術、信号、投錨《とうびょう》、大艇投法、防火操練、溺者救助、海上日誌記載などをみっちり仕込まれた。

「吉野」回航委員として渡英

帰国後、秋山は「龍驤《りゅうじょう》」分隊士、「松島《まつしま》」航海士をつとめたあと、イギリスのアームストロング社で建造された新鋭巡洋艦「吉野《よしの》」の回航委員を命じられ、二十六年(一八九三)六月初旬、イギリスに渡った。回航を共にしたのは、加藤友三郎《ともさぶろう》、村上格一《かくいち》、井出謙治《いでけんじ》、田所広海ら海軍史に名を刻むことになる未来の大器ばかりであった。「吉野」がイギリスを出発したのは十一月二十六日、翌年三月九日に呉《くれ》に着き、今度は巡洋艦「筑紫《ちくし》」分隊士を命じられた。

「筑紫」乗組

秋山は、間もなく開戦する日清戦争を「筑紫」に乗って戦うことになる。「筑紫」はチリ海軍から購入した名目上は巡洋艦である。「筑紫」は豊島沖《ほうとうおき》海戦にも黄海《こうかい》海戦にも参加せず、偵察や通報といった裏方に徹した。しかし威海衛《いかいえい》作戦では、活躍した水雷艇に劣らず、敵の陸上砲台と砲撃戦を演じるなどの奮迅の働きをした。

「和泉」分隊士

戦役後、秋山は「和泉《いずみ》」の分隊士を命じられた。「和泉」は、日清戦争中の臨時軍事費で同じくチリ海軍から購入した「エスメラルダ」で、秋山が乗艦したときは横須賀鎮守府《よこすかちんじゅふ》造船部で艤装《ぎそう》を終えたばかりであった。明治十七年にイギリスで建造された少し古い巡洋艦だが、二九〇〇トンもあるので、「筑紫」を見慣れた秋山には随分大きく逞しく見えた。四ヵ月後には砲艦「大島《おおしま》」に変わり、航海士と分隊士を兼任した。六四〇トンの小型艦である。しかし「大島」には一ヵ月半乗艦しただけで、二十九年一月に海軍水雷術練習所学生を命じられ、横須賀に転属した。

海軍大尉に昇進

卒業と同時に、秋山は横須賀水雷団第二水雷艇隊付きとなった。だが秋山が水雷団にいたのはわずか二ヵ月で、今度は七五〇トンの報知艦「八重山《やえやま》」に移った。船体は横須賀造船所の建造、機関は英ホーソン社製という合作であった。「八重山」に乗艦していたのは四ヵ月間で、この間に海軍大尉《だいい》に昇進し、「八重山」分隊長を命ぜられた。

課報活動に従事

「八重山」を降りた秋山は、明治二十九年十一月、軍令部諜報課《ちょうほうか》員となり、中国東北部に派遣された。つまりスパイになり、情報収集に当たったというのである。秋山と縁の深い八代《やしろ》六郎、小笠原長生、広瀬武夫らも、諜報課員となって外地に派遣された。しかし横川省一《しょういち》や石光真清《いしみつまきよ》らのように馬賊《ばぞく》を率い、危険な諜報および謀略活動をしたわけでない。桜井真清は「朝鮮の洗濯夫に化けて満鮮の間に活動した」と述べているが、中国語や朝鮮語、現地生活の教育を受けていない秋山らが、どれほどの活動ができたのであろうか。危険な任務であれば、横川のようにロシア兵に見つかり非業の死を遂げる覚悟もしなければならないが、みな無事に帰ってきている。

大陸情勢の調査

明治初期より日本は、はじめ語学留学生、行商人、ついで「大陸浪人」へと主体を移しながら、満州から中国大陸にかけてくまなく大陸の情勢を調べてきた。井上陳政《のぶまさ》の『禹域通纂《ういきつうさん》』などは、もっとも象徴的な調査成果だが、これらの活動に強い関心を持っていたのは陸軍であった。海軍は概して相手国の内陸部の動静に関心がなく、海岸部の地形や商工業の実情を主な調査対象としたが、その方面で成果を上げた軍人として関文《ぶん》炳《ぺい》大尉、井上敏夫少佐、瀧川具和《ともかず》大尉らの名が残っている。大陸浪人に属す宗方小太郎《むなかたこたろう》は、海軍のために情報活動を行った一人で、活動内容は『宗方小太郎文書』で明らかになった。収集範囲、収集規模の点において、内陸深く入った関や井上敏夫らと比較にならないほど壮大であった。日清戦争わけても威海衛攻略作戦は、宗方の情報なくしては勝利を上げることが困難であったとさえいわれる。

調査活動の精度

日清戦争後になると、軍人顧問として教習（教官）が中国に派遣され、清国軍の近代化に携わり、その傍ら教習という軍隊内の比較的高い地位を利用して、中国大陸の深層部の情報、例えば指導者層の人間関係、軍閥の相関図、州知事・県知事に近い都督《ととく》・巡撫《じゅんぶ》の政争等を探り出した。日清戦争後、十年間江南地方で顧問した三宅縫造《ぬいぞう》陸軍砲兵少尉の文書は、中国国内の動静について、陸軍が細大漏らさず掌握していたことを教えてくれる。

秋山配置の狙い

こうした情報収集は短期間になしうるものでなく、井上陳政や宗方小太郎の場合、十年以上の長きにわたり中国に住みついて現地人に信頼され、人心の機微や社会の裏表に精通し、中国人的感覚を身につけてはじめてできることであった。小笠原や秋山が半年かそこらの短期滞在で、秘密計画をつかめるほど情報活動は生やさしいものではない。

また秋山の如き兵学校を首席で通した俊才を、危険な情報活動に配置するほど海軍も鈍感でなく、国際感覚を身につけさせるのが主な狙いであったのだろう。

米国留学

六ヵ月余の中国東北部における諜報活動の途中で、秋山は米国留学を命じられた。このお陰で、同期の吉田増次郎《ますじろう》に秋山の後任が回ってきた。吉田は諜報活動に従事したのち、中国で駐在武官を四年間もつとめ、海軍における中国通の第一人者として重きをなし、逆転人事のすえ、同期では四人しかいない中将にまで昇ることができた。

海軍大学校教官

米国に二年、英国および独仏等で半年を過ごして帰国した秋山は、海軍省軍務局第一課員を命じられ、二ヵ月後に常備艦隊参謀《さんぼう》に補され、「松島」「千歳《ちとせ》」「吾妻《あずま》」等に乗り組み、義和団事件後の清国と佐世保の間を往来した。三十五年(一九〇二)七月、海大教官への異動命令がきた。海大教官に至る経緯は次章で述べるとして、身の周りの変化について触れておく。

結婚

日露戦争が始まる半年前の三十六年八月、三十五歳を過ぎていた秋山が結婚した。兄好古の独身を貫く意志を秋山も受け継ぐのではないかと思われたが、好古が母貞子を引き取るために結婚、秋山も節を堅持する必要がなくなった。親交のあった八代六郎大佐の仲人で、瞬く間に婚約がまとまった。相手は宮内省御用掛稲生真履の三女すゑ（季子）、

子どもたち

秋山より十四歳も年下であった。

遅かった分、大急ぎで男四人、女二人の子をもうけ、日頃の厳しい表情からは想像できない子煩悩な父親ぶりであった。神奈川県逗子《ずし》に居を構え、時間があれば子どもたちを海岸に連れ出したり、縁日の夜店巡りをしたり、子供を慈しむことにかえてはどこの父親にも負けなかった。しかし子供たちがまだ幼いうちに、秋山は他界することになる。長男大《ひろし》は僧侶になり、宗教や精神の問題に強い関心を持っていた父の血を引き継ぎ、日本の宗教史を研究して、『古代発見』『現世信仰の表現としての薬師造像』等の作品を発表している。あとの三人は会社員になり、誰も軍人の道に進まなかった。まだ子供が小さかったこともあるが、秋山は子供の進む道を強制しなかった。

三　日清戦争とその後

日清戦争中の秋山

日清戦争中、秋山が乗り組んだ「筑紫《ちくし》」は、明治十四年（一八八一）、チリ海軍の注文で「吉野《よしの》」と同じ英アームストロング社で砲艦として建造された。二年後にチリから購入し、三等巡洋艦として編入した。排水量一三五〇トンで、速力は一六ノットと早かったが、排水量、武装、装甲等の面ですでに第一線級ではなかった。艦長は、四十歳の海軍大佐三善克己《みよしかつみ》で経験豊かな逸材であったが、残念ながら少将に昇った直後に病を得て没した。日清戦争を「筑紫」で過ごした秋山の戦役中の足跡は、この艦の行動を追えばよい。

「筑紫」の単艦偵察

日清戦争の開戦直前、「筑紫」は「大和《やまと》」「赤城《あかぎ》」とともに朝鮮の仁川《じんせん》と群山《ぐんさん》の間にあって、清軍の動きを監視していた。開戦が逼迫する状況の中で、六月十五日、海軍大臣は艦隊の佐世保《させぼ》集結を命じたが、この時もまだ「筑紫」は単艦で大同江《だいどうこう》の偵察に従事しており、佐世保に帰着したのは艦隊の出撃したあとだった。

通報艦

日清戦争期にはまだ無線機がなかった。イタリアのマルコーニが無線通信を発明し特許を得たのは、日清戦争が終わった翌一八九六年(明治二十九)のことである。連絡はすべて艦艇間で直接行うか、通報艦と呼ばれた専門の艦が司令部から命令を受領し、艦艇間を回っていちいち通報するのである。しかし洋上に展開し常に移動する艦艇間の連絡は、宛先艦艇を見つけるだけでも困難な作業であった。

連合艦隊を編成

二十七年七月十三日に艦隊を常備艦隊と警備艦隊の二艦隊に再編し、十九日に警備艦隊を西海艦隊と改め、常備艦隊と西海艦隊とで連合艦隊が編成されることになった。常備艦隊の主力艦は、「松島」「浪速《なにわ》」「吉野」「千代田」「厳島《いつくしま》」「橋立《はしだて》」「高千穂《たかちほ》」「秋津《あきつ》洲《しま》」「比叡《ひえい》」「扶桑《ふそう》」の十隻で、「筑紫」は「愛宕《あたご》」ら五隻とともに艦隊付属艦の扱いになり、艦隊の戦闘に加わらない裏方の任務についた。主力艦は、二〇〇〇トン級の「千代田」「比叡」を除き、いずれも三〇〇〇トンを越えた大型艦で、これでも七〇〇〇トンを越す「定遠《ていえん》」「鎮遠《ちんえん》」を擁する清国北洋艦隊には対抗できないのではないかといわれた。

「筑紫」の役割

戦役中の「筑紫」の役割は、偵察、警備、護衛、通報、陸上砲台への砲撃等であった。黄海《こうかい》海戦の直前に艦隊は朝鮮半島の平壌に近い大同江に集結したが、三善艦長は、伊東祐亨《ゆうこう》連合艦隊司令長官より大同江の偵察を行い、陸軍を援護するよう命じられた。八月十五日、「筑紫」は、先任艦として第三遊撃隊の「鳥海《ちょうかい》」「摩耶《まや》」および特務艦の「天城《あまぎ》」「磐城《いわき》」を率いて大同江を遡った。

平壌の戦

九月十五日、戦役中、最大の陸戦である「平壌の戦」があり、陸軍が大勝を収めた。連合艦隊はたまたま増援軍を護送中であった清国艦隊と遭遇し、十七日、戦役中最大の海戦である「黄海海戦」となった。単縦陣をとった海軍が勝利し、制海権を得た日本が戦争の指導権を完全に握った。「筑紫」は大同江の奥にあって陸軍の作戦を後援し、「黄海海戦」にも参加しなかった。「黄海海戦」後、伊東司令長官および軍令部長樺山資紀《かばやますけのり》が「平壌の戦」のあとを見たいというので、「筑紫」が平壌まで送っている。

遼東半島の測量

「黄海海戦」後に艦隊編成の変更により旗艦が「松島」から「厳島」に変更され、「筑紫」は「大島」「磐城」「摩耶」「愛宕」「鳥海」とともに第三遊撃隊を編成した。その後、陸軍の遼東《りょうとう》半島上陸に備え、十月中旬から貔子窩《ひしか》方面の海岸線の測量に従事した。遼東半島一帯は遠浅が多く、海岸線が曖昧で座礁《ざしょう》事故が絶えないところで、一日二時間の高潮時に乗員が測量道具を持って上陸し、急いで測量して帰艦する離れ業の連続であった。

大連上陸作戦

十一月初旬、陸軍第二軍が「筑紫」の測量した貔子窩および花園口に上陸、「筑紫」は「赤城」と輸送船を警護した。この直後に行われた大連上陸作戦に際して、「筑紫」は第三遊撃隊の三艦を率いて湾口の西口に達し、連合陸戦隊を編成して清軍の水雷衛所を占領した。この衛所には湾口の海底に設置した機雷につながる電線があり、ただちにこれを切断した。当時の機雷には、地上からスイッチを入れて爆破するものがあった。

陸戦隊の任務

当時の陸戦隊には、艦船の乗員で編成するものと、横須賀屯営や浦賀屯営に常置するものの二つがあった。前者は屯営の陸戦隊を呼びに行く余裕がないとき、急遽編成されるもので、危険な任務であったが、長い艦上生活に飽きた将兵には好んで参加するものが多かった。義和団事件の際、「愛宕」から派遣された陸戦隊もこれに当たる。

旅順港攻略作戦

十一月に行われた旅順港攻略作戦では、「筑紫」は第四遊撃隊所属になった僚艦とともに港口の海岸砲台に対する牽制運動に従事した。清軍側の発砲に対して、三善艦長は艦を海岸に近づけて果敢に反撃し、海岸に密集する敵兵に対しても砲撃を加えた。危うくこれに接近する味方陸軍をも砲撃しそうになったこともある。

威海衛作戦

明治二十八年一月、陸海軍各部隊は、日清戦争における最後の戦場になる山東《さんとう》半島の威海衛《いかいえい》に迫った。伊東司令長官は、陸軍の行動に呼応して進出する各隊に指示を出したが、三善艦長に宛てた訓令が、公刊の『明治二十七八年海戦史』下巻に採録されている。

三善艦長宛訓示

主力艦でも旗艦でもない「筑紫」艦長宛の訓令と艦長の司令部宛の戦闘報告文が引用されるのはめずらしいので紹介する。まず三善艦長宛の訓示である。

一、明二十八日陸軍の右側縦隊即《すなわ》ち第六師団は鮑家に達し、前方の偵察を為《な》し、と連絡する筈《はず》に付、水雷艇隊と一隊を派して、本官に報告すべき旨《むね》訓令し置きたれども、当日風波高き時は、第四遊撃隊より二隻を出し、其の任務に当らしめんとす。

一、出港の命令は明朝天候の模様に因り信号を以て命ずべし。

一、本隊は当日栄城《えいじょう》湾若《も》しくは鶏鳴島《けいめいとう》沖合に在るべし。

劉公島・日島への攻撃

連日真冬の寒風が吹きすさび、海側からの側面攻撃は容易ではなかった。三十日、陸軍の威海衛攻撃を後援するため、威海衛湾の入り口のほぼ中央に位置する劉公島《りゅうこうとう》と半島側の趙北嘴《ちょうほくすい》との中間にある日島を砲撃し、ついで「筑紫」以下七艦によって陸戦隊を編成し、劉公島を占領することになった。

三十日午前二時、栄城湾を出港した「筑紫」ほかの諸艦は威海衛に航進し、早朝より陸軍の進撃に呼応して陸地に接近し、清軍に向けて砲撃した。午後になり、陸軍による清軍砲台占領の報が入ったので標的を代え、劉公島の東端砲台を砲撃し、この日の作戦を終えたが、三善艦長の報告書を抜粋すると、次のようである。

三善艦長の報告

午前七時、鶏鳴島沖に至り予定の如く第四遊撃隊の筑紫、赤城、鳥海、愛宕、摩耶を第一小隊とし、第三遊撃隊の大和、武蔵《むさし》、葛城《かつらぎ》を第二小隊として短縦陣を作り、陰山口に進航す。同四十分頃、楊峰嶺《ようほうれい》及謝家所《しゃかじょ》砲台より砲撃を開始せるを以て、八時五分、楊峰嶺に対し五千米《メートル》突内外、謝家所に対し三千米突内外の距離に於て砲撃を始め、……九時三十八分再び楊峰嶺及謝家所を砲撃せし……。敵は二砲台より謝家所村上に備へある野砲を発射し、弾丸能《よ》く各艦の近傍に落下せしも我艦一も敵弾を受けず。……二時我水雷艇より百尺崖、趙北嘴砲台、我陸軍の手に落ちたるの報あり。

清軍の奮戦

劉公島・日島の砲台は、威海衛砲台が次々陥落する中で大いに奮戦した。三善艦長は、日島砲台を占領するため、遊撃隊を率いて栄城湾を出撃しようとしたが、厳冬期の風雪で各艦の大砲が結氷して使用不能とわかり、作戦をあきらめた。やむなく砲撃可能な艦を率い劉公島・日島の砲台攻撃作戦に参加したが、劉公島砲台のため左舷に砲弾を受け、八名の死傷者を出した。この直後、僚艦の「葛城」にも命中し、大きな被害が出た。

清国艦隊への夜襲

二月二日には清国艦隊に攻撃をかけたが、同艦隊は劉公島を背中にして防戦したため、海軍はやむなく引き返した。これを受け連合艦隊司令部は、水雷艇隊による在泊艦隊に対する夜襲を敢行することにした。四日夜、行動を開始した水雷艇隊は、月が落ち暗闇になった五日午前二時過ぎ、第三艇隊、第二艇隊の順序で十隻が港内に進入した。二回にわたる水雷攻撃により、五日未明に「定遠」が左舷後部に被雷して浅瀬に擱座、「来《らい》遠《えん》」は六日未明に被雷し転覆、「威遠《いえん》」も同じ頃被雷して沈没、「宝筏《ほうばつ》」も被雷沈没、ほかに二隻の機帆船も沈没した。のちに連合艦隊司令長官、軍令部長、内閣総理大臣などをつとめる鈴木貫太郎《かんたろう》も、大尉として第三艇隊の第六号艇の艇長として活躍した。

水雷艇による海軍革新の可能性

六〇〇トンにも満たない水雷艇による七〇〇〇トンを超す甲鉄艦の撃破は、世界の海軍関係者を仰天させた。明治三十八年(一九〇五)五月二十七日午後、ロシアのバルチック艦隊が白昼堂々と対馬《つしま》海峡に進入したが、その理由は、威海衛襲撃で猛威を振るった日本海軍の水雷艇を避けるためであったといわれる。威海衛夜襲および日本海海戦において希有な経験を持った日本海軍は、それまでの軍事常識を覆《くつがえ》し、世界が考えたことのない革新的海軍を建設できる一番近い位置にいた。だがまだ四十年に満たない新興海軍に、大きいものが強いという人類共通の既成観念に挑む勇気を求めるのは無理であった。この後、国力に不相応な軍艦、あるいは大き過ぎる軍艦の建造へとひたすら歩み続けることになる。

威海衛総攻撃

二月七日早朝、日本軍は威海衛総攻撃を開始した。「筑紫」が率いる第四遊撃隊は、第二および第三遊撃隊と協同し、占領した砲台と連携して日島砲台を攻撃した。この間、第一遊撃隊を引き連れた本隊は威海衛西口を封鎖し、清国水雷艇の脱出を食い止めた。

秋山の報告

秋山が郷里の井手正雄に宛てた手紙にも、この戦いの様子が記されている。

> 七日、吾艦隊の総攻撃に而《て》日島海堡は当艦筑紫の巨弾の為《ため》に爆発、同時に港内より逃走を企而《くわだて》たる敵の水雷艇十二隻は、吾第一遊撃隊並《ならび》に本隊に追窮され、その内七隻捕獲四隻を破壊致し、此《ここ》に敵勢は最早前日の四分の一に減殺し……

（桜井真清『秋山真之』所収）

第一遊撃隊に追われた清国水雷艇等はあちこちに座礁《ざしょう》したため、夜に入り「筑紫」以下の第四遊撃隊が拿捕《だほ》し曳航してくることになった。八日未明、「筑紫」は水雷艇三隻、「鳥海」は魚雷艇二隻など合わせて八隻の水雷艇等を曳航し、栄城湾に帰投した。

北洋艦隊の降伏

九日、劉公島・日島の砲台を牽制し、占領した砲台で北洋艦隊を砲撃することになり、艦隊は東西湾口の警備に当たった。十二日、清軍の砲艦「鎮北《ちんほく》」が白旗を掲げて近づいてきたので、連合艦隊参謀の島村速雄《はやお》少佐が水雷艇で出迎えた。「鎮北」に乗ってきた「広丙《こうへい》」艦長程璧光《ていへきこう》が、北洋艦隊司令官丁汝昌《ていじょしょう》の降伏書を伊東司令長官に差し出し、降伏の受け入れを懇願した。伊東はこれを受理し攻撃中止を命じた。

丁汝昌らの自害

程璧光から伊東の回答を聞いた丁汝昌は、敗戦の責任を取って、北洋艦隊参謀長で「定遠」艦長の劉歩蟾《りゅうほせん》や護軍統領張文宣《ちょうぶんせん》、子飼いの幕僚らとともにアヘンを飲んで自殺した。この間、「筑紫」は湾口の警備に当たり、事態の一部始終を見守った。

清艦艇を受領

二月十七日、劉公島の清軍降伏を受け入れ、ついで清国艦艇を受領した。「広丙」を先頭に「鎮遠」「平遠」「済遠《さいえん》」の順で十一隻を受領したが、「康済《こうさい》」だけは丁汝昌の遺骸輸送にと清側に返還した。ここに清国軍の象徴であった北洋艦隊は消滅した。秋山の

秋山の歓喜

手紙の続きは、丁汝昌らの自害、北洋艦艇の接収、勝利の歓喜の状況を活写している。

吾《わが》司令長官の寛大なる処分に拠《よ》り、兵艦兵器引渡残兵自由解放の談判整ひたるの夜、丁提督、定遠艦長劉歩膽、並《ならび》に護軍統領張文宣は腐敗せる碌々清将の前例に倣《なら》はず、責を一身に負ふて見事名誉の自殺を遂げ、哀《あは》れ此《ここ》に劉公島の朝露と寂滅致したるは敵ながらも称嘆の至《いたり》に御座《ござ》候《そうろう》。是より吾軍は敵の残兵退去の猶予を与へ、弥《いよいよ》一昨十七日総艦隊入港、鎮・済・平の三遠、広丙ほか数隻の小艦を捕獲し之れに日章旗を掲げ一同万歳を三唱したる時は、小子終生の最大快事に御座候。

（桜井真清『秋山真之』）

国民への怒り

しかし秋山は、国民や新聞が威海衛攻防戦が始まったとたんに、勝った勝ったと大騒ぎした報に腹を据えかねたのか、右の手紙の続きで怒りをぶちまけている。

……如此《かくのごとき》形勢を知らずして迂濶《うかつ》なる新聞屋が陸岸砲台と威海衛市街の略取を以《もっ》て早や大捷《たいしょう》と世間に吹聴《ふいちょう》し、気早なる国民が戦捷祝盃を挙ぐる等真《まこと》に笑止千万なるのみならず、又国民無識の譏《そしり》を免《まぬか》れざることかと存候。……開戦以後此《ここ》に半歳、その間海陸の激戦数次骨を白沙《はくさ》に暴《さら》し屍《かばね》を魚腹に埋むる者その数幾何《いくばく》か、老幼飢凍《きとう》の百姓流離す。小子は陸に平壌・旅順・威海衛の惨烈なる光景を見、又吾甲板上には粉骨飛肉の悲状を目撃し、戦勝の今日万感交々《ばんかんこもごも》発し自ら謂《いわ》く、此天地間に生を享《う》けて父母兄弟を有する蒼々《そうそう》たる烝民も、此に至りてはウジ蟲同様の有様《ありさま》と存候。

戦場での兵士の最後は「ウジ蟲」になり果てるのだと、修羅場をくぐった秋山の高ぶった感情が手に取るように見える。二十八歳の青年士官は、まだ戦場の悲惨な光景を沈着冷静に見ることができなかったし、銃後のどんちゃん騒ぎのニュースを平静に聞き流すことができなかったのである。

戦後の活動

三月半ば、主力艦は内地の各港で修理を受けたのち佐世保に集結し、旗艦「松島」を先頭に台湾澎湖島《ほうことう》の占領に向かった。「筑紫」は威海衛に止まり、西海艦隊司令長官相《あい》浦紀道《うらのりみち》および後任の井上良馨《よしか》の下で警備活動や沿岸の測量業務に従事し、五月初旬には長山列島まで足をのばした。十八日、征清大総督彰仁《あきひと》親王は凱旋《がいせん》帰国のため、「横浜丸」に乗り旅順を出港した。「筑紫」と「扶桑」は満艦飾をして「横浜丸」を見送った。

長崎に帰港

明治二十八年（一八九五）六月十日、「筑紫」は日清戦争後も行っていた警備の任務を終え、修理のため長崎に入港した。帰国した秋山は、早速郷里の常盤同郷会役員宛に使命感に溢れた書信を寄せている。

秋山の戦後国家像

小生久敷《ひさしく》郷里に還《かえ》らず吾《わが》親愛なる同郷会諸君と相見ざる事已《すで》に数年、従《したがつ》て小生が同郷会に対する義務を尽《つく》す事不相叶《あいかなわず》不本意至極に御座《ござ》候《そうら》得《え》共《ども》、何分にも奉公多年今後は尚益《なおますます》海上の御任務多く、迚《と》ても一家団欒《だんらん》郷党集楽等の事を顧《かえりみ》るの遑《いとま》これ無く候得ば、不悪《あしからず》御《ご》宥恕被下度《ゆうじよくだされたし》。日清交戦の結果吾国の真価も頓《とみ》に発揚し、世界強国の権衡を上下するの位地に至りたれば、今後吾国民の責任は益重く未来の国家を料理すへき青年の養成にも、予《あらかじ》め充分の注意を要する事申上る迄《まで》も無御座《ござなく》候得ば、只々《ただただ》役員各位の御尽力に抛り吾同郷後進青年を正路に導き軽浮皮想の挙を避け、実着に其心身に発達を促されん事一重《ひとえ》に希望仕候。（桜井真清『秋山真之』）

水雷術練習所

明治二十九年一月、秋山は水雷術練習所（のち海軍水雷学校）学生を命じられた。水雷術練習所は横須賀鎮守府《ちんじゅふ》隷下にあり、水雷兵器の使用法を学ぶ学校である。日清戦争の直前まで練習艦で行っていた教育が、陸上の施設を使う教育制度に変わった。現場での実地教育から、体系化されたカリキュラムに基づく座学と実地講習のより進歩した教育に脱皮したことを物語る。

山屋他人

教官に山屋他人《やまやたにん》がいて、電気学の初歩を教えた。盛岡生まれの山屋は兵学校十二期の先輩で、大将まで昇り軍令部次長や連合艦隊司令長官をつとめた人で、自分の科目だけでなく他科目をずばぬけた成績で卒業した秋山に何かと目をかけた。ここでの教育は四ヵ月間で修了し、二十九年五月十一日、秋山は乙種《おつしゅ》教程卒業証書を授与された。

水雷団に着任

卒業と同時に、秋山は横須賀水雷団第二水雷艇隊付きとなった。日清戦争における水雷艇の活躍によって海軍は認識を改め、水雷艇の増勢をはかるとともに運用法を見直し、平時における軍港・要港の警備を兼ねた水雷団を編成した。秋山が赴任した横須賀水雷団第二水雷艇隊も、第一水雷艇隊とともに四月一日に編成されたばかりであった。

横須賀の賑わい

ロシアとの対立を意識した海軍は、二十九年度から十ヵ年の継続事業として戦艦六隻、装甲巡洋艦六隻、いわゆる六六艦隊の建設に乗り出し、横須賀造船所では仕事が増え、工場の拡張が方々で行われ、一段と活況を見せ始めた頃であった。すでに浦賀町の川間でもドックの開削工事がはじまり、たまの休日には工事関係者が市内にあふれ、日に日に発展する海軍と横須賀の町を象徴しているかのような賑わいであった。

魚雷と機雷

半年ばかりの間、秋山は水雷《すいらい》漬けの生活を送った。水雷とは、魚形水雷と敷設水雷の総称であるが、一般には前者を魚雷《ぎょらい》、後者を機雷《きらい》(機械水雷の略)と呼ぶ。魚雷は敵に向け発射して射止める攻撃兵器、機雷は敵を海中で待ち続ける防御的兵器で、性格も使用法も違う。最初水面下で爆発する兵器として出発したため、両者は同種異用兵器として取り扱われた。秋山が水雷団に入った頃には、すでに魚雷を扱う水雷艇隊と機雷を扱う水雷敷設隊とに分かれ、魚雷と機雷とは次第に分化しつつあった。

魚雷の威力

前述のように明治二十八年二月の威海衛攻撃において、水雷艇隊は「定遠」ほか三隻の大型艦を撃沈したが、この時の兵器は魚雷であり、砲弾以上の威力を見せつけた。威海衛の戦例がきっかけになり、各国とも魚雷とこれを発射する水雷艇に力を入れた。日清戦争で使用された魚雷は、今日では海のないオーストリアで製造された朱式魚雷で、爆薬の量は二一キロだが、「定遠」の撃沈も可能であった。日清戦争後になると一〇〇キロ級の魚雷が出現し、小型艇でも何十倍も大きい戦艦を撃沈する威力を持つようになり、費用対効果の面で考えると、水雷艇は極めてすぐれた兵器になろうとしていた。

秋山兵学の課題

秋山が、魚雷とこれを搭載する小型艦艇のすぐれた能力に気づかないはずがない。自身の経歴によって水雷艇や魚雷に対する認識を深めた秋山が、海軍思想や海軍戦術にいかに反映させるか興味をそそられる。小型艦ばかりに乗り組んできた秋山が、大型艦の砲撃よりも、小型艦の運用や魚雷の能力を引き出す理論にあれこれ悩んできたのは容易に推察できる。換言すれば、魚雷を攻撃兵器とする駆逐隊や水雷艇隊をどう艦隊の中に位置づけるかが、秋山兵学の中心的課題になってきたといえる。

四　留学

海軍の必要性

江戸時代までのわが国は自給自足が可能な社会であり、貿易なしでもどうにか生きられた。それを制度化したのが鎖国《さこく》である。軍事的には陸軍国で、その伝統は明治になっても変わらない。そのため国民に海軍の必要性を、また陸軍に制海権の重要性を説明しても、なかなかわかってもらえなかった。日清戦争後の明治三十年代初頭でも、陸軍軍人や政府要人が制海権について何もわかっていないとこぼしていた海軍大臣山本権兵衛《ごんべえ》は、鎖国に慣れきった日本人に海軍の使命や制海権について啓蒙する必要性を痛感した。こうした背景の中で留学生を送り出す意義も考慮され、人選および外国との調整がはじめられた。

五人の留学生派遣

秋山は私費留学

日清戦争で中止されていた海軍の留学生派遣は、清国からの賠償金支払いで少々潤い、明治三十年（一八九七）に再開された。再開後に選ばれたのが、村上格一《かくいち》、林三子雄《みねお》、財部《たからべ》彪《たけし》、広瀬武夫、秋山真之の五人で、留学先はフランス、ドイツ、イギリス、ロシア、アメリカであった。この中で秋山だけが、私費留学であった。三十年六月から三十一年四月まで私費留学し、このあと官費留学扱いになり、三十三年五月まで続いている。なぜ秋山だけが私費留学であったかといえば、公費留学の枠が四名しかなく、村上格一が兵学校十一期、林三子雄が十二期、財部彪が十四期、広瀬武夫が十五期で、十七期の秋山には枠がなかったためである。秋山の同期生が官費留学したのは、

山路一善《やまじかずよし》　イギリス留学　明治三十三年九月〜三十六年二月
森山慶三郎《けいざぶろう》　フランス留学　明治三十二年五月〜三十三年五月

のように、早くて明治三十二年からである。同期の田所広海《たどころひろみ》は、同じ時期に海大甲種三期生として国内留学扱いになっている。

つまり三十年六月に官費で留学に行くことができたのは兵学校十五期までで、秋山ら十七期が官費で行くには三十二年五月まで待たなければならなかったわけである。少しでも早く行きたい秋山は私費留学を認めてもらい、同期の森山らが官費留学した三十二年五月から、同様に官費の支給を受けることになった。

留学生五人の行き先が分かれるのは、海軍省が調整した結果である。この頃のアメリカに対する評価は西欧諸国に比してまだ低く、留学先の五ヵ国中で一番下位であった。そのため私費留学生で、期の若い秋山にアメリカをあてがったものと思われる。

向学心と費用

あえて私費で留学する道を選ぶのは、抑えがたい向学心がなければできないことだ。三十歳の秋山はまだ独身で、留学再開の噂を聞くと、遠い中国から再三手紙で請求したものらしい。だが秋山の熱意がどれほどのものでも、当時の海外留学の費用を尉官の安月給で賄えたとは思えない。秋山の周囲で費用を出せるのは、兄を仏国留学させた旧藩主久松《ひさまつ》家ぐらいしか考えられないが、兄と違い、秋山と久松家との関係は伝聞を基にする限り極めて薄い。しかし後援してくれそうな親戚や資産家の知人が見当たらず、どうしても久松家に立ち戻るほかない。

私費留学は苦肉の策

秋山と米国留学が若干重なる一期先輩の井出《いで》謙治《けんじ》も、三年間私費留学を通している。のちに潜水艦隊の生みの親として海軍大将までのぼった逸材だが、向学心が強く、私費留学の夢を捨てなかった。私費留学は財政難が生んだ苦肉の策であったが、文明開化の時代には吸収意欲が他に優先され、当局も先進文明の輸入に役立つことであればやかましいことはいわなかった。

大正時代の留学制度

だが大正時代になると、国家の留学命令と官費支弁がなければ行けなくなった。私費留学したければ休職して行くしかなく、休職すれば給与も減り昇進も遅れる。官僚的理屈付けによって、個人の勉学意欲の発露である私費留学の道を断った国家に未来への飛躍はありえない。第一次大戦後に列強との間に大きな技術および軍事思想の格差を生じ、危機的状況が出現したにもかかわらず、こうした退嬰《たいえい》的制度がまかり通ると、誰も身銭を切ってまで格差を埋めようとしなくなる。

米国へ留学

米国に留学することになった秋山は、活動の拠点を首都ワシントンに置いた。ワシントンは少し内陸に入り海の香りはしないが、ポトマック河とその支流には幾つもの海軍機関があり、アナポリスの海軍兵学校にも近く、どちらかといえば陸軍よりも海軍に縁の深い都市であった。はじめ秋山はニューポートの海軍大学校に留学するつもりであったが、駐米公使星亨《ほしとおる》や駐在武官成田勝郎《かつろう》中佐等の斡旋も空しく、仮想敵国の出身者に軍事機密にかかわる授業を公開しない海軍大学校の新制度により入学が不可能になった。

修学の方針

秋山は、これからの修学方針を立てるため、成田中佐から海軍大学校長カスパー・F・グードリッチ中佐を介し、元海軍大学校長で世界的に著名な兵術思想家であるアルフレッド・S・マハン大佐に面会を申し入れた。秋山の師ともなるべきマハン大佐は、二度にわたり海軍大学校長をつとめたのち、一八九六年(明治二十九)に巡洋艦「シカゴ」の艦長を最後に現役を離れ、秋山がワシントン入りした九七年には、ニューヨークの中央公園に近い静かな住宅街で退官後の自由を満喫していた。マハンは、九八年に米西戦争が勃発すると現役に復帰して米西戦争委員会委員となり、一九〇六年に少将に昇進している。歴史上の人物に階級や官職をつける場合、最高位の階級を付けるのが一般的慣行だから、これに従えば「マハン大佐」ではなく「マハン少将」でなくてはならない。

マハンの助言

マハンは秋山に、「海軍大学校における戦術教育はせいぜい六ヶ月、これで十分学ぶことはできません。それよりも独学で過去の戦史を研究して勝敗の原因を明らかにし、次に大家の著作を渉猟し、その中から法則のようなものを見つける」ように助言した。歴史の中で生起した諸海戦に脈打つ公理を見つけだし、これを駆使し工夫して新兵術を創造する方法で進んでほしいというのが、マハンの考えであった。

関係図書の閲覧に努める

マハンの忠告もあり、無理に聴講の機会を探そうとせず、関係図書の閲覧ができる図書館、学校等を訪ねることにした。秋山の私信に見える利用先には海軍文庫、海軍大学校図書館等あり、海軍や陸軍の関係図書を借り出し、読み耽《ふけ》るのを日課とした。秋山の留学目的は兵術思想の研究にあり、公費留学のような卒業証書や資格を得るのが目的でないから、むしろ自由に読書し思索し創意工夫できる私費留学は好都合であった。

佐藤と秋山の兵理探求

秋山より二年遅れでイギリスに留学した佐藤鉄太郎も同じく兵術思想の研究を目指したが、彼も独力で歴史、海戦史研究による兵理の探求を目指した。佐藤が歴史的データを積み上げ、そこから兵理を抽出する経験主義に近かったのに対して、秋山の方は古今の兵術書を渉猟し、それらの批判や検証を通して追求する理論研究に近かった。佐藤の方がマハンの教えに近く、むしろ秋山の方が歴史への打ち込み方は浅かった。

必読書

速読家の秋山は、アメリカに来てからマハンに教えられた著作を含めて沢山の良書とされる書物を読み込んだが、必読の書として選んだのは、*"The Influence of Sea Power upon history"*（アルフレッド・T・マハン『歴史に及ぼす海上権力の影響』）、*"On War"*（クラウゼヴィッツ）、*"Art of War"*（アンリ・ジョミニ『兵術要論』）、*"Operation of War"*（エドワード・ハムレイ『作戦研究』）、*"Recollection on the Art of War"*（レジナルド・C・ハート）、*"Treatise of Naval Tactics"*（マカロフ）、*"The Nation in Arms"*（ゴルツ）、*"The Conduct of War"*（ゴルツ）の八冊であった。

兵術研究の展望

ジョミニの『兵術要論』は、星亨公使の持っていた英訳本を借りていざこざを起こした。このほかにロバート・サウジーおよびマハンの『ネルソン伝』、日本から携行した陸軍大学校読本『伯盧麦氏戦略論』（ヴィルヘルム・ブルーメの『戦略論』）も、必読書の部類に入っていた。多くは陸軍の兵術書だが、秋山の解釈によれば、陸海軍の基本的兵理は同一であり、これを理解すれば兵術研究への展望も開けると考えられた。

陸海軍クラブに出入り

海軍情報部に出入りした秋山は、海軍観測所長のチャールズ・デーヴィス中佐、レスター・A・ピアズリー少将、ジョン・O・ロジャース中佐、チャールズ・C・マーシュ大尉などを知り、さらに陸海軍の著名人士が集まる「陸海軍クラブ」の出入りを取り計らってもらい、高い学識を有する士官と話をする機会を得た。海軍文庫の蔵書数は二万五〇〇〇冊で、今日の規模からすれば小さな図書館だが、当時とすれば普通以上の規模で、秋山にとっては著名かつ評価の高い軍事関係の良書を網羅した智の宝庫であった。

メーン号爆沈事件

明治三十一年(一八九八)二月、キューバのハバナ港で米北大西洋艦隊所属の新鋭戦艦「メーン」号が謎の爆発を起こし、二つに裂けて爆沈した。同艦はスペイン領キューバ島の不穏な情勢に鑑み、在留米人の救出が必要になる場合に備えて派遣されていたものである。「メーン」号には石田音次郎、大江政吉ら八名の日本人が乗艦していたが、彼らのうち生存者は二人だけであった。この頃の米艦の多くには、従順でよく働く日本人がボーイやコックとして重宝がられ、石田や大江らもそうした人たちであった。

キューバの蔗糖生産

キューバは世界一の蔗糖《しょとう》生産地で、その四分の三が米国向け、また米国のキューバ投資も宗主国のスペインを上回っていた。一八七〇年代になると独立運動が起こり、九二年にはニューヨークでホセ・マルティを代表とするキューバ革命党が創設され、キューバ各地に運動組織が形成された。しかし独立運動にともなう混乱によって蔗糖生産が激減し、米国内の精糖業者が深刻な打撃を受けた。独立運動への対策を持たず都市部の確保に汲々とするスペイン政府、大統領がマッキンレーに代わり、メーン号爆沈事件をきっかけに積極策に転じる米国政府、両国間に戦争不可避の雰囲気が醸成された。

米西戦争

米軍はカリブ海と太平洋で行動を起こし、準備不足のスペイン軍をいとも簡単に駆逐した。国務長官ジョン・ヘイは、米西戦争を「素晴らしい小戦争」と呼び、マスコミはプエルト・リコの戦闘を「マイルズ将軍の月夜の散歩」と表現した。しかし現地住民の独立運動を無視した米軍の動きは反発を受け、フィリピンでは八年にわたる戦闘に発展し、キューバでは米国製憲法の押し付けに強い反対が起こり、米政府はこれを恫喝と金銭によって懐柔した。米西戦争は、米軍のスペイン軍駆逐と現地人の民族独立運動弾圧の二段構成になったが、秋山が観戦を希望したのは前段部分に当たる対スペイン戦のみである。

日本海軍の視察艦派遣

米艦隊がマニラ湾に入ったとき、日本海軍は斎藤実《まこと》が艦長をつとめる巡洋艦「秋津《あきつ》洲《しま》」を派遣して、デューイ提督麾下の米艦隊の動きを注視している。米国がフィリピンを勢力下におきアジア進出の根拠地としたことは、アジア情勢にも少なからぬ影響があり、その第一段がジョン・ヘイの中国に関する門戸開放宣言であった。この影響を最も強く受けたのが日本であり、またフィリピンの米軍は日本の南進策の障碍にもなるのである。

観戦武官柴五郎

秋山は観戦武官として米艦に乗り込んだが、日本人観戦武官がもう一人いた。英国公使館付武官であった陸軍少佐柴五郎少佐である。柴には『ある明治人の記録』(中公文庫)があり、改易を命じられた会津人の下北半島における非情な生活を描いている。米西戦争の二年後、北京公使館区域が義和団と清朝正規軍に包囲された折、たまたま中佐として列国公使館付武官の中で上位の位置にあり、彼の活躍が五十五日間の包囲に耐える原動力になった。明治三十五年に日英同盟に基づく日英軍事協商を調印する際、彼の知名度を見込んだ政府が、柴を使節団に加えたほどである。

秋山、観戦武官を拝命

六月二日、秋山は、正式に観戦武官の内命を受けた。観戦団は各国武官十一人、マスコミ関係者五十五人、その他随行者を含め一〇〇人を超す大部隊になった。ワシントンから鉄路でフロリダ半島タンパ港に到着、「セグランサ」に乗り込んだ。十三日、第五軍団を乗せた輸送船団は喧騒の中を出港、目と鼻の先のキューバのグアンダナモまで三日もかかり、さらに揚陸が二十二日になった。一行が旗艦「ニューヨーク」号の司令部に行ってみると、秋山とは知己のマーシュ大尉が艦隊副官として乗艦していた。

米軍、サンチャーゴ港を封鎖

米軍は、キューバ島の昔の首府であるサンチャーゴ港を海と陸から包囲する態勢をとった。首都ハバナを攻撃目標としなかったのは、五月十九日にスペインのセルベラ司令官の艦隊がサンチャーゴに入港したからだ。港の入り口は、満潮時に辛うじて一隻が通航できる狭さで、それが奥まで続く。突入が不可能となれば、港口の封鎖しかない。給炭船「メリマック」を最狭部に自沈させる作戦が立案され、ホブソン以下七名の決死隊員で実施されたが、激しい砲火のため閉塞は失敗した。結局、艦隊による直接封鎖策がとられた。六年後の日露戦争における旅順閉塞と同じ経過であった。

スペイン艦隊の脱出

封鎖開始後、秋山は「セグランサ」に起居し、旗艦「ニューヨーク」で印刷された「艦隊告示」を読み返すなどして時間をつぶした。七月三日早朝、港内のセルベラ艦隊が動き出した。スペイン政府が艦隊をフィリピンに送ろうと、危険を承知で出港命令を出したのである。スペイン艦隊主力は装甲巡洋艦で優速を誇る。これに比べ米艦隊主力は足の遅い二等戦艦で、脱出成功の鍵もそこにあった。セルベラは、旗艦「インファンタ・マリーア・テレサ」が米艦と撃ち合っている間に、他艦を脱出させる作戦を立てた。スペイン艦隊の始動はすぐに察知されたが、蒸気圧を落としていた米艦の動きは鈍かった。だがスペイン艦隊の水道通過には予想外の時間がかかり、港口に出る前に米艦隊の準備が間に合った。

米艦隊と戦闘

砲撃訓練の少なかったスペイン艦隊に対して、米艦隊の訓練は行き届いていた。砲煙と火災の煙でどちらの艦が損傷を受けたか判明しなかったが、煙が晴れてみると、燃えているか破損して座礁しているのはすべてスペイン艦船ばかりであった。スペイン艦隊は燃えやすい木材を取り除いて出港したはずだが、それでも残っていた材木がよく燃えた。

秋山の分析

戦闘後、四隻のスペイン艦の残骸を見た秋山らは、被弾の少ないのに驚かされた。被弾の被害よりも、火災とそれが弾薬庫に移って起きた爆発の被害が大きく、これが主たる沈没原因であった。米艦の損傷は僅かで、米海軍の一方的勝利であった。その一因について秋山は、スペイン艦隊が長い熱帯海の停泊で艦底に付着物が着いたまま出航し、優速を生かせなかったことにあると指摘する。日本海海戦のバルチック艦隊に似ていた。

米軍の撤退

「セグランサ」が新任務についたため、秋山らは運送船「セネカ」に移った。食事がひどくなり、陸戦で負傷した兵が多数乗せられ、観戦どころではなくなった。八月に入り、米軍の戦意喪失と黄熱病の蔓延のため、これ以上の戦闘継続は世論の批判を強めるだけと判断した米政府は、十五日、サンチャーゴから急遽撤退させることにした。

極秘諜報をまとめる

秋山が「セネカ」を降り、ニューヨークに出たのは八月三日である。しばらく日本領事館に止まって報告書を書き上げ、八月十五日付で東京の軍令部第三局諜報課宛に提出したのが、「極秘諜報」第百十八号から百三十号である。これら長文の報告は、詳細、的確、迅速で価値絶大と部内で評価され、画期的意味を持つものとされた。島田謹二も

その絶大な評価

『アメリカにおける秋山真之』の中で、「そもそも日本海軍が創設されてから、外国海軍の戦闘を目撃して、それを報告した武官の筆になるものはいくつかあった。……その表現も、武人の筆になるのだから、やむをえないとはいえ、事実の簡明な叙述に終始する。……報告文学の夜は、まだ明けなかった。こうした背景の前に、秋山大尉の報告を置いてみると、夜は明けた、朝日が明るく昇ってきた。まるでそんな感じである」と、絶賛である。

小村寿太郎

ワシントンに戻って間もなく、駐米公使が星亨から外務次官の小村寿太郎《こむらじゅたろう》に代わった。宮崎県飫肥《おび》の人で、大学南校から開成学校に進んだ秀才である。小柄だが、機敏で肝のすわった人物というのが同僚の評価である。父親が残した莫大な借金を背負い込んだ小村の貧乏生活は省内では知らぬ人がいなかったが、それでも普通に公務を続けられたのは、管理規定や倫理をやたらに振り回さない明治時代であったからだ。

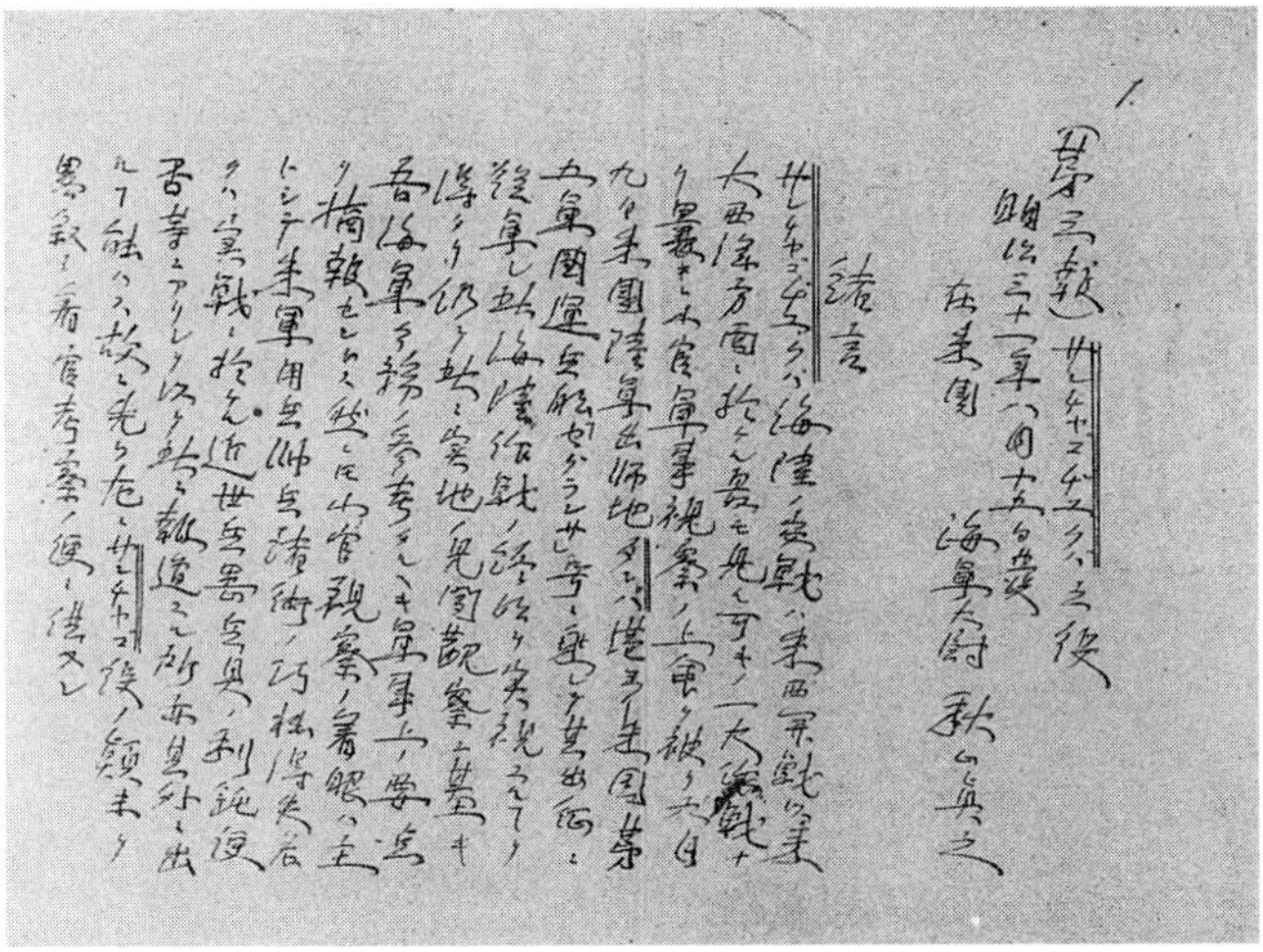
第三號 サンチャゴデキューバ之役
明治三十一年八月十五日提出
在米国 海軍大尉 秋山真之
緒言

再びニューヨークでの研修

極秘諜報

再び秋山は「ニューヨーク」に乗艦し、艦隊司令部付として幕僚業務を研修することになった。排水量八二〇〇トンで米海軍随一の高速と装甲を誇り、北大西洋艦隊の旗艦にふさわしい優秀艦で、これに司令長官サムソン少将、参謀長チャドウィック大佐らの司令部が乗り込む。三十二年二月十六日、ニューヨークを出港した艦隊は、防火訓練、総員配置、射撃訓練、水雷発射訓練、防水訓練などを繰り返しながら、艦隊はキューバのハバナ港に入港した。米海軍が射撃訓練を重視するだけでなく、射弾数、所要時間、速力、命中率をきちんと記録し、事後の反省記録にしていることは驚きだった。

官費留学に変更

その後、艦隊は、カリブ海を一周しながら英直轄植民地ジャマイカのキングストン港、ヴェネズエラのラ・グワイラ港、トリニダードのスペイン港、プエルト・リコのサン・ホワン港などを経由し、五月二日、ニューヨークに寄港した。領事館に行ってみると、四月二十五日付で私費留学を終え、駐在武官すなわち官費支給の身分に代わっていた。

米西戦争の教訓

東京に送った報告書は十項目から成っているが、要点は三つである。第一は米海軍が艦艇の不燃化につとめていること、第二は旧式の備砲は速射砲に換装されつつあること、第三はフィスク式測距儀をやめてスタジメーターを採用したこと、である。米海軍が進めつつある米西戦争の教訓に基づく改善策を、素早く読みとった秋山の成果である。

兵理研究の深化

五月二十九日、改修の終わった「ニューヨーク」は再び出港した。秋山は同じ司令部付である。米沿岸を航行し、演習を繰り返してはプリマス、ニューポート、ポーツマス、ポートランド等に入った。ニューポートに入ると、幕僚クラスは海軍大学校の講義や兵棋演習に出て、学理探求をするのが慣行であった。戦史に基づく兵理研究が政府の理解を得られず、潰される危機にあった海軍大学校を救ったのが、マハンの『海上権力史論』であったといわれる。まだ盤石とはいえなかったが、艦隊の理解も得つつあった。

秋山もストックトン校長の「戦備」、ウォーカー大佐の「海陸連合作戦」を聴講した。

米海軍大学校での兵棋演習

米海軍大学校では、課題の模擬戦について教官も学生も何十枚もの作戦図と防御図を作製する。これら図面から最適な手段、対策を思いつくのである。これに欠かせないのが兵棋演習であった。兵理だけでは駄目、実際だけでも駄目、兵理と実際の融合こそ理想という建学精神を顕現したのが兵棋演習であった。兵棋演習とは、台の上で敵味方の艦隊が繰り広げる模擬戦（シュミレーション）である。頭に描く作戦を形に変えることで、それまで曖昧であった相互の位置関係、戦力比、戦力を動かす選択肢がより鮮明になり、気づかなかった問題点が見えることが多い。

英国駐在を命ぜらる

明治三十二年暮、成田中佐に帰朝命令が届いた。秋山はこれまでの厚遇に感謝するとともに、後任の西紳六郎について説明を聞いた。ところがその直後、秋山にも電報が届いた。内容は「米国駐在被免　英国駐在被仰付《おおせつけらる》」という予想もつかなったもので、翌三十三年一月二十日、住み慣れたワシントンを後にした。

英国での視察

イギリスでの職務は視察であった。四月初旬、ロシア駐在の広瀬武夫とロンドンで再会した秋山は、一緒に英国で建造中の戦艦「三笠《みかさ》」「初瀬《はつせ》」、巡洋艦「出雲《いずも》」「磐手《いわて》」などの進捗《しんちょく》状況を見て回った。その後、フランスのサンナザールで「吾妻《あずま》」、ついでドイツのステッチンで「八雲《やくも》」の各工事を視察し、そこで二人は別れた。六月二十日、ロンドンに帰った秋山に、八月末までに帰朝せよとの命令が届いていた。七月七日にリヴァプールを発ち、ニューヨーク、ワシントン経由で八月十四日に横浜に帰着した。三年振りの祖国であった。

三年振りの帰国

第二　秋山兵学の成立

一　軍令権の確保

陸軍と海軍

元来農本《のうほん》主義的であり、その上、徳川政権が実施した鎖国《さこく》政策の下で暮らしてきた日本人にとって、国家権力が直接間接に海洋にも及び、そこに海上権力とか制海権が樹立され、国家の安全や通商に多大の影響がある事実になじめなかったとしても無理はない。

また鎖国体制がアメリカ艦隊の圧力によって破られたにもかかわらず、その後の幕藩体制の崩壊と明治新政府の樹立が、幕府側勢力と薩長《さっちょう》等勢力との陸上戦闘によってほぼ決したこと、地方の旧藩に対する新政府権力の貫徹つまり内治が陸上兵力を背景に確立したこと等によって、陸上の軍事力が優先された。そのため国家体制が整備され、陸上と海上の戦力が陸軍と海軍に再編成されても、その力関係や優先順は変わらなかった。

海軍の独自性

こうした陸軍主導の国防体制をおそれた海軍は、早くから海軍の独自性を主張したが、陸軍や政府首脳の理解を得るのは容易でなかった。明治十二年（一八七九）に英国海軍准艦長エルピー・ウィルランの著書を軍務局が『海軍兵法要略《へいほうようりゃく》』と題して刊行しているが、序文に「海軍の大《おおい》に陸軍に異なるや、彼は則《すなわ》ち山岳叢林等凡《およ》そ在地の物悉《ことごと》く之《こ》れが拠《よん》所《どころ》を為《な》し、海軍に於《おい》ては則ち渺漠《びょうばく》たる波上艦船隠蔽《いんぺい》の所無く、加ふるに風浪潮候の変あり。指揮苟《いやしく》も其宜《そのぎ》を失ふときは、全軍の勝敗に関する而已《のみ》ならず」と海軍と陸軍の相違を理由づけ、この書が陸軍と対抗しようとする意志の下に出版されたことを示唆している。

軍の作戦指揮権

軍の作戦指揮権を軍令《ぐんれい》と呼んだが、天皇制が確立する過程で軍令は政府の手から離れて天皇の大権となり、統帥権《とうすいけん》として独立した。明治十九年三月の「参謀《さんぼう》本部条例」の改定により、参謀本部は陸海軍統合の中央軍令機関となった。参謀本部の陸軍部と海軍部は同列で、本部長には皇族を当てることになっていたが、陸軍の意向が働くのが実際であった。二十一年に組織の格上げが行われ、参謀本部長は参軍《さんぐん》に、陸海軍部は陸海軍参謀本部となったが、天皇に直隷《ちょくれい》する参軍には陸軍軍人が占めた。

参軍は陸軍軍人が就く

参謀本部と海軍参謀部

明治二十二年二月に明治憲法が発布、その直後の参軍制廃止により統合中央軍令機関も廃止され、陸軍の軍令を担任する参謀本部と海軍の軍令を扱う海軍参謀部に分かれ、海軍参謀部は海軍大臣の下に入った。陸軍は軍政と軍令の実施のために陸軍省と参謀本部を設け、海軍は軍政・軍令を海軍省に一元化した。だが「参謀本部条例」第二条に「帝国全軍ノ参謀総長」とあり、陸軍は参謀総長を参軍の後継者と暗に解釈していた。

陸軍の優位を憂う

日清戦争を前にして、制海権なしで大陸に渡ることができないことを陸軍側に気付かせるため、海軍省官房主事の山本権兵衛《ごんべえ》が、「陸軍工兵の手で朝鮮半島に橋をかけ、派遣軍を渡らせたらどうですか」と奇想天外な提案を出し、注意を喚起した有名な挿話がある。活動舞台が異なる陸軍が海軍との相違点を理解し得ない実情を物語るが、海軍首脳部は、海軍の任務および制海権を理解しない陸軍から無理な作戦を押し付けられることを恐れた。

海軍参謀本部設置の建議

艦艇と軍港の整備が進み、艦艇の行動に対する指揮業務と、軍港を管理する鎮守府《ちんじゅふ》の軍政業務が増えるにつれ、海軍でも軍令と軍政を分離する必要性が高まった。こうした事情から二十五年十一月、海軍大臣仁礼景範《にれかげのり》は伊藤博文《ひろぶみ》首相に対して、海軍大臣の下にある海軍参謀部を廃止し、新たに独立した海軍参謀本部を設置したい旨の建議を提出した。陸軍の影響の排除も視野に、海軍参謀本部の長と参謀総長の同列化を目指す第一歩であった。

明治天皇の下問

海軍の建議に陸軍は反発した。明治天皇も陸海軍に統帥にかかわる長が競合するのを軫念《しんねん》し、有栖川宮《ありすがわのみや》参謀総長に下問《かもん》した。これに対して有栖川宮も、

凡《およ》そ軍事に忌《い》む所のもの未《いま》だ画策の一定せざるより甚《はなは》だしきは有らず、二人の画策往々同一ならずして措置の相衝突すべきは数理の最も観易《みやす》き者とす……大本営《だいほんえい》において陸海両軍の作戦を計画する参謀長は、従来規定せられある唯一の参謀総長を以《もっ》てせざる可《べ》らず、若《も》し然《しか》らざるときは遂《つい》に軍機を誤り不測の大患を招くに至るべし

(『海軍制度沿革』巻二)

並置の愚

との意見書を奉呈し、二人の長の並置は、両者の対立により国家に大患をもたらしかねないことを指摘した。数日後、有栖川宮は、並置の愚を避ける方策について奏上した。

主幹《しゅかん》と補翼《ほよく》とを確定する何を以てか標準とせん。他なし軍制建設の主眼に従ひ国家保護の責に任ずる最も重大なるものを以てす可きのみ。即《すなわ》ち其軍の存廃国家の存亡に関するの軽重を以てせざる可らず。此標準に準拠して陸海両軍を比較すれば、其主幹の陸軍にして海軍之《これ》が補翼たるべきは三尺の童と雖《いえど》も復《ま》た疑を容《い》れざるべしと、

(『海軍制度沿革』巻二)

どう見ても陸軍が主幹であり、主幹である陸軍軍令の長が全軍の用兵につき天皇を補佐

するのが当然で、何を今さらいうまでもあるまいという意見であった。

勅令による陸海軍の討議

天皇の勅令《ちょくれい》により、参謀総長、同次長、陸軍大臣、同次官、海軍大臣、同次官、特旨による山県有朋《やまがたありとも》の七名が有栖川宮邸に会同し、数日間にわたり討議が行われた。その結論は、「恰《あたか》も戦時大本営参謀長の候補者二人ある形にて、戦時に臨《のぞ》み孰《いず》れを其人と為すへきか紛議を生するの虞《おそれ》なき能《あた》はず、因《より》て之が為め別に戦時大本営条例を創定し、之に其参謀長は参謀総長なる旨を規定し置かば可ならん」と、「戦時大本営条例制定」の議論にすり替える奉答になった。こののち海軍は方針を変え、大本営条例改定作業の中で参謀総長の位置づけを曖昧にしようとつとめた。

大本営編制に対する海軍の不満

「戦時大本営編制」が裁可されたのは、日清戦争勃発直前の明治二十七年(一八九四)六月五日であった。大本営は武官部と文官部の構成で、首相を定員とした政治優先の思想が取り入れられ、昭和の軍部一辺倒の大本営とは趣を異にする。武官部は大本営幕僚、侍従《じじゅう》武官、軍事内局、兵站総監部《へいたんそうかんぶ》、大本営管理部、陸軍大臣、海軍大臣から構成され、実際には大本営幕僚の長で陸軍出身の参謀総長が事実上全体の長を兼ねた。さらに軍事内局、兵站総監部も陸軍軍人が占めたので、海軍側は不満をつのらせた。

日清戦争後の二十九年十一月、小松宮参謀総長が「明治三十年度大本営動員計画書」

を海軍大臣宛に送付し、大本営に参加する海軍将校の氏名を求めたところ、回答を拒否された。ついで三十一年十二月、東京防禦《ぼうぎょ》総督奥保鞏《やすかた》陸軍中将が横須賀鎮守府長官鮫島《さめじま》員規《かずのり》海軍中将に対して、「横須賀軍港防禦計画」と「東京湾口海上防禦計画」の提出を求めたところ、平時に命令される筋ではないとして拒否された。

海軍による「戦時大本営条例」改定要求

十一月八日、西郷従道《さいごうつぐみち》に代わって海軍大臣となった山本権兵衛は、「戦時大本営条例」と「防務条例」の改定に取り組んだ。「戦時大本営条例」にある陸海軍の大作戦を計画し奏上できる参謀総長について、「特命を受けたる将官」への変更を要求し、その理由として「戦時に際し海軍軍令部長の責務を参謀総長の所掌に併呑《へいどん》し、参謀総長をして当然の職務として之か統理の任に当らしむるは、秩序を正《ただし》ふする所以《ゆえん》の道にあらざる」と述べ、海軍作戦への関与の排除を策した。また「防務条例」でも、東京防禦と東京湾口防禦とを切り離し、後者を横須賀鎮守府長官の所掌に変更するように要求した。

陸軍の反対と山本海相意見書

両改定案ともに陸軍側の強い反対に会うと、山本海相は、閣議に「戦時大本営条例」改定に関する長文の意見書を、また元帥府《げんすいふ》に「防務条例」改定に関する弁明書を提出した。「防務条例」改定問題は、三十四年一月に公布する「新防務条例」の第三条を「平時陸海軍相連繋する防禦計画の要領は、参謀総長海軍軍令部長と協商し、裁定の後陸軍大臣及海軍大臣に移す」とすることでひとまず決着した。

新戦時大本営条例

一方「戦時大本営条例」改定問題は、日露戦争直前の三十六年十二月二十八日の「新戦時大本営条例」公布で決着した。新条例第三条で「参謀総長及海軍軍令部長は各《おのおの》其の幕僚に長として帷幄《いあく》の機務に奉仕し作戦に参画」するとされ、両統師部長は同列で帷握に奉仕することになった。ついに両部長は対等の関係になったのである。本条例では両者が衝突した場合の処置を定めないが、別個に「軍事参議院条例」を公布し、元帥・陸海軍四首脳、特に親補された将官らで構成する軍事参議院が対立を調整するものとした。この時、陸海軍の軍令系統を対等の関係で並立させ、万一両者に方針の相違や対立があった場合には、長老間で調整する制度が画餅《がへい》に過ぎないとは誰も考えなかった。

対等な関係を制度化

山本権兵衛

海主陸従を望む

周囲を海に囲まれた日本の国防は海主陸従でなければならないが、それが無理であれば、せめて陸軍と海軍の責任を同等に扱ってほしいというのが海軍の要望である。山本はねばり強く政府や陸軍を説得し、練り上げた文書を要路に配布し続けた。海軍にとってこの時期ほど、海洋戦力の役割を説明する根拠を必要とし、理論武装を必要としたことはない。そのためには、海洋戦力が国防にどうかかわるのか、海洋戦力を効果的に動かす戦術戦略とはどのようなものになるのか、合理的科学的研究が必要であった。この要請に応ずるため、海軍は兵学校十期代の新進気鋭の若手に棘道の伐開を託したのである。

国防と海洋戦力

二　佐藤鉄太郎と小笠原長生の海軍思想研究

世論と海軍

日清戦争における海軍の活躍は、朝鮮半島や遼東《りょうとう》半島を制圧した陸軍と比べて際立つほどではない。世界ではじめて汽走艦隊間の黄海《こうかい》海戦、水雷艇が大型艦を屠《ほふ》る威海衛《いかいえい》海戦を体験したにもかかわらず、世論の海軍に対する関心はさほど高まらなかった。

理論構築と世論喚起

山本権兵衛《ごんべえ》海相の登場により、海上戦力に関する理論構築と国民への「海軍思想」普及が本格化した。理論の構築とは、海上戦力が国防上不可欠であることを理論化することであり、「海軍思想」普及とは、海軍の役割、存在意義を国民に納得させ、海軍の発展と行動を支持する世論を培養することである。

この課題を命じられたのが佐藤鉄太郎《てつたろう》と小笠原長生《おがさわらながなり》であった。二人の使命の特徴は、理論研究に止まらず研究成果を広く社会全体に普及させることにあった。すでに兵術家として認められた島村速雄《はやお》、吉松茂太郎《よしまつしげたろう》、山屋他人《やまやたにん》らの研究は、純粋に海軍大学校学生に対する兵術思想の教育を目的としたもので、普及対象を社会全体に転じた方針は、卓抜した軍政家である山本のすぐれたセンスを物語る。

佐藤鉄太郎

佐藤は山形県鶴岡《つるおか》の出身で、俊才をうたわれ、兵学校十四期で鈴木貫太郎《かんたろう》とつねに首席を争った。きわめて熱心な日蓮宗信者で、彼の著作の中には日蓮宗の用語が頻出し、日蓮宗の教義で近代海軍の必要性や兵術論を再構成したのではないかと錯覚するほどである。

「国防私説」

明治二十三・四年(一八九〇・九一)に朝鮮半島沿岸を調査し、その結果を二十五年に『国防私説』にまとめた。島国の国防は「陸主海従」でなく「海主陸従」でなければならず、「陸軍の盛大宇内《うだい》に冠《かん》たりと雖《いえども》、海軍の勢力微弱なるときは其国防を全《まっとう》すること能《あた》はず」とする主張は、陸軍に押されっぱなしであった海軍首脳部に力強い援軍となり、忍の一字の海軍に自己主張の糸口を与えた。

小笠原長生

小笠原と佐藤とは兵学校の同期であり、佐藤の妻が小笠原の妹だから、二人は義兄弟になる。小笠原は旧唐津《からつ》藩主で子爵《ししゃく》、父は幕末の老中小笠原長行《ながみち》で、由緒正しい幕臣の血筋である。日本の歴史と有職故実《ゆうそくこじつ》に詳しいことは海軍随一で、一方日清戦争での体験や寡聞した挿話を「海軍戦記」と題して「読売新聞」紙上に連載し、また『海戦日録』で文名を上げ、編中の「水兵と其の母」「遼東の月」等は人口に膾炙《かいしゃ》した。前述のように『明治二十七八年日清海戦史』編纂の中心人物で、のちに海軍戦史の父ともいうべき存在になる。

小笠原には外国留学の経験がない。日本歴史における海戦部分を研究させる方針であったのか、あるいは日清海戦史の編纂が彼なくしてできなかったためか、外国に行かれては困る事情があったのであろう。先に成果をまとめたのは小笠原であった。『小笠原長生と其随筆』によれば、「当時の青年間に海軍思想の欠乏を憂へた伊東軍令部長からこれが思想涵養《かんよう》に資するため、我が邦《くに》古代よりの海上制覇史実の編纂を依嘱《いしょく》され」とあり、直接には軍令部長の伊東祐亨《ゆうこう》から出た話になっている。書き出したら止まらない小笠原は、僅か数日で書き上げた。その内容に感服した伊東は明治天皇に奉呈し、お手許金拝領の儀にまで発展した。明治三十一年(一八九八)に『帝国海軍史論』と題されて刊行され、伊東の名で全国の中学校に寄贈され、市販もされて非常な反響を呼んだ。

『帝国海軍史論』

『日本帝国海上権力史講義』

翌年、小笠原は軍令部出仕の傍ら海大教官を兼任し、「東洋戦略的海面ニ於ケル史的研究」を講義したが、その講義録が『日本帝国海上権力史講義』と題され、明治三十七年に春陽堂から刊行された。日本歴史の中で海上権力の史的考察を行うのは容易でなく、幕末以降、日清戦争までの記述が半分を占める事実が、作業のむずかしさを推察させる。

兵理探求と国民啓蒙

海上権力の重要性を歴史から論証するのが目的であったが、自序に「古今を一串せる大原理は科学の進歩に因《よ》りて決して遷移《せんい》すへきものにあらす、是れ歴史的教訓の忽諸《こつしょ》に付すへからさる所以《ゆえん》にして国民を薫陶《くんとう》誘化する」と公理の存在を認めながら、国民の啓蒙に関心を持つ小笠原の胸中を吐露している。本書は日本における海上戦(兵)力の通史であり、秀作にはちがいないが、兵理の探求には必ずしも成功していない。国家間の海上権力の衝突があまりに少ない極東海域において、海戦の兵理を見つけるのは困難だったのである。

「文才提督」小笠原

近代化を急ぐ海軍は、理論研究と世論喚起という性格と目的を異にする二つの要求を佐藤と小笠原らに託した。小笠原は、のちに「文才提督」などと称賛されるほど多数の作品を世に問い、戦記物を流行させ、啓蒙家の第一人者としての地位をほしいままにした。しかし古今の日本海戦史から兵理を抽出する無理な作業の方は、『帝国海軍史論』

をまとめたあと、二度と手をつけなかった。

佐藤の英国留学

一方、留学する機会を与えられた佐藤は、その分、研究成果の発表が小笠原より遅くなった。留学先は世界最強の海洋帝国イギリスで、海軍にすれば最優秀の留学生を送るべき国家であり、選ばれたのが佐藤であった。明治三十二年五月十三日、英国駐在の命を受けた佐藤は、最初異境での孤独な生活に苦しんだが、半年後に兵学校の一期先輩で、同じ山形県出身の黒井悌次郎《ていじろう》がロンドンに来てからは落ち着き、研究活動に傾注できるようになった。黒井は、舞鶴《まいづる》から佐世保《させぼ》に回されてきた水野広徳を追い出した人物である。

佐藤鉄太郎

佐藤の研究手法

佐藤の英国留学には、秋山の米国におけるマハンやグードリッチの如き指導者が見えない。佐藤の研究手法は、歴史書や戦記類から海戦に関するデータを集め、各海戦に共通する勝敗の条件、各海戦を貫く兵理・兵術思想を抽出するものである。ねばり強く事に当たる東北人らしく、こつこつノートを取り、集めたデータは膨大な量にのぼった。

科学的な海上戦力史研究

歴史の中に公理を見つける手法は、広い視野を求めず、長い時の流れの中で大局を見据えることを苦手とし、その場限りの処方箋にとびつきやすい日本人には好まれない。歴史上の事例を客観的データと考え、データの整理と分類とによって普遍的法則を導き出す方法論は、近世から近代にかけヨーロッパで発展したもので、自然科学にも共通するので歴史科学と呼んでいる。科学である以上、主観を排除し、予見または仮定を忌避し、データの収集と客観的分析が求められる。マハンは、こうした歴史科学の方法を海上戦力史の研究にも取り入れ、大きな成果を上げたのである。

おそらく佐藤は、英海軍のコロム中将やマハンらの兵術書を渉猟する過程で学んだ手法を、見よう見まねで自分のものとしたと考えられる。まだ東京帝国大学に歴史学講座があるだけで、歴史科学に無知に近かった日本で、海軍軍人が独力で科学的歴史研究に取り組む先進性は、日本の近代化が軍人の開拓精神に多くを依存してきた一面を物語る。

秋山との意見交換

佐藤は、全盛期にあった西欧中心主義のランケ史観に従い、ギリシャ、ローマ主体の地中海史、近世以降の英仏独史、それに若干の露米等の歴史を学び、ついでこれらの歴史の中で生起した海戦について研究した。三十二年十二月には、秋山がアメリカからやってきて、研究手法や成果について紹介し、疑問点について意見を交換できたのは、これまでの研究をチェックする上で貴重な機会になった。三十四年一月に佐藤は、秋山とは逆にアメリカに移動し、秋山が指導を受けたマハンらから助言を受けた。

海大における小笠原・佐藤の講義

二年半におよぶ英米留学から帰った佐藤は海大教官となり、「西洋海戦史教訓」を講義した。同時期、小笠原も講義を持ち、二人でアジア・ヨーロッパの海戦史をカバーするカリキュラムであった。佐藤は講義開始までに講義録を完成し、講義中に四章構成に改めた『帝国国防論』を完成し、久しく待ち焦がれていた山本海相に提出した。

『帝国国防論』山本海相待望の書

同書は、軍備について「其の目的とする所一に自衛に在り」「……戦はずして凶暴を威圧し、平和を維持し戦争を未萌《みほう》に防ぐのが目的である」と論じ、海上戦力の性格および役割を検証し、「我国の懼《おそれ》るべきは敵の陸軍にあらずして敵の海軍である」と結論している。つまり日本の軍備は、「陸主海従」ではなく「海主陸従」なくてはならないという主張で、これこそ山本海相が長年待ち続けたものである。

海軍の国家的課題

この書は、西欧の歴史研究を土台に軍備の在り方を検証したもので、海上戦力の運用方法、海戦での戦法をまとめた兵術書ではない。国家と海軍軍備との関係、海軍軍備の性格を決める諸条件、わが国が必要とする海軍軍備の在り方を論じた専門書ないしは水準の高い啓蒙書である。ミクロ的な海戦に働いた兵理とは別に、海上戦力とその発動が国家の歴史にどう影響したか、国家目的と国防および海上戦力との間にある関係とは何であったか、といった国家的見地の課題を取り上げていることに特徴がある。

「海主陸従」の理論

二八九頁にわたる同書の中で、佐藤が最もいいたかったのは、わが国の性格が「海国」であること、そのための国防は「海主陸従」でなければならないこと、の二点である。軍政家の山本海相が喉からほしかったのは、海戦における用兵の理論よりも、まずわが国に海軍が必要な理由、国防が海軍中心でなければならない理論であり、第四章十一節の「猶《な》ほ西欧に於《お》ける英国の如《ごと》く海上を制するにあらざれば全ふし得ない」「帝国国防は……制海権の与奪《よだつ》に関する軍備を第一に重要視し、列強の軍備を顧慮《こりよ》し標準を設け之が完整を務むべし」こそ、山本がもっとも望んだ報告である。

佐藤と艦隊決戦思想

同じ第四章十一節に論じられた「国防ノ三線」すなわち「第一線は海上に於てし、第二線は海岸に於てし、第三線は内地に於てす」を以て、佐藤こそ日本海軍の伝統になった艦隊決戦思想の源流であったというのが有力な俗説になっている。しかし佐藤に与えられた使命は、戦術、用兵、戦力の運用を論じることではなく、国家および国防の中に海軍を位置づけることで、艦隊決戦などという戦術論に結びつけるのは早計である。

日露戦争後、二度目の海大教官として教壇に戻った佐藤は「海防史論」を担当した。日露戦争後の海軍軍人は、日本海海戦に快勝した戦例が片時も頭を離れず、誰にいわれ

『帝国国防史論』

るでもなく艦隊決戦論に傾斜したが、佐藤もこの奔流に逆らえなかった。講義録に手を加え、明治四十一年（一九〇八）に刊行した『帝国国防史論』では、「必ずや敵艦隊を殲滅《せんめつ》するの方針を確持し、決戦の後確実に海上を制するを以て唯一の手段とする」「戦時海軍の目的は第一着に敵の艦隊を打破り、海権を我手に収むるを旨とす、即ち此の目的の為には我海軍の全力を挙《あげ》て敵艦の殲滅を図らざるべからず」といった艦隊決戦が随所で論じられ、日本海海戦の威力が彼の国防理論さえ戦術論に塗り替えてしまっている。

艦隊決戦論の隆盛

主力艦は一万㌧を優に越え、舷側砲《げんそくほう》にかわって主砲が攻撃力の中心になり、無線通信によって遠隔の艦隊を指揮する二十世紀最初の本格的海戦であった日本海海戦の結果から、誰一人として自由でいられなかった。佐藤が艦隊決戦論者に変わったことをとらえ、彼の著作を艦隊決戦思想の源流とするのは当たらない。全海軍軍人が艦隊決戦論者になり、兵術理論を日本海海戦の結果に合わせなければ気が済まない時代になったのである。

三　海大教官に至る経緯

義和団事件

明治三十二年（一八九九）十二月下旬、米国留学を終えイギリスに渡った秋山は、ロシア駐在の広瀬武夫と西欧各国を視察して回った。三十三年六月に帰朝命令が届き、三年振りに帰国したのは八月十四日である。突然の帰朝命令は、中国で起きた義和団《ぎわだん》事件（北清事変）と関連があったと考えられる。英東洋艦隊司令長官シーモア提督麾下の各国海軍陸戦隊による北京《ペキン》救援が失敗し、事件が長引くと予想されたのであろう。しかし帰国してみると陸軍の出兵により事件が決着しつつあった。そのため秋山にも急ぎの仕事がなく、八月二十一日、取り敢えず海軍省軍務局課員に補され、ついで同第一課勤務を命じられた。さらに常備艦隊参謀を命じられ、十月三十一日、二十ヵ月に及ぶ海上勤務に出た。

常備艦隊参謀

常備艦隊司令長官は東郷平八郎《とうごうへいはちろう》中将、常備艦隊司令官は有馬新一《ありましんいち》少将で、途中で諸岡《もろおか》頼之《よりゆき》に代わる。秋山は有馬の幕僚で、三十四年二月まで「松島《まつしま》」「千歳《ちとせ》」を率いて中国在住日本人居留民の保護に当たった。平静を取り戻した中国と佐世保《させぼ》との間を往復する勤務が続き、アメリカで研鑽を積んだ成果をわが国の兵術研究に役立てたいと意気込む秋山には、海上任務は退屈で仕方がなかったであろう。八月二十七日付で佐世保から海軍総務局長官（明治三十三年五月より三十六年十二月まで次官に代る官職）斎藤実《まこと》に宛てた私信は、秋山の心境を映して余りあるものである。

斎藤実への私信

さて小官もお陰により艦隊に乗艦以来諸種の実地計画等に参与し、研得したる処《ところ》少なからず、千万感謝の至に御座《ござ》候《そうろう》。然《しか》る所自家研究の外はこれと申して格別のご用も仕らず、唯々汗顔《いいかんがん》至極もとより小官とても、従来の所信に基《もとづ》き一艦の内事内規より艦隊の操縦統率の方法等に至るまで、なおかくも改良したし又かくの如《ごと》き試験も行いたしとは存じ候え共、何分にも今日は位置が許さず、分不相応に出過ぎては宜しからずと愚信致し候えば、自育自習の外は進んで事に当るを避くる方針にて終始致し居り候。但し我が国の艦隊は他外国のものに比較し如何《いか》なる処に弱点を存し、又如何なる事情がその練磨の発達を妨げつゝあるやに至りては、最早《もはや》充分看破《かんぱ》し得たるつもりに御座候。兎《と》に角《かく》これら真正の下情を上達するは、ご軍政上最必要と存じ候えば、直接言上致すべく候。……

（志摩亥吉郎「海軍兵学校から日露戦争終結まで」『秋山真之のすべて』所収）

手直ししたい点がたくさんあっても、今の地位では実行できないことはわかっている。しかし自分をこんなところにほっておいてもいいのかという遠回しの猟官運動とも受け取られるが、せっかくの留学の成果を早く役立てたいのが本心であった。

秋山の実績

秋山を知る後世の人々は、秋山がなるべくして海大教官になり、兵学を完成したと思っている。組織には人事上の都合があり、秋山が秀才で、すぐれた成果を上げて帰国したからといって、いつでもふさわしい椅子を用意できるわけでない。しかも佐藤鉄太郎《てつたろう》や小笠原長生《おがさわらながなり》のように著作があれば有力な説得材料になるが、秋山には米西戦争の報告書の類があるくらいだ。まだ未知数の秋山に、海大教育の要である戦術教官の椅子を与えるのは冒険であり、人事上の巡り合わせと運がどうしても必要であった。

坂本俊篤の海大校長就任

海大を海軍における理論および研究の最高学府に高めたのは、坂本俊篤《としあつ》の功績といわれる。海軍随一のフランス通である坂本が海軍大学校長心得から正式な校長になったのは、三十五年(一九〇二)五月二十七日である。坂本なくしては秋山の海大教官の道もなかったというロジックはあとになっていえることで、当初坂本は違った人選を考えていた。

戦術教官山屋他人の後任人事

斎藤実長官に私信を宛てた三十四年夏以前には、秋山の海大転属への可能性はなかった。坂本が海大校長就任とともに手がけたのは、戦術教官山屋他人《やまやたにん》の後任人事であった。一つの補職の任期はおおよそ二年間、それに合わせると、後任は二年後輩になる例が多い。山屋が兵学校十二期の卒業だから後任は十四期、適任者がいなければもう一期下の十五期が限度である。この通例からすれば、十七期の秋山が後任の候補者リストに載るのは時期尚早で、うまくいってもその次に名が載るかどうかである。無論期別など度外

山屋他人

視しても誰一人文句のない人事も稀にあるが、まだ秋山はそこまで至っていなかった。

坂本は、教官としても、また軍人、個人としてもきわめて評判のよかった山屋を手放したくなかった。山屋は陸軍の兵棋演習に改良を加えた図上演習を導入して、海軍の兵術教育に一科目を加える大成果を上げた。だが兵学校十二期

山屋転出の事情

のトップを有馬良橘《りょうきつ》と分け合った山屋にはふさわしい昇進が必要であり、三年半も海大に止め置くことは許されなかった。山屋の転出が仕方ないとすれば、後任をどうするか坂本は迷った。この時でもまだ秋山の名が上がることはなかった。

『海軍戦術完』

日清・日露戦争の戦間期は海軍にとってもっとも重要な時期に当たるが、この時期の前半に海大で「海軍戦略」と「海軍戦術」を担当したのが山屋他人であった。山屋は各国の海軍大学校の教育内容を丹念に調査し、進んだ教育手法を積極的に取り入れた。まじめで研究熱心、すぐれた理論家としての資質も備えていた。現存する山屋の『海軍戦術　完』は、刊行年が三十二年頃と推定されるが、その緒言に、

予は浅学不敏の躬《み》を以《もっ》て本校の戦術教官たる職にあり……私に思ふに諸君の学識経験は、優に当世の戦術を解釈して余《あまり》あらん。予と諸君とは、唯《ただ》海軍の出身に於《おい》て三四年の差あるのみ。予の少しく軍書を渉猟《しょうりょう》し得たるは、僅《わずか》に本校の専務教官たる六ヶ月間のみ。……且《か》つ経験に於ても諸君と格別の差異あることなし。……故《ゆえ》に予は諸君を啓発すると云ふ大野心は茲《ここ》に全然之《これ》を放棄し、予と諸君とは今軍艦の士官室内にあるものと仮想し、遠慮会釈なく其信ずる所を以て弁難攻撃し、以て相互の攻究を積まんことを期す。

山屋の学問への態度

と切り出し、教官といっても学生と学識、経験において大差ない、一緒に考え、同じ目線で共に学ぼうという卒直な態度である。

海軍創世期の気風

のちに大将になり、連合艦隊司令長官をつとめる人の度量は若い時から違いを見せている。佐藤や秋山と違い、平均的な経歴しかない山屋は、独自の戦術論を打ち立てる高望みをせず、同程度の学識と経験を持つ教官と学生とが衆知を集めて考えようという態度である。階級に関係なく各自の経験を持ち寄って理論を創造するという、自由で闊達《かったつ》な気風で満ち溢れた創世期らしい雰囲気がまだ残っていたのであろう。

同書の構成

同書は「概論」「単艦戦闘」「艦隊戦闘」「海岸砲台ノ攻撃」の四部構成で、読者たる学生に新境地を開拓する心構えを諭し、英国の兵術書から得た論点を紹介しながら、考えるきっかけを与えようと努めている。まず「概論」では、

百戦百勝四隣を圧倒し絶代の偉業を遺せるものは、皆他の旧戦法を墨守して縄墨《じょうぼく》の内に齷齪《あくさく》たるに際し、独《ひと》り卓越の識見を以て一世を達観し、其《その》当時の状態に応ずる新戦法を創立し、之に依《より》て敵の倉皇狼狽《そうこうろうばい》する間に電雷の勢を以て之を撃破殄滅《てんめつ》したるの結果に外ならず。

新戦法創立の重要性を説く

と、時代にふさわしい新戦法の創立こそ、百戦百勝の要諦《ようてい》としている。単艦戦闘では、米海軍少佐ベンブリッジ・ホッフの"*Elementary Naval Tactics*"より弾丸不精確の六条件と、米海軍雑誌に掲載されたジャクソン中尉の掌砲兵養成に関する論文を紹介し、単艦戦闘で留意すべき四点の検討を提案している。「艦隊戦闘」でも、ウェンライトの論文、ニブラック大尉の"*The Tactics of Ships in the Line of Battle*"、スタディーやメイの論文を紹介して、各国の海戦における陣形、艦隊編制の得失を論じている。

戦闘陣形の研究

戦闘中の艦隊司令官の位置について、ロシアのマカロフ中将の『海軍戦術の諸問題』から学んだ理論を引用しながら、単縦陣においてはその先頭にあるべしと論じる。戦闘陣形について縦陣、横陣の得失を比較し、艦隊の戦闘陣形として如何なる隊形が最良で

あるか未決としながらも、単縦陣を「其弱点も亦尠《またすく》なからず、然《しか》れども変化自在なると、司令長官艦長等の脳髄を錯雑せしむること尤《もつとも》少きの一事は、他に換へ難き一大利益なるべし」と評価している。ついで明治三十八年(一九〇五)度に完成するはずの海軍拡張案を前提にして、わが艦隊と敵艦隊とが一直線上に相対して航行し続けた場合に起こりうべき戦闘形態を列挙し、その利害得失を論じる。のちの日本海海戦の際の日露両艦隊の位置関係に似た設定で、予想される陣形と航跡を条件として検証を加えているのが面白い。

山屋独自の戦術論

その成果として、人格者といわれた山屋らしい戦術論が提起される。

二海軍国海上に国家の輸贏《しゆえい》を争はんとするに当りては、必ず海軍の全力を挙ぐべく、勝敗を第一位の艦船にのみ委《まか》して他は之を傍観せしむべきにあらず。而《し》かも第一位第二位と順次に之を用ふること五指の交々《こもごも》弾《はじ》くが如くするよりは、出来得る限りは之を同戦場に駆出《かけだ》して、等しく戦闘の名誉を担はしむべきものとす。

総掛かり戦法の提起

第一位の艦船だけが勝利の名誉を独占するのではなく、海軍の全力を同戦場に繰り出して、すべての艦艇が戦闘の名誉を享受すべきというのは、これまでにない総掛かり戦法論の提起である。

日本海海戦の源流

ところで日本海海戦における日本の勝因について、日露双方の結論に相違があるが、ロシア側の指摘は、バルチック艦隊司令部が、日本海軍の大は戦艦から小は水雷艇に至る総掛かりの波状攻撃を予想できなかったことで、これが全滅の主因であるというものである。連合艦隊側も日本海海戦を総掛かり作戦と認識していたとして、この作戦の源流を探すと、どうしても山屋にたどり着かざるをえない。彼はすでに三十一、二年頃にこの考えを学生に示しているが、山屋のいう総掛かり作戦は、戦艦や装甲巡洋艦等の大型主力艦だけでなく、海防艦、水雷艇の中小艦艇も等しく、一気に敵艦隊に当たり勝敗を決するというものである。

坂本の人事案

日清戦争後、軍艦の大型化、任務や兵器の多様化にともない艦種も分化し、艦隊の各種艦艇の組み合わせ方法、海戦における艦種に応じた戦法と出撃順序等を検討する必要性が高まった。山屋の総掛かり作戦は、一度に全艦艇が参加する意味だが、日露戦争までに無線通信が採用され、時間差をつけ各種艦艇を組織的に機動させることが可能になり、山屋が海大に留まっていれば、こうした変化に基づく再構成をしたにちがいない。

坂本が思いついた山屋の後任は、海大の選科学生である八代《やしろ》六郎大佐であった。八代は山屋より先輩の八期だが、彼の経歴と能力は誰しも認めるところであった。選科学生には大きく分けて四種類あり、八代は特定の課題を研究する学生で、いわば特命の研究官である。三十二年三月の「海軍大学校規則」で定められた海大学生には、選科のほかに甲種・乙種・機関科長期・同短期があり、甲種と機関科長期が二ヵ年で、他はおおむね一ヵ年であった。選科の場合、課題や人事上の都合で二、三年間に延びる例もあった。

八代六郎への打診

八代は三年間ロシア公使館付武官を経験したロシア通で、常備艦隊参謀《さんぼう》、「宮古《みやこ》」艦長、「和泉《いずみ》」艦長ののち、選科学生になった。彼の研究課題は海軍の戦略・戦術であり、坂本にすればうってつけであったわけだ。海軍省の人事担当者にすれば、この申し分ない経歴は、海大教官よりも艦隊の枢要ポストがふさわしかった。それでも坂本は、本人に打診してみた。

八代は秋山を推薦

しばし考え込んだ八代は、「大変有り難い思し召しですが、戦術論の講義でしたら、私よりずっとすぐれた適任者がいます」と婉曲に謝絶し、坂本が問う前に秋山の名前を上げた。以上の話は、桜井真清が『秋山真之』で伝えるところである。

八代の判断

坂本は、マハンを海大の客員教授として招聘《しょうへい》しようと企図した折、秋山に仲介の労をとってもらったことがあり、アメリカにおける戦術研究の現状に関する彼の報告書も見ている。島田謹二は、『アメリカにおける秋山真之』の中で「そのうち機会があれば、ぜひ手許によびよせて、後進の育成にあたらせたいという考えを、坂本はふかく胸にたたみこんだ」と描いているが、坂本自身はそうした意志を持ち続けていたとは思えない。

坂本の決断

八代の推薦を聞いた坂本は意外な名前に驚き、しばし迷った末に決心をしたのが真相らしい。海軍省に秋山をもらいうける交渉を開始し、七月十七日付で山屋の常備艦隊転出と秋山の海大転任が決まった。秋山は、転任の辞令を室蘭《むろらん》港に入港中の「初瀬《はつせ》」で聞いた。陸奥湾に入った「初瀬」を降りた秋山は、青森駅に出て一路東京に向かった。

四　秋山兵学の中心軸をなす『海軍基本戦術』

海大教官として

秋山が担当した将校科甲種第四期は、『帝国海軍教育史』によれば入校者が七名であった。受験生は十一人であったが、トップ合格の佐藤皐蔵《こうぞう》が常備艦隊参謀に抜擢されたため、一人減って三人が落ちたことになる。ところが卒業生は、吉田清風、下村延太郎《のぶたろう》、飯田久恒《ひさつね》、斉藤七五郎の四名に減っている。七人の入校生は兵学校時代の一から三期下の後輩で、いずれもよく知った顔である。退校者三人のうち二人の成績は、残った四人の中の二人より上であった。三人はいずれも病死か日露戦争で戦死し、これに対して卒業した四人はともに中将に昇り顕職を歴任している。

秋山と八代六郎

海大教官の職を秋山に譲った八代《やしろ》も、それからまだ一年間選科学生として海大に留まり、自分の研究課題と同じである秋山の講義に毎回聴講生として出席した。ある日の講義に対する八代の質問が、売り言葉に買い言葉の喧嘩にまで発展し、翌日八代が秋山に詫びて収まったというエピソードも生まれたが、八代のお陰で講義は一段と熱気に包まれた。なお八代は、秋山の助言を受けて英国陸軍少将ハルトの"*Recollections on the Art of War*"を翻訳し、これを抄録した『兵術精髄』（明治三十六年）、またジョミニの"*Precis de l'Art de la Guerre*"の英語訳を重訳して『兵術要論』（同）の二点を副教材として海大に残した。さすが坂本の目は間違っていなかった。

講義の開始

秋山の講義が開始されたのは翌三十六年（一九〇三）四月からで、それまでは講義ノートや資料の整理に忙しかった。最初に手がけたのは、山屋がはじめた陸軍式兵棋演習に代えて、米海軍式兵棋および図上演習を取り入れる準備で、アメリカより持ち帰った図面から兵棋台や艦型を作製し、その使用法を教官や助教、学生に教えることであった。

兵棋演習の導入

秋山が導入した兵棋演習は、敵味方の勢力比に合った戦艦、巡洋艦、海防艦、駆逐艦、水雷艇等の模型を台上に配置し、敵味方に分かれた演習者が実戦さながらの対抗戦を行い、想定作戦の可否、作戦立案能力やあらゆる状況への対処能力の向上を目的としている。米国式兵棋は陸軍式にくらべ実戦に近く、各艦艇の運動力、砲力、魚雷効力、艦艇防禦力を客観的数値で表し、被害が大きいと判断された艦艇を廃艦にしたり、後方に引かせるなどして、戦況をより現実的、立体的、総合的に捉え、戦況への対応の適否、過誤を科学的に検証することもできた。

演習の目的と方法

演習全体を指導する統監の下で、敵味方に分かれた学生を指揮官、補助係官に分け、戦闘開始の条件を設定して演習をはじめる。戦闘条件には、単列艦隊の戦闘、複列艦隊の戦闘、戦艦隊と巡洋艦隊の戦闘、両艦隊が反航や同航であったりと、考えられる限りの条件を学生に与えて、学生の臨機応変の判断力を練る実践的演習を行った。対抗戦が終わるごとに、全戦況を戦略・戦術面から評価し、学生の判断についてどこが良くてどこがおかしいか指摘し、なぜおかしいかを考えさせる指導ができる。秋山の兵棋演習法は、その後何度か改良を加えられながら太平洋戦争期まで使われた。

『兵語界説』

他方、自ら筆を取って『兵語界説』と『海軍英文尺牘《しゃくとう》文例』をまとめた。『兵語界説』は二十五頁の小冊子で、講義中、学生が戦略・戦術に関する用語をバラバラに解釈する弊害を避けるため、先制、牽制、威嚇《いかく》、封鎖、集中、捜索、偵察、監視、占領、追

兵語の制式化

撃、編制、建制、艦隊、軍需、給与、軍備……等を制式化し、意味を定義したものである。まだ草創期の雰囲気が残る海軍部内では、英・蘭・仏の雑多な外来語がそのまま使

われ、しかも各部隊に固有の表現があり、日常活動の中で将兵間、部隊・艦艇間で齟齬が生じる危険があっても、当局はこうした現状に存外無頓着であった。

兵術のマニュアル化

米海軍のような多民族国家の海軍ならば緊急の課題だが、単一民族で阿吽《あうん》の呼吸でなんとか意志疎通ができる日本では、とかくマニュアル化を軽視する傾向がある。秋山に指摘されるまで、一見些細と思われる事柄が一枚岩の緊密な組織をつくる上で障碍《しょうがい》になることに気づかなかった。本冊子では、兵術を基本兵術と応用戦術に分け、戦略および戦術の二種からなると定義している。戦略を「敵と隔離して我兵力を運用する兵術なり」とし、戦術を「敵と接触して我兵力を運用する兵術なり」とし、さらに「其《その》用ゆる兵力の多寡《たか》戦域の大小等に準じ大戦術及び小戦術の種別あり」としている。距離の遠近、有視界か無視界、非接触か接触かで戦略と戦術を分類する方法は、低い通信能力のために、狭い海域に敵味方が集中することが多かった十九世紀の戦争を基にしたものである。またはじめて「戦務」の概念を紹介し、「兵軍を指揮統率し或《あるい》は之《こ》れが行動生存を経理する等の要務」と説明しているなど、秋山の高い兵術認識を随所に散りばめている。

『海軍英文尺牘文例』

『海軍英文尺牘文例』は、御雇教師であったイギリス海兵大尉ホースが編纂した"*Notes on English-Writing*"が少々古くなり、ときどき時勢に合わない事例が出てきたため、秋山が英語教師ロイドの助言を得て編纂し直したものである。尺牘は書状や文書のことで、起句や結句の用語、封筒の上書き、慶弔・見舞い文、各種招待状、公用文、商用文等のマナーのマニュアルである。兵術教官がそこまで手をつけなくてもと思われるが、秋山にすればこうした規範までつくらないと、近代的海軍はできないと考えられた。

講義録の出版

つづいて講義録として印刷されたのが『海軍基本戦術』（第五章の「艦隊ノ運動法」欠落）、『海軍戦務』、『海軍応用戦術』（二～三版）、『海軍応用戦術』（第四版）であった。前二冊は活版印刷で三十六年四月からの講義、後二冊はガリ版刷で、同九月からの講義をまとめたものと思われる。海大では、教官の講義を速記者が記録し、これを校長が目を通してその内容について点検し、問題があれば教官に修正させたのちに講義録を印刷し、次の講義の時からこれを使用する慣行であった。

坂本俊篤の校閲

坂本は熱心に講義録に目を通し、担当教官に集中豪雨的注文を出すことで恐れられていた。秋山の講義録についてはとくに注意深く点検したが、完璧な論理の組立に驚嘆し、若干の修正を求めただけであった。なお印刷された講義録は部内秘扱になり、海大関係者と講義内容に関心を有する一部の士官しか閲覧できなかった。小笠原の著作のように国民の啓蒙が目的でないから、海大学生を主な対象とする講義録が秘密扱いになっても

部内秘扱いの弊害

見かけ上の弊害はない。が、第三者の目に触れない成果は、部内の客観的批判や向上意欲がなくなれば進化を停止しかねない。明治時代の講義録が昭和まで内容を変えずに残った例は幾つもある。海軍が進化を停止した一つの証でもある。

『海軍基本戦術』

秋山の最初の講義は「基本戦術論」であった。『海軍基本戦術』(明治四十年四月印刷)によれば、まず「戦術ノ要素」を取り上げ、それを構成する「戦闘力」「戦闘単位」「艦隊ノ編制」「艦隊ノ隊形」について論じる。つぎに「兵理」を取り上げ、戦闘に「優勝劣敗」の法則を説き、「戦法」では攻撃と防禦を定義し、決戦時の艦隊戦法に及ぶ。こうした講義項目の中から、とくに重要と思われる点について紹介しよう。

攻撃力

攻撃力について「戦闘の本旨は攻撃にあり」と断言し、攻撃手段として第一位に砲熕《ほうこう》(大砲)、第二位に魚雷、第三位に衝角《しょうかく》(軍艦の艦首につけた鋼鉄の尖角で、敵艦を衝き破るもの)をあげるが、衝角はもう時代遅れだと見放している。本講義は明治三十五、六年頃の技術水準を前提にしており、攻撃力の発展は造兵家の責任とし、造兵家による技術革新があれば攻撃手段の順位は変動し、固定したものなどない。

戦闘力の探求

戦闘力の諸要素の中で、「他日事あるときは最良の要素により、最上の戦術計画を立てこれを最も巧《たく》みに実施し、以《もっ》て最大の戦果を収めざるべからず」と述べ、また「兵理」の項では、戦いは時と場合と相手側の出方によって千変万化するとし、戦いが千変万化するなら、そこで必要な戦闘力も千変万化する。近代戦における戦闘力を作り出す攻撃手段は、技術開発に左右され、すべては流動的である。だが根本的原理には変わりなく、これを見つけ出すのが研究の目的であるという。

「優勝劣敗」の原理

秋山は兵理の根本は「優勝劣敗」であると随所で述べるが、この原理は古今東西の歴史の中で恒久不変だが、誰が「優」で誰が「劣」かは刻々入れ替わる、優劣は兵理に対する認識というよりも、戦う手段の選択の適否によって決定されるとする。

秋山の兵術思想

秋山の兵術思想には、仏教の諸行無常、盛者必滅の教えに通じる面があるとともに、宋学とも呼ばれる朱子学でいう宇宙の理法にも通じる面が多い。漢学の語句を多く使うため、尚更そうした印象を与えるが、幼少期に毎朝暗いうちから仕込まれた漢学で培った思想や価値観を拭い去るのは、図抜けた記憶力の持ち主であるほどむずかしい。米国留学で歴史主義の手法だけでなく、大陸の合理的方法論も学んだ秋山だが、彼の根本の思想はきわめて東洋的であった。

兵戦の三要素

兵戦を左右する大本は「時」、「地」、「力」の三元で、「時」は時間、「地」は空間、「力」は人や兵器によって生み出される力すなわち兵力や戦力の意である。兵力とは人力と機力を合わせたもので、生存・攻撃・防禦・運輸・交通の五機関から構成され、一つも欠くことはできないとする。兵戦は「有限の三元を以て戦はるる相対的現象」である。兵術は「三元併用の調和均衡を得せしむるを要件」とし、三元を「或は集め、又は散らし、或は動かし、又は静め」て調和させることを目的とする。兵理は三元の和を実現する定理、もしくは三元の組み合わせによる現象の法則を指し、この兵理に背反しないように兵力を運用するのが兵術の役割である。

兵戦の根本原理である「優勝劣敗」を決定づけるのは三元の調和であり、調和には三つの定理があり、敷衍すればさらに十一の定理がある。すなわち天地の間で繰り広げられる争いは、すべて「優勝劣敗」の天理にしたがうが、天理から三定理と十一定理が生み出され、これら諸定理を実現したものが勝利を得るのであり、定理に背いたものが劣敗するとしている。戦場の喧噪とは無縁の宗教や哲学でもあるかのように兵理を説く秋山には、厳しい修業を終えて悟りを得た修行者の説法の響きがある。

攻撃と防禦

第二章「戦法」では「攻撃」と「防禦」を取り上げ、「積極的の攻撃は最良の防禦にして、敵を防がんと欲せば、先《ま》づ之を撃ちて、われを攻むるの余力なからしむるに如《し》かざる」、「巧妙の戦術を以て果敢なる攻撃をとるときは、無形の勢力になり有形の兵力の不足を補ひ、赫々《かくかく》たる大勝を獲得せしむる」と、ナポレオンをはじめ古今東西の勇将が実践した兵理を、秋山らしい表現で解釈していく。「攻撃」は主動的に進んで戦う意味だが、攻撃の実を上げるには「先制」の利を占めることであり、そのためには「戦士気昂《あが》りて未《いま》だ衰へず且《か》つ敵が防禦の手段を施す能《あた》はざる間に迅速疾風の如《ごと》く急速に大打撃を加へて、その地点に於《お》ける攻撃の目的を達するを要す」と、敵が対応不能の早さを求めているが、一方で拙速を戒めることも忘れていない。

攻撃の実践

攻撃の実践には斉撃《せいげき》と順撃の二つの方法があり、斉撃には総撃と分撃の二つが、順撃には順次攻撃と循環攻撃の二つがある。斉撃は全兵力の同時攻撃を指し、総撃は全兵力の同一目標に対する一斉攻撃、分撃は兵力を目標数に応じて分け、各目標に対する一斉攻撃を意味する。順撃は兵力を分割して編成した部隊による時間差攻撃で、順次攻撃は複数目標に対する各部隊の順次攻撃、循環攻撃は特定目標に対する交代攻撃の意味である。いずれにも利害得失があり、秋山は一つ一つ利点と欠点を説明した上で、どちらの利点が大きいか、あるいは欠点が少ないか絞り込んでいく。過去の戦例を見ると斉撃法が多用されているが、トラファルガー海戦では斉撃のために全軍疲弊し、止めを刺せなかったとし、こうした欠陥を補うには分撃法を採用すればよいとしている。

攻撃の正法と奇法

第三節の「正奇ノ攻撃法」では、攻撃法には正法と奇法とがあり、正法と奇法とを組み合わせて効果を上げることができる。だが「戦術の妙は奇法を用ひて戦果を大ならしむるにあり」とし、湧くが如く戦術を生み出したといわれた秋山は、奇法に強い魅力を感じた。日本海海戦の第一段攻撃として、捕獲した露国駆逐艦を日本式塗装から露国式に改め、これを使ってバルチック艦隊の前面に連繋機雷を敷設、航路を変更させる作戦を立てたが、これなど奇法の最たる例である。

正法と奇法には正撃、横撃、叉撃《さげき》の三つの攻撃法があり、文字通り正撃は正面攻撃、横撃は側面攻撃、叉撃は正撃と横撃の併用である。さらにまた距離による遠戦、近戦、接戦の三種があり、遠戦と近戦の基準は五〇〇〇メートル、接戦は乙式魚雷の射程一〇〇〇メートル内の攻撃とする。勝敗を分ける決戦は近戦に頼るべきだが、魚雷や砲熕の技術革新によって変わることもある。

兵術と兵器の進歩

この時代、主兵器は砲熕、副兵器は魚雷と考えられていた。魚雷が驚異的な早さで進歩して射程が延び、接戦が可能になったが、まだ射程、破壊力、安定性のいずれも砲熕には及ばなかった。秋山も、砲熕と魚雷の格差を前提にして攻撃論を展開し、丁字《ていじ》戦法を採用すれば魚雷戦による同航戦も可能とする見方をしている。兵器の発展は日進月歩で、攻撃にはこの変化を織り込む必要があった。兵術は諸条件の変化により融通無碍《ゆうづうむげ》に変わると随所で述べているが、技術の進歩の早さは秋山の予想を上回った。

砲熕の進歩

砲熕の進歩は比較的ゆっくりで、日露戦争の旗艦「三笠《みかさ》」の三〇センチ主砲弾が最大射程一五キロ、炸薬一〇キロ弱だったが、太平洋戦争の「大和《やまと》」の四六センチ弾は射程三五キロ、炸薬三三・八キロに進化した。一方、日露戦争の三〇式B型魚雷は射程一キロ、炸薬五二キロだったが、大正期の四四式一号は射程一〇キロ、炸薬一六〇キロに、昭和十年制式の九三式一型は射程三〇キロ、炸薬は実に五〇〇キロへと発達した。「大和」級の建造には途方もない費用がかかるが、駆逐艦や水雷艇はその数十分の一、数百分の一に過ぎず、魚雷を装備すれば破壊力は大戦艦に負けない。昭和五年（一九三〇）に海大で刊行した『水雷戦術』では、魚雷について「破壊威力砲熕よりも遙《はるか》に大にして少数の命中魚雷を以て一挙に主力艦をも屠《ほふ》り得へし」に変わっている。魚雷の破壊力が砲熕を凌駕《りようが》したのは大正時代中頃であり、すでにこの時機に、砲熕による同航戦の得失や丁字戦法の理論について書き換えが必要になっていた。

戦況把握の重要性

このように攻撃手段である兵器が進歩すればするほど、戦況を的確に把握し、斉撃と順撃、正法と奇法、総撃と分撃等のいずれが有利か判断し、最も理に適った方法と手段を選んで実行する能力がますます重要視される。攻撃手段の進化が、戦法を多様化し戦況の展開を左右するのである。戦闘形態が流動する中で判断力と決断力を身につけるのは容易でないが、そのために戦争を起こして演練するというわけにはいかないから、兵理の本質を理解し、図上演習、兵棋演習、艦隊訓練等で感覚を磨いていくほかない。

艦隊運動

ついで勝敗を分ける決戦について論じる。艦隊運動から見た戦法を大別すると、単列艦隊戦法と複列艦隊戦法の二つがある。二つの戦法から、単列艦隊対単列艦隊戦法、単列艦隊対複列艦隊戦法、複列艦隊対複列艦隊戦法の三つが生起する。そして各戦法で生じる得失について検証する。単列と単列の場合、同航（敵味方の平行航行による戦闘）か反航（敵味方の逆方向航行による戦闘）の戦いになり、とくに同航戦での勝敗は砲術力に左右される。同航戦で勝利を得る方法は、敵の単列の先頭に奇襲を加えることで、これを丁字《ていじ》戦法と呼ぶ。

丁字戦法

丁字戦法は日本海海戦で急に有名になったが、山屋他人《やまやたにん》が提起した戦法である。戦役後に「東郷《とうごう》ターン」は丁字ではないという指摘が出たが、すでに秋山は講義録の中で、「丁字は正しく丁を画き得る場合甚だ稀《まれ》なり、必ずしも正しき丁字なるを要せず」と、字形をまったく問題にしていない。敵の先頭に対する奇襲は理屈の上で丁字になるだけのことで、実戦で丁字にならなくても別の戦法と考える必要はない。

乙字戦法

これに対して乙字《おつじ》戦法は、一方が複列で、他方が単列の場合に現象しやすい戦法である。秋山がはじめて理論化した戦法とされるが、講義の中で丁字について頻繁に触れたが、乙字の取り上げ方はむしろ消極的であった。乙字戦法は、複列の一隊が敵の頭をおさえ、別の一隊が敵の尻をおさえると、理論上敵味方が乙字の形になることから生まれた呼び方である。敵の前後を挟撃する戦法で、二隊の連繋次第で絶対優勢になる必殺戦法である。そのため乙字戦法によって決着もありうるとして、秋山も艦隊決戦論の主唱者の一人になったらしい。ただ複列と単列の接触が少なく、敵も挟撃される事態を回避するため、偶然という運を期待する戦法でもある。

秋山の「艦隊決戦」観

ところで秋山のいう「艦隊決戦」は、勝敗を確定する戦いの意ではない。「艦隊決戦」後、退却する敵に対する追撃戦を想定し、その重要性を論じている。たとえば「決戦後追撃猛烈なれば其《その》効果は偉大にして戦果を収得するは此時機《このじき》にありとす」とあるように、勝利を決定づける戦果は、「艦隊決戦」後の追撃戦の過程で得られると説く。秋山のいう「艦隊決戦」は、主力艦によって敵の行き足を止めて退却に追い込む戦闘、言い換えれば優勢を獲得する戦闘を意味し、その後に続く追撃戦によって勝敗が決着する。

追撃戦は掃蕩《そうとう》戦ではなく、勝敗を確定する戦闘である。

「艦隊決戦」の理解

昭和十九年（一九四四）十月二十五日、レイテ海戦においてアメリカ太平洋艦隊のオルデンドルフ隊は、スリガオ海峡に進入した西村部隊（第三部隊・南方部隊）を迎え、第一線に魚雷艇群、第二線に三層の駆逐艦群、第三線に巡洋艦群、最後部に戦艦群という六段構えの陣立てをした。オルデンドルフ隊の前衛群の魚雷攻撃により多大の損傷を受けた西村部隊は、最後に戦艦群の主砲により壊滅的打撃を受け敗走した。最後に西村部隊に止めを刺し、勝敗を決した戦艦群の戦いを「艦隊決戦」というのならきわめてわかりやすい。秋山のいう追撃戦を前提にした主力艦隊間の戦闘を「艦隊決戦」というのは、どうもわかりにくい表現である。

大艦巨砲主義

主力艦の攻撃手段は砲熕であるため、艦隊決戦は主力艦の主砲による決戦の意味になり、のちにこれを発展させた思想が大艦巨砲《たいかんきょほう》主義である。大艦巨砲主義は、文字通り巨砲を決戦兵器とする発想で、大砲決戦主義である。秋山の「艦隊決戦」が海戦のはじまりで、文字通りの決戦はその後に行われる追撃戦とすれば、追撃戦の主役は魚雷であり、彼の思想は大艦巨砲主義とは相容れない。

追撃戦の方法

追撃戦には速力が重要な要素であり、高速の巡洋艦か駆逐艦がその任務に適している。

しかし巡洋艦には戦艦を補助する任務があり、主隊の重要な戦力である。となると駆逐艦さらには水雷艇の担当になり、これら小型艦艇が勝敗を左右する。小型艦艇といえども、魚雷の威力が主力艦の大砲に引けを取らないから、その役割を十分果たすことができる。なお日清戦争の黄海《こうかい》海戦において、各艦が独自の判断で追撃し、清国海軍の「定《てい》遠《えん》」「鎮遠《ちんえん》」を取り逃がした戦例に鑑み、主隊と追撃隊の統制された行動をとくに注意している。

対戦状況における利害得失

想定される態勢での利害得失を論じる中で、秋山は（主力）艦隊対駆逐隊の対戦について取り上げている。「艦隊は駆逐隊に対して攻撃の姿勢にあるよりも寧《むし》ろ防禦の姿勢に在《あ》るを常とす」と、両隊の性格付けをしたあと、艦隊を味方、駆逐隊を敵方にして、駆逐隊の攻撃をどう防ぐか、どのように駆逐隊に反撃するかを論じている。だが秋山は、駆逐隊を味方にした場合の利害に触れる姿勢を見せない。艦隊決戦のつぎに追撃戦が続くとすれば、味方駆逐隊と敵主力隊との戦闘も想定し、利害得失を論じるべきである。

五　海戦以外に目を向けさせた戦務論

「戦務」という語

「基本戦術」の一方で開講されたのが「海軍戦務」である。開講前には「艦隊戦務」と仮称したが、ノートを再考して訂正した。「戦務」とは英語のロジスティックス（Logistics）に相当し、各種支援業務を意味する。

『海戦要務令』

明治三十三年（一九〇〇）に軍令部《ぐんれいぶ》が各部の意見を徴集してまとめた『海戦要務令草案』に対し、秋山は常備艦隊参謀長《さんぼうちょう》名で修正案を提出した。修正案は秋山の『海軍戦務』に若干の手を入れたもので、結局これが採用され、翌三十四年二月に公布されたのが『海戦要務令』（第一回）である。それ故、『海戦要務令』と『海軍戦務』とは酷似している。「戦時要務」、「艦隊要務」、「軍艦要務」という三つの概念を導入し、「戦時要務」を命令・通報等、「艦隊要務」を偵察・航行・碇泊・直接および間接封鎖等、「軍艦要務」を合戦準備・弾薬供給・衝突・火災・傷者救護・浸水遮防・水雷艇防禦・敵艦捕獲等に区分する。封鎖とか水雷艇防禦の挿入は、日清戦争や米西戦争の戦例を斟酌《しんしゃく》したためである。

『海軍戦務』

海大の講義録である『海軍戦務』（明治四十一年二月印刷）の中で「戦務」として取り上げているのは、令達、報告・通報、通信、航行、碇泊、捜索・偵察、警戒、封鎖、陸軍の護送・揚陸援護、給与等である。日露戦争前後の業務を土台にしており、この時代としては、画期的な意義を有する分野の確立といえる。

最高機密化による改訂の困難

太平洋戦争時まで部分修正を受けたのみで継承された『海戦要務令』を見た士官らは、なぜこんなものが軍の最高機密である軍機《ぐんき》扱いなのか不思議に思った。戦務は、技術の進歩や新しい運用法の導入で絶えず変化するから、常に書き換えが必要であり、書き換えてもかまわない性質のものである。時代遅れの内容は秋山の後輩らの責任である。

令達

「令達」は指揮官と部下をつなぐ手段で、これだけで軍隊という集団は大小に関係なく、粛々と行動する。「発令者の意志明瞭ならざるときは、受令者は適従すべき処《ところ》を知らず。ためにその力行を鈍くし、実施の効果を挙ぐること難」くなり、命令が曖昧不明であれば、「全軍の協力動作を妨害し、友隊相衝突する」こととなる。発令は要を得て簡であることが肝要で、受令者の任務を明確にし、枝葉末節に陥ってはならない。

簡潔・明瞭な文章を徹底

文章が読み方次第で幾通りも解釈できるのは、文芸評論家には歓迎されるが、軍事集団の場合、命令が幾通りにも解釈され、部隊ごとにめいめい行動されては作戦はできない。指揮官が考えた通りに部隊が行動しなくては作戦はできない。命令は簡潔かつ明瞭で、誰が受けても完全に同じ解釈にならなくてはならない。これこそ命令に求められる必須条件である。

表記法の統一を提起

秋山は表現力だけでなく、すでに表記法の統一の必要性を提起してきたが、ここでも具体的事例を示して勧告する。たとえば

時間には午前・午後の区別をつけること。

標準時を使用するか、現地時間を使用するか決めておくこと。

地名は通称ではなく、地図・海図の名称を使用すること。

右・左・前後の基準を決めておくこと。

令達の書式を定めること。

などである。書式のマニュアル化は、意志伝達の完璧を期すために欠かせないもので、今日では当たり前のことも、秋山らの先覚者の努力の賜であった。完成度の高い海軍を目指すには、派手な軍艦の整備だけでなく、目立たない部分の整備も怠ってはならない。

報告

「報告」は、一般には下部機関(者)から上部機関(者)に提出するもので、報告には三種類あり、これらを概報、詳報、時報に分け、それぞれの目的を明らかにしている。「通

報」は、上下に関係なく関連する機関に情況を通知するものである。報告および通報は確実かつ迅速に送致され、受報者の判断、行動に裨益《ひえき》しなくてはならないし、また報告・通報者の意志が確実に伝わらねばならないから、その内容も「令達《れいたつ》」と同様に諸解釈が生じるような表現であってはならない。そのためには要領を得た構成、簡潔にして明瞭な文章、意味の明確な語句を選ぶことが肝要である。

文章と意思伝達

秋山は、文章という伝達手段を介して「令達」もしくは「報告」をなす場合、発信する側と授受する側の意志が完全に同一にならなければならないと常に考えていた。人が発する口語や文章に主観が混入するのはやむえないが、たとえ主観にあふれた命令や報告であっても、発信者と授受者とが同一同質の解釈を共有することが、指揮されて行動する軍の組織では絶対不可欠であるという認識であった。

集団規律とことば

それ故に秋山は、発信者の意志が確実に授受者に伝達する文章を求めたが、つまるところ表現能力の問題である。不言実行は軍人の美徳とされるが、軍集団は口語や文章という伝達手段を介して統制される。集団の構成者は多弁を求められないが、他者に明瞭かつ確実に必要事項を伝達する能力が求められる。指揮官に口語および文章で表現する能力が欠けていれば、部下との間に齟齬を来し、敗亡の危機を招くとも限らない。指揮官たる者は、自分の意志を完全に部下に伝える能力を持たねばならないし、部下も実見し直面した情況を精確かつ迅速に上官に報告できる能力が要求される。

通信手段の発達

日清戦争では通信手段が未発達のため、大本営《だいほんえい》は戦地に近い広島に前進、また海上では通報艦が奔走した。その後、無線通信の発明により通信能力が飛躍的に向上し、中継手段を設ければ、東京の大本営と朝鮮半島周海・東シナ海の艦隊、大陸の部隊との連絡が可能になり、司令部は数百キロ圏内に散在する艦艇・部隊を指揮統制できるようになった。しかし技術的に通信量に限度があり、電波状態の影響を受けやすいため、日露戦争中も艦隊間では小型艦艇が通報任務を負い、長文の通信を配信する従来の方法をやめるわけにはいかなった。

通信方法の長短

秋山は明治三十六年頃までに採用された通信方法を整理して、文書通信、信号通信、電気通信の三つにまとめている。それぞれの長所と短所を取り上げ、今後の趨勢を見通している。だがどれほど通信手段が変わっても、通信の目的は意志の精確な伝達にあり、司令部と艦隊、指揮官と艦艇とが一つの意志にしたがって斉一なる行動を取ることである。したがって通信に求められる条件には変わりがなく、通信量に限度がある無線通信が普及すれば、ますます簡潔明瞭な表現が要求されることになる。

航行

「航行」について、秋山は九つの要点を列記している。航路の安全、時間の短縮、スケジュール通りの航行、時刻の整合、艦船の集中、臨機応変、通信条件、補給の至便、炭水の節約の九項目だが、この順番がおおよその重要度を表している。抜錨投錨に要する時間が艦隊の円滑なる航行を左右する大きな要因だが、少しでも短縮をはかるため、秋山は大艦隊の航行序列の一例を提案し、自己の体験を踏まえた隊形、速力、会合点での集結、標準時の設定等について注意点を整理している。

碇泊

「碇泊」は、鎮守府《ちんじゅふ》管轄下の軍港での碇泊ではなく、作戦行動中の燃料や武器弾薬・食糧等の補給、艦船の応急修理、作戦会議等のために短期・長期に仮泊する意味である。軍港は母港とも呼ばれ、何の不安もない母親の懐のような場所だが、仮泊地は文字通り臨時の停泊地であり、危険と隣り合わせの地である。戦闘地域に近い仮泊地は、危険分散の上から複数あることが望ましいが、適地は少ない。そのため一仮泊地に艦隊全部が投錨することもある。秋山は、碇泊に必要な条件として、波浪、潮流、風向、深度等の地理的条件を備えていること、敵の攻撃から安全なこと、出動しやすいこと、給与・補給に便利なこと、訓練条件を備えていることなど六項目を列べている。停泊中とはいえ、いつでも使用できる水雷艇または汽艇を用意しておくこと、とくに司令部が乗る旗艦《きかん》には専用の通信艇を備えておくことも付け加えている。

捜索・偵察

次は「捜索・偵察」である。捜索は所在不明の敵を探し出すこと、偵察は敵の兵力、種類、配置、動静などを知ることである。敵を探知すれば、戦闘に備え敵の規模や動静をさぐる必要が生じ、偵察が繰り返される。陸上戦闘では、何週間、何ヵ月間も敵味方が一進一退を繰り返すことが多く、すでに敵の所在を確認しているので、敵情等の偵察に重点がおかれる。しかし海上戦闘では、所在の察知とともに海戦に移行し、勝敗がつくと、両者は急ぎ戦場から離脱し、再び同じ場所で相まみえることはほとんどない。つぎの海戦は、新しい状況のなかで起こるため、改めて捜索・偵察が必要である。

捜索・偵察の留意事項

諜報から得た情報には、情報の収集と司令部への着信に時間差があり、この間の変化が命取りになる恐れもあり、再確認の捜索・偵察を行う。捜索・偵察隊を送り出す際に、指揮官が守るべき留意事項をあげ、捜索・偵察の主目標を明示すること、捜索・偵察を行う時限・集合時刻・集合点を確認すること、味方の行動を説明し理解させておくこと、遠距離の任務には通信の中継方法を設定しておくこと、の四項目である。捜索に関する項の最後で、捜索隊の背後に強力な援護隊を配置すれば、捜索隊の士気を高めるだけでなく、万一の際の安全確保に役立つとしている。他方、捜索・偵察隊が留意事項として、主目標以外の敵に深入りしないこと、戦闘を回避すること、活動により味方主力の動きを察知されないこと、正確かつ確実な情報を送ること、の四つである。

捜索方法

捜索法について、大別すると捜索列と捜索弧の二つがある。両者の利害得失を整理して、捜索艦が多く捜索範囲が狭いときは捜索列が適当で、反対のときは捜索弧が合っているとみる。捜索列の実施方法には、移動捜索列・静止捜索列・曲列捜索列があり、捜索弧では外方捜索弧・内方捜索弧があり、それぞれの長短を論じている。偵察法には潜行偵察、触接偵察、強行偵察の三つがあり、偵察目的や目標周囲の状況を判断して、最適な方法をこの中から選ぶとする。

警戒

「警戒」は、実際上は警戒航行のことで、警戒隊の警戒と主隊の自衛からなる。警戒隊の構成は、警備する主体を中心としたとき、前衛、後衛、左側衛、右側衛が基本で、兵力の分散を避け、警戒面に間隙を作らず、四周の視界確保につとめることが要点である。碇泊中の警戒は、内哨《しょう》と外哨から構成され、泊地の主隊に対する直接警戒を第一哨線、内哨と外哨とを区切るのが第二哨線、外哨と外界を区切るのが第三哨線である。外哨の任務は敵艦が攻撃位置に達するのを妨害することであり、内哨の任務は敵艦の攻撃を阻止して主隊を守ることである。一方主隊も、防材、水雷堰などの手段を講じ、自らの努力で敵艦の攻撃を防がねばならないとする。

封鎖

「封鎖」について、秋山は「海上より敵を一地に包囲し其他部との交通を遮断する攻勢動作」と定義する。封鎖は、劣勢な敵が優勢な味方を前にして、良好な碇泊地に退避した場合に選択される一つの攻撃形態である。味方が攻勢を続けるゆえに起こりうる現象だから、つねに味方兵力の優勢を維持し、攻勢を取らなければならない。味方兵力は敵に対して二倍以上でないと優勢を維持できないとし、兵力の増強につとめ、給与・修理・休養に注意しなければならないとする。

封鎖方法

封鎖方法には直接封鎖と間接封鎖の二つがあり、前者は封鎖側の主力艦隊を敵の前面に出す方法、後者は後方に下げる方法をいう。秋山は両者を比較し、給与・休養、敵の奇襲による影響等を考慮して間接封鎖の方が利点が多いと論じる。なおこれ以外に、水雷や沈船を敵の出入り口に敷設して封鎖する方法を上げているが、実行には大きな危険がともない、効果も疑わしいとして、この方法を評価していない。日露戦争において、図らずも旅順港口を沈船で封鎖する作戦を計画したが、旅順港口にロシア艦隊が停泊していた上に、この封鎖作戦計画に東郷平八郎《とうごうへいはちろう》司令長官や秋山が気乗り薄であったことも手伝い、開戦時には実施されなかった。

封鎖の留意事項

秋山は封鎖実施中の留意事項を整理して、艦船の故障と修理、士気の弛緩、練度の確保に気を配るように注意している。その一節に「戦時に於ても教育訓練の必要なるは言ふを俟たずと雖も、特に封鎖中は日々の警戒に疲れて之を忽にし漸次に其練度を亡失す……」と、封鎖中も教育訓練は重要であり、作戦に疲れて怠ってはいけないと注意している。秋山の懸念は、旅順《りよじゅん》陥落後、バルチック艦隊が来攻するまでの間に行われた猛烈な砲撃訓練へと発展し、日本海海戦で結実した。

陸軍の護送・揚陸援護

「陸軍の護送・揚陸援護」については、次の「給与」とともに、米西戦争の体験、ジョミニやブルーメらの兵学を踏まえて理論化され、秋山によってはじめて戦務の中に取り入れられた。海軍の護送と援護の範囲を、兵員を乗せて上陸地点まで行く陸軍の艀船に輸送船が接触するところまでとする。つまり本国から上陸予定地付近までで、あとは陸軍の責任としている。第二次大戦時の米海軍のように、上陸地点に砲爆撃を加え、上陸軍のために進路を確保し、これを阻止する敵と砲火を交える思想とは大きく異なり、荷物を艀に降ろせば任務完了で、いつ艦隊が引揚げてもかまわないというのである。

護衛任務の種類

海軍の護衛任務を整理すると、直接と間接の任務があり、前者は輸送船団を直接護衛する任務、後者は船団が航行する水域およびその周辺をチェックし、危険のないのを確認する任務である。ただし間接護衛の場合は、いつでも敵を上回る兵力を出動できる態勢に置いておく必要があると釘を刺している。第二次大戦中、海軍は東シナ海と南シナ海を間接護衛としたために、海軍の哨戒をかわして侵入した米潜水艦に多数の輸送船が沈められた。潜水艦の登場は間接護衛の意義を失わせたが、海軍は潜水艦が登場する前の秋山の思想に修正を加えなかった。その上、間接護衛には、いつでも敵を上回る兵力を出す態勢を前提にしたが、これにも目をつむった。

給与

給与の分類

最後に「給与」である。秋山がはじめて導入した概念といわれている。給与の意味は今日の補給に相当し、倉庫給与と給与船給与の二つがある。前者は艦船が軍港・要港にあるとき、陸上の需品庫から給与を受けることで、後者は軍港・要港から遠く離れた洋上で給与船から給与を受けることである。帆船時代には燃料補給の必要性がなかったが、近代艦艇が蒸気機関になり重武装になるにつれ、急激に重要性が高まった分野である。

つぎに受給者の状況を基準に分けたのが、一般給与、特別給与、分配給与の三つである。一般給与は集結した艦隊に対する給与で、普通はこの方法をとる。特別給与は艦隊が分離行動した際に派遣先で輸送船から行う給与で、負担が大きく給炭の如き必須の給与に止めるのが望ましい。分配給与は、補給船を伴わない遠隔地への遠征の際、搭載能力の大きい大型艦より駆逐隊や水雷隊に行う給与のことである。長期間の行動に向かない欠点がある。

給与の内容

給与の内容を大別すると、給炭、給水、給品、給兵の四つがある。給炭とは給炭船による艦船への石炭、石油の供給のこと、給水とは給水船による艦船への缶水および雑用水の供給のこと、給品とは給品船による艦船への糧食、被服、日用品等の供給のこと、給兵とは給兵船による弾薬、魚雷、火工要具等の供給のことで、兵員輸送のことではない。なお給兵船について、「特に魚雷調整のため其調整室の設備あるを要す……戦闘無きときは給兵船の要務殆んど皆無なり、故に魚雷の修理調整は常に之れに担任せしめ、艦艇の魚雷を終始有効の情態に保たしむるを至便なりとす」とあるように、給兵船は魚雷の修理調整、供給をも任務にするべきであると強調しているのが目を惹く。

秋山の給与認識の特徴

秋山の給与に対する思想は、西欧の陸軍兵学を学んだ成果だと島田謹二は述べている（『ロシヤ戦争前夜の秋山真之』）。が、秋山のいう給与は揚陸した陸軍に対するものでなく、あくまで艦隊に対する給与だけに限定している。艦隊の行動は給与に左右されるという考えは、遠征経験がほとんどなかった日本に欠けていた発想で、秋山がこれに着目した意義は大きい。しかしなぜ陸上で活動する陸戦隊や陸軍部隊に対する給与を問題にしなかったのかわからない。

戦務の重視

秋山は、艦隊の行動や戦闘を支えるすべての業務を「戦務」と考え、戦務の重要性を喚起した。当時の海軍をめぐる環境が艦隊中心指向であったことを考慮すると、その枠内で秋山の思想は画期的であったことは疑う余地がない。

「海軍戦務」と太平洋戦争

太平洋戦争における海軍のとった行動を、秋山の「海軍戦務」の思想に照らしてみると、そこから一歩も出ていなかったことがわかる。秋山が「海軍戦務」を講義したのは、航空機も潜水艦もない時代のことであり、陸海軍がそれぞれ自己中心的な考えをとってもどうにかなった。日露戦争後、北進南進策で別々の方向に向かっていた陸海軍が、太平洋戦争においてともに南進をはじめたとき、陸上にいる部隊への給与を考慮しない海軍の思想が日本軍を苦しめることになった。日進月歩の技術の進化によって軍事思想も変化しなければならないが、海軍が秋山の「戦務」に代わる新しい思想の模索を怠ってきたつけが回ってきたということであろう。

日露戦後、海大教官に復帰

日露開戦の直前の明治三十六年（一九〇三）十月に常備艦隊参謀に転出した秋山は、東郷司令長官の参謀として海軍の勝利に大きく貢献した。戦役後、秋山は連合艦隊司令部の解散直前に海大教官に復帰し、ふたたび「海軍戦務」のほか、「海軍応用戦術」「海軍戦略」を講義した。

秋山兵学完成に対する期待

兵学は、戦争における新しい体験によって大きく変化する。日露海戦に勝利を収めた海軍は、世界中の海軍が羨むほどの多くの戦例・戦訓を獲得し、兵術思想の大幅な書き換えが可能になった。こうした事情の下に、海軍当局は戦争終結とともに秋山を海大に復帰させた。いかに秋山兵学の完成を期待していたか推察される。

『海戦要務令』の改訂作業

日露海戦わけても日本海海戦の劇的勝利は、秋山兵学の正しさを立証したものと海軍部内で受け止められ、秋山の『海軍基本戦術』『海軍戦務』もいよいよ評価を高めた。第三者としては評価が高まるほど手直しをしにくくなるが、秋山自身もやりにくかったにちがいない。比較的大きいのは『海戦要務令』の改定で、新しい版が明治四十三年に

『海軍戦務』の改訂状況

明治三十四年版	明治四十三年版
第一部　戦時要務	第一部　戦務
第一編　命令報告	第一章　令達
第一章　命令	一　令達ノ種別
第二章　通報、報告、詳報	二　令達ノ通則
第三章　命令及報告ノ伝達	第二章　報告及通報

第四章　命令及報告等記載ノ注意

第二編　艦隊要務
第一章　出戦前ノ要務
第二章　偵察
第三章　航行
第四章　碇泊
第五章　封鎖
一　直接封鎖

一　報告及通報ノ種別
二　報告及通報ノ通則
第三章　令達報告及通報ノ記載法
一　通則
二　令達報告及通報ノ書式
第四章　令達、報告及通報ノ伝達法
一　通則
二　口頭通信
三　筆記通
四　信号
五　電信
第五章　記録
一　機密作戦日誌付機密事変日誌
二　戦時日誌付事変日誌
第六章　出戦前ノ要務
第七章　航行
一　要領
二　航行方法
第八章　碇泊
一　要領
二　碇泊ノ方法

二　間接封鎖
第六章　艦隊戦闘

第三編　軍艦要務
第一章　臨戦及合戦準備
第二章　戦闘
第一款　要領
第二款　戦闘ノ号音ニテ為スヘキ作業
第三款　弾薬供給
第四款　衝突
第五款　戦闘中火災
第六款　傷者救護

第九章　警戒
一　要領
二　碇泊中ノ警戒法
三　航行中ノ警戒法
第十章　捜索及偵察
一　要領
二　捜索ノ種別及方法
三　偵察ノ種別及方法
第十一章　封鎖
一　封鎖ノ種別及要領
二　封鎖配備及其ノ警戒法
第十二章　陸軍輸送船隊ノ海上護衛及揚陸援護
一　要領
二　護送ノ方法
三　揚陸援護
第十三章　補給
一　要領
二　軍需及運送船ノ種別
三　補給ノ種別及方法
第十四章　人員補欠

第七款　浸水遮防
第八款　水雷艇防禦
第九款　敵艦捕獲
第十款　端船軍装
第二部　演習
第一章　一般ノ要領
第二章　対抗演習、仮説敵演習、
仮想敵演習
一　対抗演習
二　仮説敵演習、仮想敵演習
第三章　演習実施
第四章　審判
第五章　審判例
第六章　講評
第七章　雑則
第八章　識別
付録　記号

一　要領
二　人員補欠ノ方法
第十五章　工作
一　要領
二　工作ノ種別及方法
第二部　演習
第一章　一般ノ要旨
第二章　演習計画ノ要領
第三章　演習ノ指導
一　対抗演習
二　仮説敵演習
第四章　審判
一　要領
二　審判官ノ権能
三　審判
四　審判例
第五章　演習ノ終局及講評
第六章　演習ノ守則
第七章　識別
第八章　雑則
付録　命令報告文書式

公布された。おそらく目次案の段階から、秋山の海大での新しい「海軍戦務」の講義ノートが参考にされたと思われる。そこで両版の目次を紹介し、改訂版で改められた諸点について取り上げる。

改訂の要点

令達・報告の大幅改訂

まず令達・報告の部分が大幅に整理され、新しい項目が追加され、解説が一新された。軍隊での令達を命令・訓令・日令・法令・訓示・告示の六種とし、それぞれの区別を定めた。とくに命令について「受令者か発令者に対し絶対的に服従遂行するの責任あるもの」ゆえ、「一の目的を達するために受令者の自ら処断する能《あた》はさる必須の事項に限り」とその乱発を戒め、重要性に鑑み「密封命令」や開封の制を定めるとしている。命令を受けた各級指揮官は上級指揮官に対して、任務遂行や敵軍の情況等について通報するが、それを任務報告、事件報告、情況報告の三種に整理し、それぞれの内容について定め、また報告の精粗と時期により概報、詳報、時報に分類する。

報告内容の細密化

任務報告は偵察・視察・作業等の報告、事件報告は事件の経緯・措置・影響等の報告、情況報告は文字通り情況に関する報告で、内容は司令部、艦艇、地上部隊ごとに異なる。戦闘概報の記載項目として形勢、計画、実施、成績、所見を、概報のあとに提出すべき戦闘詳報の項目も基本は同じだが、艦艇の破壊・沈没、独断専行の実況、砲熕《ほうこう》・水雷の効果、兵器等の消耗、速力・機関回転数等についても記載しなければならないとする。

通信技術の進歩と伝達法

令達・報告の伝達法には、口頭・筆記・信号・電信・電話等があり、内容の軽重、緩急や距離等の条件によって選ぶものとする。日清・日露戦争の間に急激な技術的進歩があり、選択肢の幅が広がった。どのような場合にどの伝達法を使用するか定める必要が生じ、たとえば最新の手段である「無線電信」については、第六十二で「混信及傍受の不利あり、故に電信は主として重要なる事件を遠距離に通信するに用ひ、努めて之が濫《らん》用《よう》を避くるを要す」としている。

いずれの方法においても、「良好なる作戦計画は多く適切なる報告に基づ」き、また「有効な協同動作は機宜《きぎ》の通報に促さる」として、的確な内容、時機《じき》を得た通報を求めている。

的確な報告内容を求める

秋山は命令・報告の文章について厳格であったが、令達・報告等の内容についても簡明かつ的確なことを求め、婉曲《えんきょく》な表現を嫌った。とかく日本人は回りくどい表現をする傾向があるが、戦場では確実・迅速な伝達のため直截《ちょくせつ》な表現が必要であった。

機密日誌の作製

改訂版で新しく挿入され、『海軍戦務』にもなかった項目に、機密日誌の作製がある。日清・日露戦役の教訓から採用されたものである。事後の問題点の点検のためにも、論功行賞のためにも、各部各艦で記録された日誌が不可欠である。近代国家では、国務を付託した国民に対して報告義務があるとする観念が定着し、記録保存は国家の当然の責任とされた。しかし日本では今日に至るまでこうした意識はきわめて希薄で、その中にあって機密日誌の作成を義務づけた意義は大きい。

日誌作製の目的

第七十四項で、「戦時日誌を作るの目的は戦時に於《おけ》る各部の実況を記録し、戦史編纂の用に資すると共に、将来軍事上の改良進歩を図るの材料を供する」と説く。つぎの戦争に備え、一将兵の主観的体験に振り回されず、各部隊の体験に共通して見られる現象から客観的普遍的な戦訓を汲み取っておかねばならない。このため、各部隊が体験を綴った日誌が不可欠になってくる。戦史編纂を挙げているのは、日清・日露海戦史編纂に従事した小笠原長生《おがさわらながなり》の苦心談の影響があるかもしれない。今日まで残された海軍の戦史関係資料はきわめて体系的で、陸軍資料との間に大きな差がある。

護衛内容の細分化

『海軍戦務』に若干の記載がありながら、初版の『海戦要務令』にないのは陸軍輸送の護衛と揚陸援護、補給の二項目である。改訂版では、間接・直接護衛、間接援護・直接援護部隊等の項目は同じだが、内容が細分化され、記述も詳細になっている。第二五三項に「陸兵輸送の業務は陸軍に属す」とし、海軍には「護衛」の任務しかないと相変わらずである。『海軍戦務』では海軍の援護範囲を陸軍の艀《はしけ》との会合点としたが、改訂版では範囲を明記せず曖昧な表現に止めている。護衛範囲の明記が陸軍の不興を買ったため、護衛範囲を現場指揮官の判断に任せることにしたらしい。

補給を新設

「補給」も、『海軍戦務』に記載がありながら、初版の『海戦要務令』になかった項目である。改訂版第二八七項で「軍隊補給の目的は常に其の軍需を充実して生存行動に支障なからしむるにあり」と定義し、第二八八項で「軍需の欠乏は直接戦闘力に影響するを以て事情の許す限り速《すみやか》に之《これ》を補充することを努むべし」と、その重要性を説く。近現代戦においては、軍需品たる武器弾薬を大量に消費することが攻撃力や防禦力に直結すると考えている。つまり武器弾薬の消費＝破壊力となり、消費の減少は破壊力の減少であり、ただちに戦況の不利につながるが故に、消費量に相応する補給が不可欠になる。第二八九項は「軍需の補充は戦時最も緊要」としながら、その続きに「（補充が）困難なるが故に努めて之か消費を節約するを要す」と、補給の重要性と輸送能力の欠如という現実の狭間で、「消費の節約」という矛盾した文言が挿入されているのが目を惹く。

艦隊への補給に一貫

『海軍戦務』での「補給」は艦隊への補給に限っていたが、第二九〇項でも「戦地に於る艦隊補給の業務」として変わりない。艦隊指揮官は「艦船及運送船に搭載せる軍需の貯蔵現量並其消耗の速度を知悉《ちしつ》」して、軍需品がなくなる前に補給しなければならないとし、改訂版でも補給の相手が艦隊であることに変わりがない。つまり海軍における「補給」は一貫して艦隊への補給を意味し、陸上にある部隊への補給は陸軍の担当と割り切る。太平洋戦争中、陸軍の補給活動に主に間接護衛ですました理由も頷ける。

秋山が、陸上にある自軍への補給を顧慮しなかった理由ははっきりしない。米国に学び西欧の兵書を読み込んだ秋山が、「補給」の意味を限定したのは、当時の各国海軍の考え方に学ぶところがあったのかもしれない。なお陸軍と海軍に対する統帥権《とうすいけん》がそれぞれ独立するわが国の制度では、それぞれが独立して戦争するのが正しい姿で、相手の身を案じる必要はないという極論も理論上成立する。

『海軍要務令』改訂版の続編

改訂版は、大正元年（一九一二）九月に続編が出た。内容は、第一章　総則、第二章　艦隊ノ戦闘、第三章　駆逐隊艇隊ノ戦闘、第四章　大艦隊ノ戦闘、第五章　海岸付近ノ戦闘、である。第一、二項では、「決戦は戦闘の本領なり……戦闘は常に決戦に依《よ》るべきものとす」、「戦況有利なるに至らば直《ただち》に決戦に転ずるを要す」と艦隊決戦を慫慂《しょうよう》する。

日本海海戦戦訓の教条化

第七項に「有利なる対勢を占めたるときは並航戦を持続するを可とす」、第十項に「戦隊の指揮官は縦陣の先頭に在りて隊を指揮するを可とす」、第十五項に「単隊の戦闘は丁字《ていじ》戦法に依るを可とす」、第十九項に「対勢は正面変換又は一斉回頭に依り急変すること多し、十六点の転向を行ふ場合に於て特に然《しか》りとす」など、すべて日本海海戦からの戦訓で、偏重し過ぎを懸念させる。日本海海戦の戦訓が教条化されつつある過程を垣間見せている。

技術革新に対応した再改訂の困難

潜水艦や航空機が脅威になる前のことだから、艦隊間戦闘に関する兵術思想とその応用を集約し、部内に徹底することには意義があったであろう。改訂版が完成して間もなく、第一次大戦が勃発し、著しい軍事技術の進歩があり、それに対応する革新的兵術思想が模索された。しかし改訂版およびその続編は、日本海海戦という大勝利に権威づけられていたため、海軍にしてもその変更においそれと踏み切れなかった。それに拍車をかけたのが、軍事諸事項の秘密化の趨勢であった。

最高機密化による厳重保管

改訂版は前述のように最高機密である「軍機《ぐんき》」扱いにされた。大正初期から海軍は、重要と思われる文書や印刷物を片っ端から「極秘」か「軍機」にした。「軍機」は配布先を局限し、開封あるいは閲覧の時期を指定し、返還や焼却について厳しく規定している。軍機にすれば配布先が極限され、保管および開封には幾重にも厳重な手続きがとられるので、秘密漏洩を防止しやすかった。

秘密化の弊害

だが誰の目にも触れなくなるため、部内の有識者さえ内容を検討し、修正を加えることも不可能になった。そのため一度制定されたものは、時代や状況が変わっても無修正のまま、化石化して残り続ける。むやみやたらに行う機密化が発展を阻害する要因になり、自《じ》縄《じょう》自《じ》縛《ばく》現象がこの頃から深刻になる。思想の創造は個人にしてなしうるものであり、組織の力で創造できるものではない。秘密化による秋山思想の封印は、秋山に代わる思想家の出現を阻んだだけでなく、海軍部内に時代に即応しようとする新しい思想の発芽を許さない状況を作り出すことになった。

第三　日露海戦

一　海軍大演習

ロシアの満州駐軍

義和団《ぎわだん》事件後、露清間で満州撤兵に関する協定を調印したロシアは、第一期撤兵を実施したが、以降の約束を履行しなかった。その上、政府内の対外強硬派の台頭を背景に、鴨緑江《おうりよくこう》の新義州《しんぎしゆう》付近の龍岩浦《りゆうがんほ》を占領し、枢密《すうみつ》顧問官ベゾブラーゾフは鴨緑江木材会社を設立し、朝鮮政府の親露派と結びついて半島北部での事業に乗り出した。

日本の外交戦略

日英同盟の締結

他方日本は、義和団事件の解決に最も活躍したにもかかわらず、独・仏・露三国に講和会議の指導権を渡し、三国に比べずっと少ない賠償金に甘んじる外交戦略の甘さを露呈した。しかし泥沼化したボーア戦争で失った国際的影響力と逼迫した財政の建て直しをはかるイギリスと日英同盟および軍事協商を締結した効果は大きく、ロシアが満州撤兵協定に調印し部分的撤兵を行ったのも、同盟成立の間接的影響であった。

着々と中国東北部で既成事実を積み上げるロシアと、日英同盟の後援を得た日本とが、朝鮮半島の取扱をめぐり対立を深めた。三国干渉後の臥薪嘗胆《がしんしょうたん》は、ロシアに対して日本人が行った復讐の誓約である。両国の対立は、早晩怨念に満ちた戦争に発展する可能性が大きかった。

朝鮮半島をめぐる日露の対立

艦艇の建造

海軍の戦闘手段である艦艇は建造に時間がかかり、開戦後に建造しても間に合わないので、平時に戦時を見越して建造を進める必要がある。平時兵力から、数週間の動員で一気にその数倍の戦時兵力に膨張する陸軍との大きな違いである。日清戦争から日露戦争までの十年間は、軍艦建造の苦難の時代といっても過言でない。

新造艦艇の拡充

明治二十九年(一八九六)度より三十五年(一九〇二)度までの第一期拡張計画、三十年(一八九七)度より三十八年(一九〇五)度までの第二期拡張計画とによって、新鋭艦艇が続々と就役した。三十一年三月に軍艦を戦艦・巡洋艦・海防艦・砲艦・通報艦・水雷母艦の六種、水雷艇を駆逐艇・水雷艇の二種に類別することになった。左表はそれに伴う増勢のあらましである。なお等級は排水量で区別する制度であった。ここには、明治三十七年二月十日の日露開戦に間に合った駆逐艦以上の艦艇だけを記載してある。一等戦艦四隻、一等巡洋艦六隻、二・三等巡洋艦四隻、駆逐艦二十隻にのぼり、このほかに一等水雷艇十六隻、二等水雷

年次別竣工艦船一覧

竣工年	艦名（艦種）
明治三十一年	笠置《かさぎ》・高砂《たかさご》（二等巡洋艦）、叢雲《むらくも》・東雲《しののめ》（駆逐艇）
三十二年	敷島《しきしま》（一等戦艦）、浅間《あさま》・常磐《ときわ》（一等巡洋艦）、千歳《ちとせ》（二等巡洋艦）、雷《かみなり》・電《いかづち》・曙《あけぼの》・漣《さざなみ》・夕霧《ゆうぎり》・不知火《しらぬい》・陽炎《かげろう》・朧《おぼろ》（駆逐艇）
三十三年	朝日《あさひ》（一等戦艦）、八雲《やくも》・吾妻《あずま》・出雲《いずも》（一等巡洋艦）、薄雲《うすぐも》・にじ（駆逐艇）
三十四年	初瀬《はつせ》（一等戦艦）、磐手《いわて》（一等巡洋艦）、千早《ちはや》（水雷砲艦）、暁《あかつき》（駆逐艇）
三十五年	三笠《みかさ》（一等戦艦）、霞《かすみ》・白雲《しらくも》・朝潮《あさしお》（駆逐艇）
三十六年	宇治《うじ》（二等砲艦）、春雨《はるさめ》・村雨《むらさめ》・速鳥《はやとり》・朝霧《あさぎり》（駆逐艇）
三十七年	新高《にいだか》（三等巡洋艦）

艇三十七隻、三等水雷艇十隻を計画し、開戦後までに全艇を竣工している。これに既存の艦艇を合わせると、日清戦争時とは比較にならない兵力に膨れあがっていたことがわかる。

しかし保有する兵力の大小で勝敗が決まらないのが戦史の教訓である。それによれば、持てる兵力を作戦計画が実施できる戦力に変え、これを効果的に使いこなせなければ、多勢も見かけ倒しになる。そうならないためにも日清戦争後に膨張した兵力を、司令部と司令官の意図、作戦計画の目的を理解し、いかなる命令をも完全に実践できる水準に高めておかなければならない。

朝鮮海峡における大演習

　海軍は戦力誇示も兼ね、朝鮮海峡と周辺海域で大演習を計画した。演習は前段と後段に分かれ、前段では第一・第二艦隊や連合艦隊の編成、呉《くれ》と佐世保《させぼ》への艦艇集合、艦艇内の諸業務、艦隊運動・投錨《とうびょう》・一般操練《そうれん》などの基本動作の点検を行った。後段では、東軍と西軍とによる対抗演習を行った。演習結果をチェックし講評する統監には伊東祐《ゆう》亨《こう》、審判員を坂本俊篤《としあつ》、八代《やしろ》六郎らの海大関係者がつとめ、他の海大教官、学生も支援のため二月十八日から三月六日まで学業休止とし、演習を実地研修した。

指揮官の顔ぶれ

　艦隊・部隊の指揮官の顔ぶれをみると、連合艦隊司令長官に井上良馨《よしか》、参謀長瓜生外吉《うりうそときち》、参謀《さんぼう》山屋他人《やまやたにん》など、第一艦隊第一群司令官三須宗太郎《みすそうたろう》、第二群司令官内田正敏、第三群司令官伊東義五郎《よしごろう》、第二艦隊司令長官日高壮之丞《そうのじょう》、参謀長加藤友三郎《ともさぶろう》、参謀塚本五郎など、第四群司令官向山慎吉《むかうやましんきち》、第五群司令官伊集院《いじゅういん》五郎、参謀秋山真之、第六群司令官細谷資氏《すけうじ》、参謀森川虎雄であった。日露戦争では、伊集院が軍令部次長、瓜生が第四戦隊司令官、三須が第二戦隊司令官、加藤が連合艦隊参謀長、秋山が同参謀など枢要のポストを占め、演習の成果が日露戦争につながっていくのである。

演習の開始

第一段は三月十日に開始、佐世保湾、伊万里《いまり》湾、唐津《からつ》湾にわたる海面で艦隊運動、艦砲射撃・水雷発射訓練、火災操練、戦闘操練、水雷艇防禦等の項目をチェックした。三月三十一日にはじまった第二段の対抗戦は、第一段演習中、瀬戸内海に留まっていた第二艦隊の第五群と第六群で編成された西軍と、右の連合艦隊をそのまま東軍とした間で展開された。

西軍の苦戦

伊集院が率いる西軍は、日清戦争における第一線艦および清国海軍の戦利艦とで編成された老朽部隊で、整備に時間がかかる上に、航海に出ると各艦の速力がバラつき、艦列を組むのがむずかしく司令部を困らせた。

伊集院五郎

伊集院は薩摩《さつま》出身、東郷平八郎《とうごうへいはちろう》の後を追う形で第一艦隊長官、軍令部長、元帥にのぼった逸材である。英国留学の経験があり、東郷らと異国の寂しさを紛らした仲でもある。軍令部勤務が長く、日清戦争では軍令部第二局長心得となり、動かぬ伊東長官に出撃を迫り、それが結果的に黄海《こうかい》海戦の勝利につながった。日露戦争では軍令部次長をつとめ、日本の勝利に大きく貢献した。伊集院信管《しんかん》があまりに有名で、技術士官のように思われているが、軍令部の基礎を築き、海軍軍令を確立した第一の功労者であった。

日露開戦を想定

日露開戦を想定すれば、佐世保に集結した東軍は日本海軍、日本海北部に配置された第五群と東シナ海北部に配置された第六群から成る西軍はロシア海軍である。統監部《とうかんぶ》によって、第五群が西軍支隊、第六群が同主力となり、日本海から南下する第五群と、東シナ海から北上する第六群が朝鮮海峡の制圧を狙い、これを東軍がどう迎えて撃破するかという演習状況が設定された。

山屋他人の作戦計画

東軍先任参謀の山屋他人が起草した作戦計画は、第一に「敵を個々に撃破するの容易にして有利なるは戦闘の原則なり、唯茲《ただここ》に撰《えら》ぶべきは、先《ま》づ南航する敵に当るべきか、北進し来たる敵を扼《やく》すべきか」と設問することからはじめる。二つの敵軍に対して各個撃破するのが兵理とし、まず西軍支隊である第五群を撃破すれば、東軍は西軍戦力を上回り、あとは漸減作戦によって勢力を削ぎ落とし、最後に全力で撃破するとしている。昭和の海軍ははじめに強力な敵艦隊を漸減したあと、最後に戦力を失った敵艦隊との決戦を目指す作戦計画を立てたが、山屋の作戦はこれによく似ていた。

東軍、行動を開始

三月三十一日早朝、東軍第一陣は駆逐隊、第二群、第四群の順序で佐世保港を出港、午後三時半過ぎには第二陣の第一群、第三群も出港、全艦艇は対馬《つしま》南端の神崎《かんざき》付近に集結した。作戦計画によれば、西軍支隊の南下に備え、対馬の北方海域を四つの哨区に分け、これを第二・三群、第四群二小隊、第三駆逐隊で索敵《さくてき》し、主力の第一群等は対馬周辺で待機することになっていた。

西軍、秋山立案の戦策により行動

三十一日朝、伊集院、秋山の西軍支隊は隠岐《おき》附近から行動を起こし、朝鮮海峡東水道を目指して南下した。秋山が立案した戦策によれば、東軍の裏をかいて東水道より海峡を突破、その後、北西に変針したのち再変針して、主力との会合地点である半島南端のエンカウンター岩に達する計画であった。この日、伊集院司令官名で発せられた訓示は、次のようである。

伊集院司令官訓示

……此行先づ本隊支隊と合同を遂《と》ぐるを目的とするが故に、二日午後に至る迄《まで》は勉《つと》めて敵と触戦を避け、天時の異変と遭敵の動静に応じて巧《たくみ》に海峡を南過せんと欲す。

……然《しか》りと雖《いえど》も作戦の前途は数々予期と齟齬《そご》して情勢変化常《つね》無きを以《もっ》て、各艦長は能《よ》く全局の戦勢と当時の情況に考へ、予《よ》が応変の令下《れいか》に機動するの用意あるを望む。若《も》し夫《そ》れ我が全軍の合同に先《さきだ》ち敵の主力と触闘するの已《や》むを得ざるに至れば、固《もと》より力戦して可成的多大の損害を敵に与へ、以て我が本隊に対する彼我《ひが》の均勢を破らん。特に駆逐艦は敵の戦艦に対し其《その》夜間の奇襲に就《つ》き、毫末《ごうまつ》の違算なからんことを要す。

兵理に則った雄渾《ゆうこん》な訓示は、明らかに秋山の筆になると思われる。作戦の目的、やむをえず戦闘に入った場合の目標、まだ各国海軍とも運用法が確定していなかった駆逐艦の利用法など、秋山兵学の本領を垣間見せている。

荒天下の行動

荒天が続き、老朽艦を無理に航行させるわけにもいかず、隠岐別府《べっぷ》湾を占領し天候回復を待った。しかし回復が遅れたため、比較的新しい頑丈な巡洋艦だけを先行させたが、運にも恵まれ主力との会合に成功した。その翌日、別府湾を出た支隊の戦艦「扶桑《ふそう》」「鎮遠《ちんえん》」の二隻は、装甲巡洋艦五隻から成る東軍第四群に発見され追撃された。

東西軍の交戦

いくら老朽艦が頑張っても、新鋭艦に追いつかれる。東軍の「常磐《ときわ》」が一艦だけでいるのを見た秋山は、これに攻撃を絞ることを進言、主砲による砲撃を加えて「大損害を与える」戦果を上げた。その間、東軍諸艦が横陣で肉薄してきたため、秋山は甲種魚雷で反撃することにし、東軍陣列に打ち込んだ。それから二時間、西軍戦艦は東軍の追撃をかわし逃走した。九隻にふくらんだ東軍との距離が一八〇〇𥝱《メートル》になったとき、再び甲種魚雷を東軍中央に照準して発射した。列線を組んで迫る敵艦隊に対する魚雷の扇状斉射《せんじようせいしや》は効果的であり、その使用法は見事であった。審判官に「西軍勢力半減」と宣告されたところで、演習中止が伝達された。

秋山主導の魚雷攻撃

演習終了後、統監部による講評が行われるが、それを待つまでもなく幾つかの課題が浮上した。魚雷は非常に有効な兵器であることが立証されたが、これを主攻撃力とする

魚雷の有効性とその課題

駆逐隊と水雷艇隊の運用法について、もっと検討する必要が認識された。参加艦艇は観《かん》艦式《かんしき》に参加するため神戸《こうべ》沖に集結していたが、四月九日午後二時、連合艦隊旗艦《きかん》「敷《しき》島《しま》」に東・西軍司令官や参謀、各艦艦長を集め、伊東統監が講評を行った。

伊東祐亨の講評

講評は、東軍について厳しく、西軍に分のある内容であった。まず東軍の海峡に対する索敵を叱り、通報艦「千早《ちはや》」の失態、「豊橋《とよはし》」の敵占領中の隠岐別府湾への進入を難じた。次ぎに「扶桑」「鎮遠」に対する東軍第四群の追撃戦に触れ、概ね良好としつつも「常磐」の単独的行動を批判し、装甲巡洋艦五隻の針路変換にも問題があるとした。西軍については、エンカウンター岩での会合を延期したのは評価できないとしたが、巡洋艦二隻の先行については、たとえ会同に成功したにせよ、支隊の勢力分割は好ましくないと指摘した。

秋山に対する好評

秋山の進言による「扶桑」「鎮遠」の戦闘は極めて高い評価を受け、艦隊行動、砲撃目標の設定、魚雷攻撃がいずれも要を得たものであると認められた。

駆逐艦用法の可能性

水雷艇から発達した駆逐艇の用法は、先進国海軍にとっても重要課題であった。小型、高速の駆逐艇は、進歩を早める魚雷を装備して軽視できない戦力になり、これをどのように戦わせればよいか、本演習でも結論がでなかった。取り敢えず、白昼の攻撃を避け退却する敵に夜襲をかけ、魚雷で叩く従来の戦法を踏襲した。暗闇に乗じて水雷部隊が一斉攻撃して屠《ほふ》る日本海海戦で実施した構想は、芽が吹き出しかかっていた。

山屋と秋山

大演習は、秋山に奇貨をもたらした。演習の結果、東軍の山屋他人と西軍の秋山に対する評価が逆転し、秋山の連合艦隊作戦参謀への道が開かれたと島田謹二は解釈する(『日露戦争前夜の秋山真之』)。それまで山屋は、見識・技能・人格のいずれも申し分なく、日露が開戦すれば、国家と海軍の運命を託すにふさわしい人物とみられていた。

高まる秋山の評価

山屋の評価に反比例する形で、秋山に対する評価が高まった。西軍支隊の半分を本隊に合流させることに成功し、残った戦艦群は、優勢な東軍第四群を相手に巧みな運動で大きな打撃を与えた「戦果」は、彼の非凡な能力を証明した。演習の結果、秋山の連合艦隊参謀への道のりが一歩か二歩近づいたことだけはたしかである。

二 連合艦隊司令部の対露戦策

日露関係の険悪化

日露間の対立が険悪化しつつあったとき、国内では七博士の満韓交換反対事件のほか、主戦論・避戦論をめぐる大小の事件が頻発した。政府の慎重な対露政策に主戦論者は痺《しび》れを切らし、盛んに開戦ムードを煽《あお》った。主戦運動でもっとも活発であったのが、のち

湖月組

に湖月組《こげつ》と呼ばれるグループで、海軍では山下源太郎《げんたろう》、八代六郎《やしろ》、森山慶三郎《けいさぶろう》、秋山ら、陸軍では福島安正《やすまさ》、井口省吾《しょうご》、田中義一《ぎいち》、福田雅太郎《まさたろう》、外務省では山座円次郎《やまざえんじろう》、坂田重次郎らで、政府・陸海軍の要人を訪ねては開戦を督促して回った。湖月組の由来は、日露戦勝後にメンバーが東京芝烏森《からすもり》にある旗亭湖月楼に集まって親睦を続けたことにあるが、開戦前には不定期の集まりに過ぎず、名などなかった。

艦隊の臨戦態勢化

艦隊の戦時態勢に向け大規模な編成替えの噂が海軍内で囁《ささや》かれはじめたのは、明治三十六年（一九〇三）の夏であった。連合艦隊が編成になれば誰が司令長官になるか、また司令部の参謀長、作戦参謀の噂も飛び交った。

東郷平八郎の登用

十月十九日、連合艦隊司令長官になるはずの常備艦隊司令長官に東郷平八郎《とうごうへいはちろう》が登用された。山本権兵衛《ごんべえ》海相の意外な人事とされるが、最有力の日高壮之丞《そうのじょう》が疾病《しっぺい》という伝聞が本当として改めて候補者を見直すと、日高以外で名が上がりそうなのは井上良馨《よしか》、鮫島員規《さめじまかずのり》、柴山矢八《やはち》、東郷らだが、年齢的に見ても東郷がもっとも適任であった。

幕僚候補に関する二説

常備艦隊司令部の幕僚候補について二説がある。一つは、軍令部員財部彪《たからべたけし》の十月十九日付の日記（憲政資料室所蔵「財部彪日記」）に、義父山本海相を訪ねたところ、東郷中将が幕僚候補として島村速雄《はやお》、秋山、松村菊勇《きくお》の三人を指名したと聞いた情報である。松村は司令部転入一年であり、今回は動かさない意味になる。もう一つは、桜井真清《さねきよ》が海軍省人事担当者から島村速雄、有馬良橘《りょうきつ》、佐藤鉄太郎《てつたろう》、秋山の四人の名を聞いた情報である（『秋山真之』）。財部日記は資料的価値を確認済みの第一級史料である。情報源は人事権を握る山本海相の話であり、これにまさるものはない。桜井の話も当事者の話を情報源とし、簡単には捨てがたい。

連合艦隊司令部の発足

十月十九日、東郷の常備艦隊司令長官就任とともに、司令部幕僚に選任されたのは、島村、秋山、松村菊勇までは財部日記の記述通りだが、二十七日に有馬と佐藤が転入した。これで松村を除き桜井の記述とも合う。財部日記が記すように三人が東郷の推薦として、佐藤と有馬の名はどこから出てきたのか。

十二月二十八日、常備艦隊に代わって三艦隊が編成され、第一・第二艦隊を連合艦隊司令部が指揮する体制になったが、司令長官である東郷を支える連合艦隊司令部参謀陣の中に佐藤の名は見えず、彼は第二艦隊参謀となった。桜井が「当時海軍の少壮士官の中で用兵作戦の白眉《はくび》と目せられていた佐藤、秋山の両氏が艦隊参謀として作戦の衝に当った」と最大限の期待を込めた二人体制は、結局実現しなかったことになる。

司令部の陣容

発足した連合艦隊司令部の陣容は、司令長官東郷、参謀長島村、先任参謀有馬、次席

連合艦隊司令部
前列中央に東郷平八郎，同列右端に秋山真之

参謀秋山、三席参謀松村、副官永田泰次郎、機関長山本安次郎であった。兵学校七期で首席を加藤友三郎と争った島村は、中尉時代に『海軍戦術一斑』を著し、戦術家として認められている。英国留学後は、大柄な体軀にふさわしい寛大な人格をも兼ね備えた。松村は兵学校二十三期を首席で卒業し、優れた透徹力で将来を期待された。四月に常備艦隊参謀に赴任したばかりでそのまま連合艦隊に留まり、開戦劈頭《へきとう》、第一戦隊が旅順《りょじゅん》港口の露艦隊を攻撃した際、「三笠《みかさ》」甲板に落下した一〇吋《インチ》砲弾が跳ね

て大檣下《たいしょう》で爆発、後艦橋にいた松村らが負傷した。松村はこれがもとで艦を降り大本《だいほん》営《えい》付になった。

有馬良橋

有馬の先任参謀人事については、日清戦争で東郷が「浪速《なにわ》」艦長のとき、東郷を補佐したのが有馬で、以来信任が厚かったこと、熱心な旅順閉塞《へいそく》作戦の推進者であったことが考慮された結果であろう。だが戦術家でもない有馬は司令部勤めが嫌で、第三回閉塞作戦の実施を控えた四月十八日、健康悪化を理由に大本営付となり、五月七日に横須賀《よこすか》造船廠《しょう》で建造中の三等巡洋艦「音羽《おとわ》」の艤装《ぎそう》員となり、そのまま同艦艦長になった。

軍令部は軍令の中枢

わが国では連合艦隊司令部ばかりに関心が集中するが、「出師《すいし》作戦、沿岸防禦計画、艦隊編成」等を掌《つかさど》る軍令部《ぐんれいぶ》が軍令面の中枢であり、戦時には大本営海軍部として情勢判断、出師作戦準備、陸海軍間の調整等を行った。また露国海軍の動静、英国海軍との連繋、清国政府の態度、陸軍の作戦方針、政府の外交政策、各国金融会社の動向等を調査判断し、作戦遂行上必要と思われるものを連合艦隊司令部に送達した。軍令部が作戦の基本を示し、それを受けて連合艦隊司令部が具体的計画を立案する。軍令部は作戦計画に疑問を差し挟み注文をつける。軍令部あっての連合艦隊司令部であった。

明治二十六年（一八九三）五月二十二日の「戦時大本営条例」では、陸海軍の大作戦について、参謀総長が奏上し指揮する権限が与えられたが、海軍はこれに不満であった。山本海相が四年以上も粘った末、三十六年十二月二十八日に「戦時大本営条例」の改正が認められ、参謀総長と軍令部長が同格になった。だが山本のあまりに大きい存在を反映し、「戦時大本営勤務令」に「(海軍大臣は) 大本営の議に列し、軍令部長の作戦計画奏上に陪し、軍政に関する百般の事務を掌理す」(第三〇項) が入ったため、作戦計画に海軍大臣の実質的承認が必要になり、軍令事項に対する海軍大臣の介入が制度化された。軍令部について、海軍作戦の最高統帥《とうすい》補佐機関という法的裏付けができても、海軍大臣および海軍省の風下にあるという従来の位置づけに変化がなかったのである。

「戦時大本営勤務令」

軍令部と司令部の統属関係

内実はともかく、軍令部が戦争計画の骨格を示し、司令部がそれを具体化し実行する。この関係がなければ、中央と現場との一致協力はできない。軍令部は、連合艦隊や他の艦隊・艦艇を統制し、作戦遂行の枠組みをつくり、そのために必要な条件を整える統帥機関である。第二次大戦では、軍令部と連合艦隊司令部の統属関係が事実上逆転し、海軍の戦争指導を歪《いびつ》なものにした。それに比べれば、日露戦争における両者の関係は健全で、省部の権能もはっきりしていた。つぎに軍令部の構成員を紹介する。

軍令部の構成

部長　大将　伊東祐亨《ゆうこう》　次長　中将　伊集院《いじゅういん》五郎

作戦班長　大佐　山下源太郎　　参謀　中佐　森　義太郎
参謀　中佐　井内金太郎　　参謀　中佐　財部　彪
参謀　少佐　小笠原長生《おがさわらながなり》　　参謀　少佐　中野直枝《なおえ》
参謀　少佐　森　越太郎　　参謀　少佐　高木七太郎
参謀　少佐　田中耕太郎《こうたろう》　　参謀　少佐　殖田謙吉
参謀　大尉　伊集院　俊

伊東部長は日清戦争時の連合艦隊司令長官、伊集院次長は日清戦争時の軍令部参謀、山下参謀は四回目の軍令部勤務、森参謀は陸軍の柴五郎と二ヵ月近く義和団《ぎわだん》と戦った歴戦の持ち主、財部参謀は艦隊参謀を経て二度目の軍令部勤務、小笠原参謀は海軍戦史編纂等の経歴を持ち、それぞれの分野で実力を認められた逸材であった。

旗艦「敷島」に着任

秋山が佐世保港内の第一艦隊旗艦「敷島《しきしま》」に着任したのは十一月半ばである。早速会議がもたれ、開戦前の諸事項が検討された。いくら東郷や幕僚が優秀としても、各艦が器材や兵器を使いこなし威力を発揮させるには長い厳しい周到な訓練が必要であり、時間の短縮はむずかしい。開戦までに時間がなかったことを考慮すると、東郷に常備艦隊司令長官のポストを譲った日高壮之丞と彼の参謀達の指導を見直す必要があろう。

日高壮之丞の健康状態

傍目からでは本人の健康状態を判定しがたいが、日高の健康状態が深刻なものであったか疑わしい。日高の病気は表向きの説明で、彼はいたって元気で、日露開戦になれば自分が艦隊を指揮するつもりであったらしい。武人肌の日高と政治家的な山本とは兵学寮時代から合わず、樺山資紀《かばやますけのり》次官の欧州視察に二人が同行したときもしばしば口論し、

山本権兵衛の思惑

山本が日高をホテルに監禁したこともあった。山本にすれば、日高の指揮官としての能力を認めても、大本営を無視し独断で行動する不安がつきまとう。そんな日高に連合艦隊をあずけるわけにはいかない。これが日高の長官人事が流れた主原因といわれる。

日高が行った開戦準備

司令長官をつとめる気であった日高は、開戦に備えて艦隊の問題点を洗い直し、各種訓練を強化し、所定の成果を収めるまで繰り返し訓練した。彼が力を入れて実施した訓練項目は以下のようなものであった。

常装薬射撃、遠距離射撃、英カーディフ炭使用時の特別高速力射撃、競争水雷発射、高速力艦隊運動、警戒航行、焚火《たきび》試験、港湾占領、警戒錨泊《びょうはく》……

日高の功績

いずれも開戦になれば欠くことができないものばかりで、東郷が引き継いだ時には相当高度なレベルに達していた。日高の部下であった山路一善《やまじかずよし》は、「日高長官は東郷長官と異なり、自ら将来の海戦に対する諸般の構想を練り、特に艦隊射撃術の発達は全く同

長官の考案と鍛錬とによる。その他出征前の艦隊の訓練は、殆ど同長官在任中に錬成されたのであった」（山路一善『隻手の声』）と、日高の功績を高く評価している。判官贔屓癖のある山路の評としても、日高の貢献度はもっと高く認められるべきである。

日高の無念

東郷の司令長官就任から開戦までの時間があまりに短く、艦艇の整備、不必要な物品の陸揚げ、食糧・弾薬類の搭載で忙しく、実戦に向けた訓練の時間はなかった。訓練と講評を重ねて艦隊を戦闘可能レベルにまで高めたのは、日高が行った猛訓練の賜であったといえる。それだけに更迭された日高の無念さは、如何ばかりであったろうか。

軍令部のロシア側戦略に関する推論

十二月十五日、伊東部長はロシア側の戦略に関する軍令部の推論を東郷長官に送った。

一、総《すべ》ての艦隊を旅順口に集中し我を該方面に誘引し、可成彼に有利の海上を撰び、我をして奔走に労せしむるの策を採るべし、……

二、巡洋艦四隻駆逐艦六隻にて浦塩《ウラジオ》に根拠を定め、高速力を利用して小樽《おたる》及び函館《はこだて》近方を脅《おびやか》し我が艦隊を割かんとするの策を採るべし

三、時機《じき》に依り浦塩旅順の艦隊規約を定め、大挙して我が艦隊に当るべし

（「極秘　明治三十七八年日露海戦史」）

司令部での意見聴取

細部はともかく、推論は開戦後の露海軍の動きを的確に当てていた。これを受けて十

八日、東郷は参謀、副官を集めて軍令部の判断を紹介し、意見の聴取をおこなった。その結果、第二項については打つ手がないからしばらく放っておくしかない、第三項については旅順艦隊の出撃を待って襲撃を加える、いずれにしろ一日も早く戦法を固め戦策をまとめるのが先だという意見になり、秋山に重責がかかってきた。

秋山の重責

極東に展開する露艦隊の正式訳は「(ロシア)太平洋艦隊」だが、同艦隊は主力が旅順、支隊がウラジオストックを根拠地としたことから、日本側は前者を「旅順艦隊」、後者を「ウラジオ艦隊」または「浦塩艦隊」と呼んだ。のちに「バルチック艦隊」が東航を開始すると名称を変更、日本側もこれに従い、極東にある艦隊を「第一太平洋艦隊」、「バルチック艦隊」を「第二太平洋艦隊」と呼んだ。本書では「太平洋艦隊」を「旅順艦隊」と「ウラジオ艦隊」、「バルチック艦隊」を「バ艦隊」と呼ぶことにする。

ロシア艦隊の構成

十二月二十八日、常備艦隊を解消し、「明治三十六年度海軍戦時編制」によって第一、第二、第三艦隊を編成し、第一、第二艦隊で連合艦隊を編成することになった。日清戦争では、艦艇数が少なく艦隊をつくるのに苦心したが、大幅に増えた日露戦争では三艦隊もできた。二個艦隊をもって連合艦隊とした主な動機は、強力な旅順艦隊に対抗するには一個艦隊ではなく、二個艦隊による協同作戦が必要であったということらしい。

連合艦隊の編成

新人事の発令

新艦隊編制にともない各艦隊の司令長官、司令官、参謀等の人事が発令された。連合艦隊司令部を兼任する第一艦隊司令部を含め、主な配置の紹介をしておきたい。

連合艦隊司令部の配置

第一艦隊		司令長官　東郷平八郎
		参謀　島村速雄・有馬良橘・秋山真之・松村菊勇
	第一戦隊	司令官　梨羽時起、参謀　塚本善五郎・斉藤七五郎
	第三戦隊	司令官　出羽重遠、参謀　山路一善・竹内重利
第二艦隊		司令長官　上村彦之丞
		参謀　加藤友三郎・佐藤鉄太郎・下村延太郎・山本英輔
	第二戦隊	司令官　三須宗太郎、参謀　松井健吉・飯田久恒
	第四戦隊	司令官　瓜生外吉、参謀　森山慶三郎・谷口尚真
第三艦隊		司令長官　片岡七郎
		参謀　中村静嘉・岩村団次郎・松本直吉・横山　傳
	第五戦隊	片岡司令長官直卒
	第六戦隊	司令官　東郷正路、参謀　吉田清風・野崎小十郎
	第七戦隊	司令官　細谷資氏、参謀　西　禎蔵

不測の事態に備えた人員配置

この配置でもっとも目を惹くのは、第一艦隊の島村速雄《はやお》と秋山、第二艦隊の加藤友三郎《ともさぶろう》と佐藤鉄《てつ》太郎《たろう》の組み合わせである。島村と加藤は人物でも戦術面でも甲乙の区別がつけがたく、秋山と佐藤はともに海軍を代表する戦術家、どちらが連合艦隊司令部に入ってもおかしくない。長官である上村彦《かみむらひこ》之《の》丞《じょう》も東郷に引けを取らない優れた提督であることは、部内で誰しも認めるところである。第一艦隊と第二艦隊の重要性に鑑み、それぞれの司令部には海軍を代表する俊秀を置き、万一砲弾が連合艦隊司令部を直撃し潰滅する最悪の事態になっても、第二艦隊司令部が連合艦隊司令部をつとめられる人選にしたのではないかと考えられる。

戦策案を作成

十二月十八日の会議のあと、秋山は大急ぎで戦策案づくりに取り掛かった。案の基礎になったのは、海大で講義し兵棋演習で確認したことばかりだから、むずかしい作業ではなかった。出来上がった「第一戦隊戦策」は、参謀長以下の逐条討議を経たのち長官の承認を得て、機密第一号として明治三十七年（一九〇四）一月九日に戦隊内将校に配布された（秘密版『明治三十七八年海戦史』）。

「第一戦隊戦策」

本戦策は、我が連合艦隊の全部が略《ほぼ》均勢の敵艦隊と洋中に遭逢《そうほう》して、これと決戦する戦法の綱領を予示するものなり、固《もと》より作戦の情況は彼我《ひが》執るところの戦略に準じ変化して窮《きわま》り無く……、故《ゆえ》に茲《ここ》に指示するところは、単に全隊の戦闘に於《おい》て各部隊協同動作の鎖鑰《さやく》として欠く可らざる必須の事項のみを掲ぐるに過ぎず……

駆逐艦・水雷艇の活用法

と趣旨を述べ、六項目の方針を開示する。日清戦争以来、大きな威力を持つ駆逐艇隊・水雷艇隊の活用法が課題になってきたが、この解決策が注目される。

(イ) 各部隊の戦闘任務　　(ロ) 各部隊の戦闘陣形と戦闘速力
(ハ) 戦闘中の通則　　(ニ) 戦闘序列と陣列
(ホ) 戦闘開始と運動要領　　(ヘ) 各部隊の戦策や各種兵器使用方

部隊の戦闘任務

これらの中から主要なものを拾うと、(イ)では、第一・第二戦隊を主戦隊、第三・第四戦隊を遊撃隊とし、各任務を定める。主戦隊について「決戦期を経過して追撃に転ずる迄《まで》は、勉《つと》めて個々の行動を執らず終始相呼応して戦闘」と、丁字《ていじ》戦法での「艦隊決戦」を確認する。すなわち敵の主戦隊を圧迫し、進航を鈍らせるか後退させるかの戦闘を「艦隊決戦」とし、遊撃隊や駆逐艇隊・水雷艇隊の追撃戦に道を開ける戦闘である。

戦闘陣形と速力

(ロ)では、「指揮官先頭の単縦陣を基本とし、時宜に依《よ》り一斉回頭を以《もっ》て陣形を変ず」と、指揮官現場主義、単縦陣、丁字戦法を考慮した一斉回頭の採用を謳《うた》う。艦隊の臨機応変の運動上、一斉回頭がいつでもありうることを衆知徹底させる必要があった。

戦闘序列と陣列

(ニ)では、敵艦隊と「会戦するときは……附近に散在する全軍を集団す……各自その麾下《きか》を纏《まと》めて急速第一戦隊の所在に来集」させ、会戦には総力で当たること、集結後は鱗次《りんじ》陣列を取り、敵と八〇〇〇《メートル》に接近するまでこの陣列を保持することを指示する。

戦闘開始と運動要領

(ホ)では、「第一戦隊は最も攻撃し易《やす》き敵の一隊を選び、その列線に対して……丁字を描き可成的敵の先頭を圧迫する如《ごと》く運動し、且《かつ》臨機適宜の一斉回頭を行ひ敵に対し丁字形を保持するに力《つと》めんとす」と、主戦隊の一斉回頭と丁字戦法を確認した上、「然《しか》れども我斯《か》く運動すれば敵も亦《また》相応の運動を執るべきが故に、結局遂に彼我相並航するか或《あるい》は反航するに至るべしと予期せざるべからず、然るときは敵と適当の戦闘距離を保持するため臨機四点以内の一斉回頭を行ひ、或は戦闘側を変ずるため十六点の一斉回頭を行ふことあるべし」とする。十六点とは一八〇度の転針のことである。第二戦隊については、「第一戦隊の当れる敵を叉撃《さげき》又は挟撃するの目的を以て敵の運動に注意し、或は第一戦隊に続航し或は反対の方向に出で……第一戦隊と共にL字を描くの方針を以て機宜の運動を執り、我が両戦隊の十字火を以て敵を猛撃するに努むるものとす」と、乙字作戦を含めた戦法を定める。

主艦隊との別行動による効果

懸案であった駆逐艇隊・水雷艇隊の行動ついて、「戦闘の初期は適宜敵の弾着距離以外に運動して戦争の経過に注意し、好時機到来せば勇往奮進して敵艦隊を突撃すべし……又敵の艦船四散して敗走するに至れば、適宜小隊単位に分離して飽くまでも之に追尾し、夜陰に乗じ轟沈《ごうちん》するを力《つと》め、時宜に依り敵の軍港付近に先廻りし其帰来を待て襲撃を果すも可なり」と、主艦隊や遊撃隊の行動から離れた戦闘海域の周辺に置き、待機しながら好機を捉えて敵艦隊に食らいつき、夜間に止めを刺す運用法を決めた。主艦隊等に随伴させて起きる一種の足手まとい現象を、行動を別にすることで解決し、特徴を生かした攻撃によって大きな戦果を上げようというわけである。

部隊の戦策と兵器使用

（へ）では各部隊の戦策と兵器の使用について指示するが、まず各隊の戦策のうち第一戦隊について取り上げる。「戦闘陣形は……旗艦を先頭とし、司令官旗艦を後尾とせる蛇行《だこう》単縦陣を基本とし、機宜に応じ一斉回頭を以て横列もしくは梯列《ていれつ》を制《たちき》り、又十六点の一斉回頭を以て逆番号に転回し、殿艦《しんがり》をして教導せしむ」と、戦況次第で一斉回頭による陣形変換を示唆する。一斉回頭は進航中の各艦が同時に同方向に転換する意味で、日本海海戦の劈頭、単縦陣の艦が転換点まで順次進んで行った逐次回頭とは違う。

丁字戦法

艦隊運動の基本は丁字戦法であり、敵艦列を圧迫しながら先頭艦もしくは後尾艦に砲火を集中する。もし敵が劣勢の場合には、艦隊を二手に分けて敵艦列の前後を圧迫する乙字戦法で挟撃する。露艦隊が劣勢という状況は考えにくいから、丁字戦法が基本戦法になると予想された。秋山の戦策は艦隊運動に関する記述が多く、砲戦の記述が少ない。砲戦については、敵との距離が六〇〇〇米《メートル》以内になれば、各艦長の判断で命じることができる。これは主砲のことで、その第一目標は丁字戦法で指示した敵の先頭艦と後尾艦である。しかし日露戦争の時代でも、主砲より舷側《げんそく》砲の方がよく当たり、舷側砲の威力を最大限に引き出すには、敵艦列に対し砲撃時間を長く取れる同航が望ましい。水雷については、発射好機となれば、陣列を変え任意に発射してもよいとする。

旅順港の封鎖方法

ところで十二月十八日の司令部の会合で議論が沸騰したのは、旅順艦隊をどのように封じ込めるかであった。米西戦争におけるキューバ島サンチャーゴ港口封鎖戦の観戦でヒントを得ていた秋山は、捕獲艦「鎮遠《ちんえん》」を旅順港口に突っ込ませ、閉塞する構想を説明すると、長らく旅順閉塞準備を進めてきた有馬良橘《りようきつ》が、すでに軍令部とも閉塞《へいそく》作戦計画について協議済みで、開戦直前の作戦の手筈が整っている旨を開陳した。

有馬良橘の封鎖計画

有馬は、すでに旅順一帯を実地調査し、湾口がわずか九〇メートル、封鎖しやすい地形を見抜いていた。綿密な封鎖作戦計画を作成し、三十六年（一九〇三）十月に軍令部《ぐんれいぶ》次長伊集院五郎に提出した。作戦計画は、開戦直前の隙を利用して商船を港口に沈め、旅順艦隊を湾内に閉じこめ無害化するものであった。その重要性を理解した伊集院は、有馬に実施方を命じ、奇襲を前提とする作戦は秘密保持が絶対条件であり、計画の漏洩に注意するよう指示した。そのため有馬は信頼できる人物だけで計画を進め、なにかを目論む秘密組織のように連判状である「成仁録《せいじんろく》」に血判させ、秘密保持を誓わせた。

秘密保持を誓う「成仁録」

各艦隊が佐世保に集結中であった三十七年一月七日、有馬は斎藤七五郎に対して同志になるよう手紙で勧誘し、その中で進捗状況を説明している。

斎藤七五郎への手紙

……すでに去る十月その筋に向って建言し、伊集院次長の賛成を得て、今回その用として約三千トンの汽船五隻を供せらるることと相成り、不日《ふじつ》当港へ回航のはずに有之候《これありそうろう》。ついては準備ととのえ機熟せば、いよいよ実行致すべきしだいに御座《ござ》候。同志者は小生、松村菊勇、島崎保三等にして他に数名の候補者有之候《これありそうら》えども、なるべく経験多き同志と事を共に致したき希望に有之候。とりあえず貴下の御意向相伺い申し候。至急電報にて御賛否回答下されたく奉願上《ねがいあげたてまつり》候。　匆々敬具

（『有馬良橘伝』）

同志の内訳

一月七日時点での同志は、有馬のほか松村菊勇大尉、島崎保三中尉ら六、七名であった。のちに教科書等で有名になる広瀬武夫少佐や白石葭江《よしえ》少佐らは、既述のごとく松村菊勇が第一回旅順攻撃で負傷して抜けたので、交代要員のかたちで同志になった。五隻の閉塞船も「仁川《じんせん》丸」「天津《てんしん》丸」「武州《ぶしゅう》丸」「武揚《ぶよう》丸」「報国《ほうこく》丸」と決まり、計画は着実に具体化した。

伊東祐亨の来艦

一月十七日、伊東軍令部長の使者である軍令部参謀の財部彪は、佐世保に碇泊する連

合艦隊旗艦「三笠《みかさ》」を尋ね、将官公室で東郷と上村彦之丞に面会した。財部は日露間の交渉経緯と、決裂の場合には軍事行動が不可避と説明し、ついで軍令部の作戦方針に移った。大約すると、左記のような二つになる。

○旅順艦隊を急襲して撃破、できない場合にはウラジオ艦隊とともに各個撃破

○朝鮮海峡制圧を確実にするため仮根拠地を半島南端の鎮海湾《ちんかいわん》に設置

短期決着を企図した閉塞作戦

露軍の中で最大の脅威が旅順艦隊だから、この撃破が作戦方針の第一に来るのは当然である。「急襲」の企図は、長期戦が不利な国情を考慮し、短期の決着を目指したためである。これに伴い立案されたのが閉塞作戦である。緒戦に予定された閉塞作戦について、財部は軍令部あげて有馬の作戦を応援するので、是非実行してほしいと懇請した。ただし決死作戦でなく、生還を期す作戦にしてほしいと付け加えた。財部に念を押された有馬の計画は順調に進むかに見えたが、東郷や他の参謀たちは乗り気でなかった。

鎮海湾に仮根拠地設置工事が始まったのは開戦直前の二月五日のことで、工事の主務者は鮫島《さめじま》佐世保鎮守府《ちんじゅふ》長官であり、電線敷設船「沖縄丸」が対馬と鎮海湾の間に海底電線敷設に取り掛かった。後述する六日に下令《かれい》された「大海令《だいかいれい》」第一号も、第三艦隊に鎮海湾占領を命じているが、重複する命令がなぜ次々に出るのかわからない。

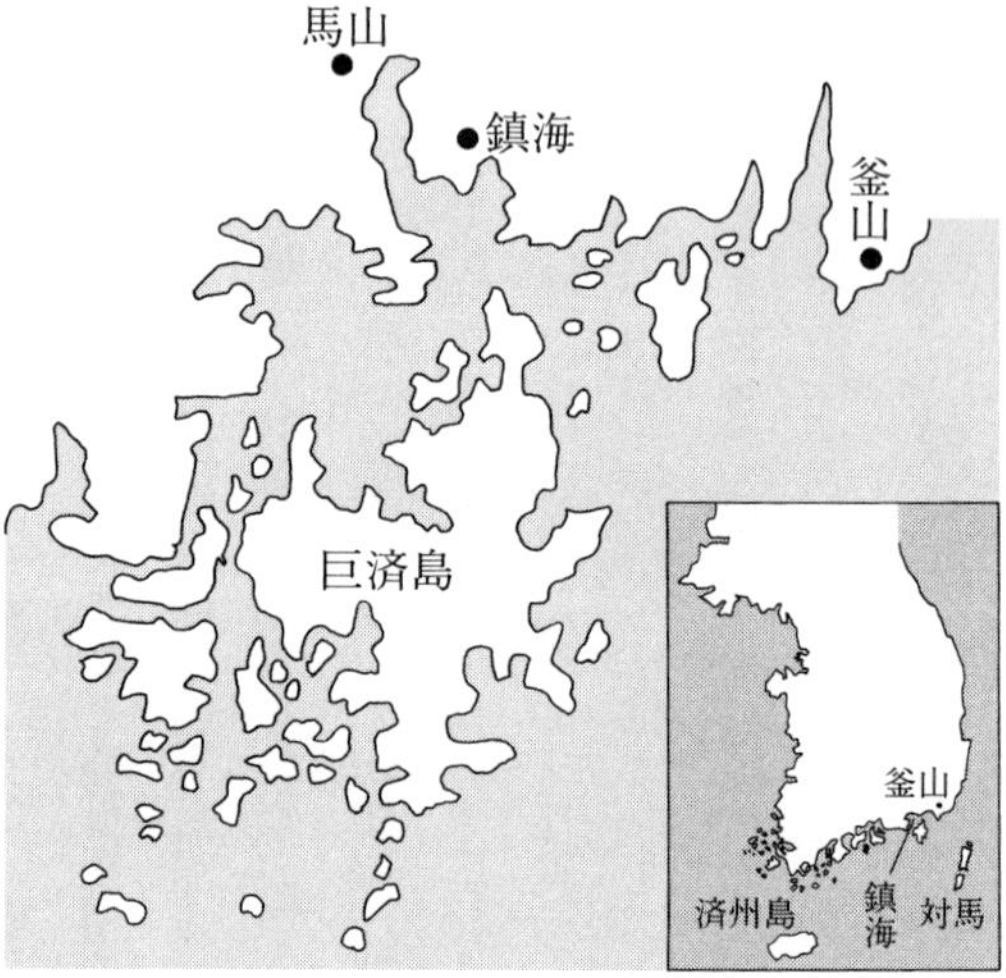

鎮海湾図

要衝鎮海湾の地理

九州と半島の間の海峡を朝鮮海峡もしくは対馬海峡と呼ぶが、本書では対馬と半島間を西水道、対馬と九州間を東水道という慣用名称を用いる。九州と半島の最短は、佐賀県呼《よぶ》子《こ》から壱岐《いき》、対馬、巨済《きよさい》島、馬山浦《ばさんほ》を結ぶ線であり、この線の確保は、戦争遂行上、緊要性をもつ。海大において秋山は、海峡防備のために鎮海湾辺りに主力を配備し、西水道を通過する敵艦隊を迎撃する兵棋演習を何度も行い、敵が通過するのは西水道と確信し、これを迎え撃つために味方艦隊を鎮海湾に伏せておく構想を固めていた。秋山が注目した鎮海湾は、巨済島と半島南端に挟まれた要害の地であり、艦隊が潜むには最適の場所である。

韓国の国情

日清戦争後の下関講和条約で朝鮮は独立国となり、明治二十八年（一八九五）十月から国号が「大韓」帝国になり、国王が皇帝に変わった。これにともない国王（李太王）は光武（Kwang-Mu）帝になったが、その生父大院君《だいいんくん》が親日政権を樹立、しかし翌年二月に死去し、政権内部は親日派と親露派に分かれ混迷の度を深めた。義和団事件で内外の目が中国の北京《ペキン》に向いているとき、露国はこともあろうに鎮海湾の奥の馬山湾（Ma-SanMan）に位置する要衝馬山浦の買収をたくらんだ。露側の動きを察知した日英の協力で潰したが、露国もこの地の戦略的重要性を認識していることが明らかになった。

鎮海湾をめぐるロシアの動き

馬山浦に石炭庫設置

つぎに馬山浦の記録が現れるのは明治三十六年三月二十三日で、日本海軍が石炭庫を設置した。石炭機関は燃費が悪く、軍港のほか各地に石炭庫を準備し、どこで燃料切れを起こしても対応できる態勢が必要であった。選定位置は戦策や作戦計画と直接には結びつかないが、日本海軍も馬山浦や鎮海の重要性を十分過ぎるほど理解していた。

海軍省の五段階計画

三十六年五月七日に海軍省がまとめた五段階の戦備計画では、第一段階において鎮海湾と半島西南海岸の八口浦（Palkupo）の仮根拠地に配置した防備隊の強化が、施策の一つになっている。日本海海戦の際の出撃基地になった鎮海ばかりが有名だが、戦役中、半島沿海で最も頻繁に使われたのが八口浦である。日本海と黄海《こうかい》を繋ぐ要衝の地であり、

八口浦の重要度

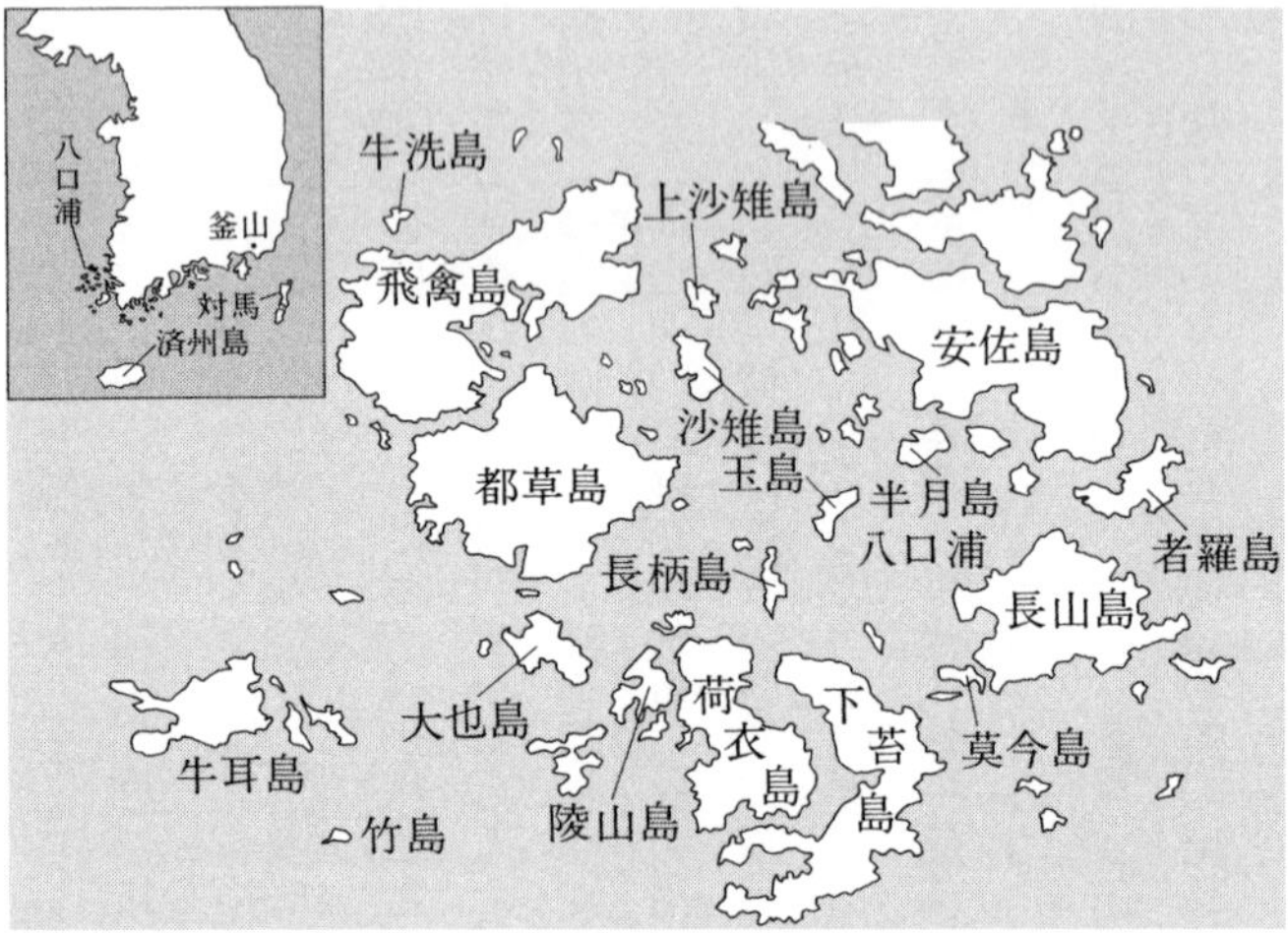

八口浦図

外敵から安全かつ石炭や水の搭載に便利であるのが根拠点にされた大きな理由である。

　鎮海湾占領計画が実施されるのは、開戦後に第三艦隊が占領のために進入したときで、正式な仮根拠地および防備隊の設置は、三十七年二月二十三日に韓国政府との間で「日韓議定書」を調印し、韓国の安全と領土保全のため、軍事上必要な土地を臨機収用できるようになった頃である。余談だが、開戦後に取得した軍事根拠地はすべて秘密にされ、日本人が鎮海を知るのは日露戦後のことで、日本海海戦当時、バ艦隊を迎え撃つ連合艦隊がどこにいたか国民はまったく知らなかった。

三　開戦劈頭の戦い

朝鮮をめぐる日露交渉

日露開戦の主原因は朝鮮問題である。日本とすれば、ロシアの満州獲得阻止を諦めざるをえないが、朝鮮半島に露国勢力が入るのは絶対に認められなかった。日露交渉の席上で日本が出した解決案は、満州と朝鮮の交換論のように見られたが、ロシアの満州獲得に対する日本の朝鮮獲得でなく、朝鮮が独立国であれば我慢するつもりだった。朝鮮進出断念を求める日本の要求に対し、ロシアは同意しなかった。朝鮮半島を生命線と考える日本政府は、明治三十七年(一九〇四)二月四日、ロシアの脅威を排除するため開戦を決意した。

日本の開戦決意

日本政府がこの時点で開戦に踏み切ったのは、三日早朝から旅順《りよじゆん》艦隊の動きが急に活発になり、午前十時までに「レトヴィーザン」「ペテロパーヴロヴェスタ」「ポルターワ」などの主力艦が出港、行き先不明になったからだ。露側も開戦を決定し、開戦の所定線に進出した可能性が高いと判断された。機先を制せられる前に行動を起こさねばならない。四日、連合艦隊司令部は、佐世保《させぼ》港に集結した八十隻を超える艦艇に、出港準備を下令《かれい》、下士卒《かしそつ》の公用以外の外出を禁止した。対馬《つしま》竹敷にも大小合わせて三十隻近い艦艇が集結し、朝鮮海峡の守備に任ずる第三艦隊も配置点に近づきつつあった。

連合艦隊、佐世保に集結

開戦の詔勅

大本営参謀《だいほんえいさんぼう》山下源太郎《げんたろう》大佐が佐世保に到着し、開戦の詔勅《しょうちょく》が東郷平八郎《とうごうへいはちろう》司令長官に手渡された。六日午前一時、東郷は、各艦隊等司令(長)官・参謀を「三笠《みかさ》」に集めて大《たい》命《めい》が下ったことを宣言、「大海令《だいかいれい》」の第一号を読み上げた。「大海令」とは「大本営海軍部命令」の略である。以下に「大海令」第一号を紹介する。

「大海令」第一号

露国の行動は我に敵意を表するものと認め帝国艦隊をして左の行動を取らしめらる

一、連合艦隊司令長官並《ならび》に第三艦隊司令長官は東洋に在《あ》る露国艦隊の全滅を図るべし

二、連合艦隊司令長官は速《すみやか》に発進し先《ま》づ黄海《こうかい》方面に在る露国艦隊を撃破すべし

臨時韓国派遣隊の海上輸送中の行動は連合艦隊司令長官之《これ》を指示すべし

三、第三艦隊司令長官は速に鎮海湾を占領し先《ま》ず朝鮮海峡を警戒すべし

出師準備

すでに一月から各艦隊は出師《すいし》準備に入り、石炭の満載、砲弾類の積込み、被服・糧食・需品・真水等の搭載、不急資材の陸揚げ、艦艇等の塗り替えを行った。艦艇の平時

色は黒、戦時色は「鼠色」である。鼠色つまり灰色は、白に近い明るい色から黒に近い色までそれこそ限りなくある。白と黒をデジタルとすれば、鼠色はアナログの世界だ。規定で黒一、白三の割合ということになっているが、時により微妙に異なった。

艦艇を鼠色に替える

石炭は、和炭だけでなく高価な英炭も搭載された。明治二十年代から、和炭は日本からシンガポールに至る周辺地域で船舶や港市が消費する石炭市場をほぼ独占した。ロシアも開戦直前まで和炭を買いあさり、旅順の広い街路の中心帯には和炭が積み上げられていたといわれるほど、和炭は圧倒的市場占有率を誇っていた。和炭の強みは、三池《みいけ》炭坑や筑豊《ちくほう》炭田のように九州の海岸近くに出炭地があるため、安い輸送費で輸出にできることにあり、品質も商船の航行程度なら十分に使えることも大きかった。

和炭の流通

しかし日清戦争の海戦で使えた和炭も、その後、艦艇が大型化高速化し、もっと火力の強い粘結炭《ねんけつたん》が必要になった。煙が少ない粘結炭は発見されにくく、燃やしたあとに出る石炭殻も少なく、戦闘用石炭として理想的であった。当時知られていたのは、英国カーディフ炭、豪州ニューカッスル炭、米国ポカタンタス炭等に限られ、カーディフ炭の流通量が最も多かった。三十五年に締結された日英軍事協商により、日本はカーディフ炭の輸入に困ることはなかったが、限られた産出量と英本国からの輸入のため、和炭

理想的な燃料である粘結炭

和炭と英炭の併用

作戦予定を指示

連合艦隊の出港

旗艦「三笠」

の八から十倍に近い価格といわれ、採算を度外視する非常時以外には使えなかった。海軍は、通常航行用には和炭を、高速を求める戦闘用には英炭を使用することにし、二種の石炭を使い分ける苦肉策を採用した。

「大海令」に続き、各戦隊参謀に連合艦隊命令「機密第一二〇号」と「連合艦隊行動予定表」が配布された。第一二〇号は十二ヵ条から成り、連合艦隊の当初の作戦目的および目標、行動予定、各戦隊、各駆逐隊、各水雷艇隊の作戦目標等が指示された。また予定表で、各戦隊、各駆逐隊、各水雷艇隊、随伴船の六日から八日までの行動予定が指示された。これらを受け取った参謀達は、急いで自艦へと去った。

雲一つない青く晴れわたった冬の朝であった。

午前九時、佐世保湾を埋め尽くした艦艇は、第一艦隊旗艦「三笠」・第二艦隊旗艦「出雲《いずも》」・佐世保鎮守府所管の汽船に乗る各軍楽隊が演奏する「軍艦マーチ」が流れる中を、第三駆逐隊を先頭につぎつぎ湾口を目指し動き出した。鎮守府から見ると、湾は途中で大きく向後崎《こうござき》の方向に折れているため、艦艇が面舵《おもかじ》を取ると、間もなく見えなくなる。第二艦隊の出港は午前十時、第一艦隊の出港は正午、八十隻以上の艦艇の出港には三時間もの時間がかかった。

出港完了に三時間所要

第一二〇号で命令された緒戦《しょせん》の作戦は、旅順《りょじゅん》および仁川《じんせん》の敵艦隊の撃破、韓国の首都京城を占領する陸軍部隊の揚陸支援だけである。この中には、有馬が準備してきた旅順閉塞計画は盛り込まれていない。軍令部が支持してきた作戦計画といえども、最後の実施命令を出すのは連合艦隊司令長官である。決死作戦に東郷や島村が乗り気でなかったらしいことはすでに述べた。欧米的兵術思想に傾倒した留学経験のある軍人は、概して決死作戦を好まず、合理的計画を模索した。

緒戦の計画に旅順閉塞は含まれず

開戦に際して、旅順艦隊をどのように叩くか、米西戦争におけるサンチャーゴ港の封鎖戦をじっくり観戦した秋山も、最後の詰めに確信を持っていたとは思えない。秋山も東郷も、旅順艦隊が出撃してきた場合の対処について考えても、旅順艦隊が湾内に逼塞

旅順艦隊攻略の見通し

旅順艦隊の訓練

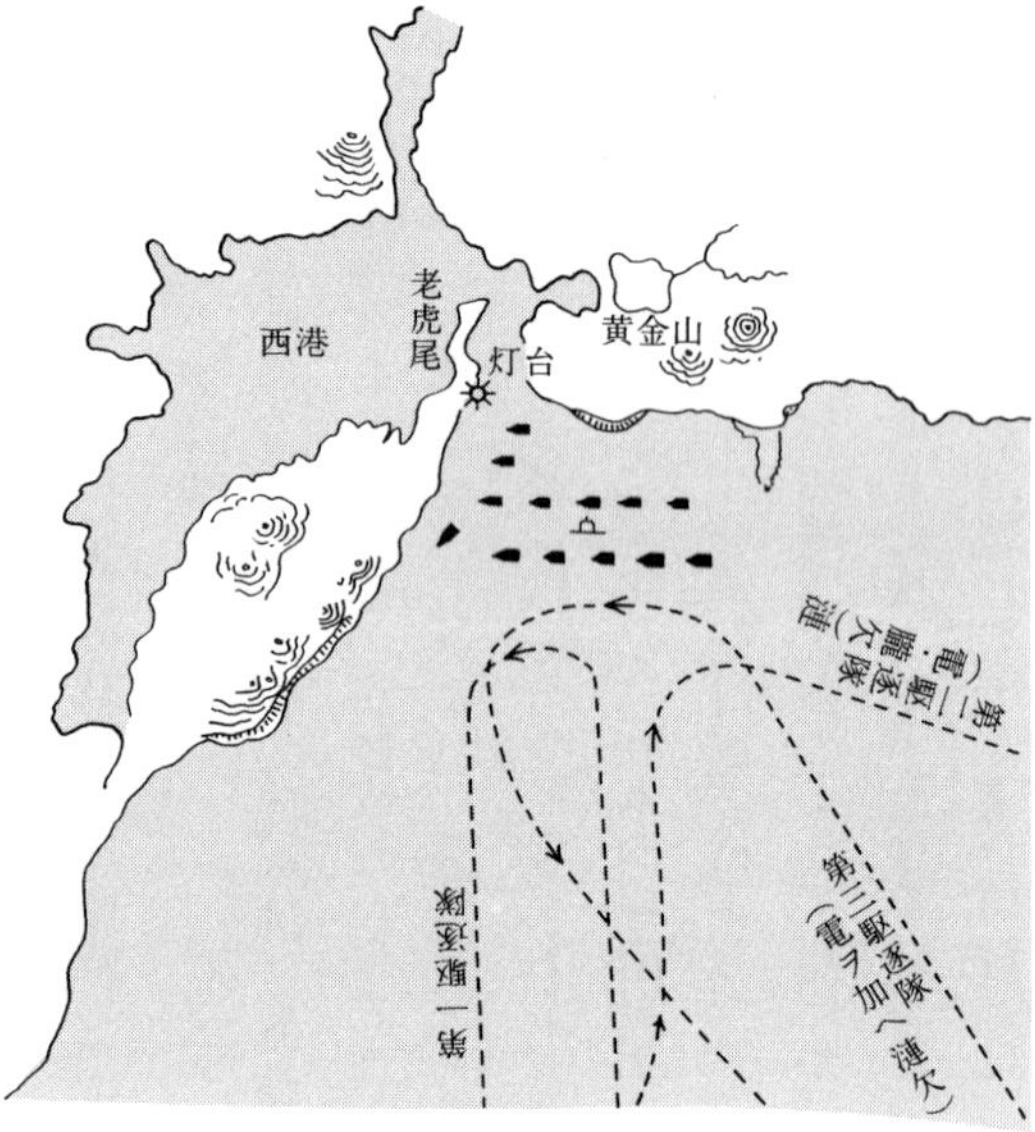

旅順港湾図
湾口に停泊する旅順艦隊

を決め込んだらどうするか、多少は危惧しても、スペイン艦隊が最後には出てきたように、旅順艦隊もいつかは出てくると漠然と信じ込んでいた。

日本に開戦を急がせた旅順艦隊の出港は、単なる訓練行動に過ぎなかった。スタルク司令長官の下で行われた訓練は、航行中の艦隊編成、艦隊航行、艦隊運動のほか、設置後間もない無線電信の通信訓練等で、対日戦に備えた行動というより、日常的訓練の一環であった。日露関係が険悪化しても、まさか大国ロシアに対して小国日本が無謀な戦いを挑むとは思えないし、開戦になっても、かなり先のことになるだろうと見ていた。

湾口に碇泊する旅順艦隊

湾口における日露艦隊の攻防

佐藤鉄太郎の意見具申

第一次・第二次旅順攻撃

昼間、各種の訓練を終えた旅順艦隊は、夕方、二列縦陣を組んで大連《だいれん》湾内に入った。その後も、旅順艦隊は朝出ては夕方帰投する行動が続いた。だが戻っても湾内に入らず、湾口の手前で投錨し碇泊するようになった。二月八日から九日に第一、第二、第三駆逐隊がこの艦隊に襲撃を試みたとき、図のように十五隻が碇泊していた。もし有馬に閉塞作戦を命じても、港口前に旅順艦隊が碇泊し続けていては、作戦実施が困難であったのは間違いない。

駆逐隊の襲撃により、巡洋艦「パルラーダ」、戦艦「ツザレウッチ」が損傷を受け座《ざ》礁《しょう》した。旅順艦隊の湾内退避は緩慢で、九日正午からはじまった三駆逐隊の攻撃の時には、旅順艦隊はまだ湾口の外にあったが、陸上砲台と協力して激しく反撃し、日本側に損傷を与えた。日本側の砲弾も旅順艦隊や陸上砲台を捉えたが、一航過だけの砲撃だったこともあり、撃破するまでには至らなかった。この時、第二艦隊参謀の佐藤鉄太郎が、「もう一航過して砲撃すべし」と連合艦隊司令部に意見具申《ぐしん》したが、受け入れられなかったため、怒って自室に戻り寝てしまった。

二月十三日、風雪を冒して出撃した第四駆逐隊が旅順港外に発見した敵艦三隻を攻撃したが、戦果は不明であった。以上の攻撃を第一次・第二次旅順攻撃と呼ぶ。こうなると有馬良橘の運送船を使う閉塞作戦計画よりも、秋山が提案した軍艦である「鎮遠《ちんえん》」を湾口に突っ込ませ、自沈させる計画の方が、実現性が高かったかもしれない。

不調な攻略作戦

これ以後、旅順艦隊は湾内に潜み、港外に出てこなくなった。まったく出なかったわけでなく、敏捷《びんしょう》な駆逐隊が日本艦隊を誘引するしぐさをしては、さっとひるがえして湾内に遁入《とんにゅう》する戦法を取った。このため連合艦隊司令部は、開戦初頭に旅順艦隊を撃破する計画がもろくも崩れ、早くもつぎに打つ手がなくなった。

打開のための閉塞作戦

こうした中で急浮上したのが、有馬が準備してきた閉塞作戦である。おそらく困惑していた東郷長官らを見て、有馬が言い出したのではないか。東郷も決死作戦に乗り気でなかった姿勢を変え、参謀の反対もないので作戦実行に許可を与えた。軍令部も東郷から要請があると直ちに承認し、手配済みの運送船五隻に佐世保を出港させる手筈を整えた。戦史上、第一回閉塞作戦を第三次旅順攻撃と呼ぶ。閉塞作戦を主力隊や駆逐隊の攻撃と同列に扱うのは、特殊作戦でなく、正攻法作戦としたい複雑な心理が働いている。

三度にわたる作戦決行

二月十九日、「成仁録《せいじんろく》」の同志九名が半島の木浦《もっぽ》沖の「三笠」に集合し、作戦会議が開かれた。有馬が長官より隊員の収容艇を付ける厳命のあったことを説明し、五隻の船を使い総勢七十七人で行うことになった。閉塞作戦は三回実施されたが、一回で目的を遂げ終了したかった。二月二十四日の第一回作戦不成功、三月二十六日に第二回を実施し不成功、仕方なく第三回まで実施し、結局不成功のまま終了した。

日本の決意を諸外国に示す

作戦が打ち切られた後、伊集院次長が上泉徳弥《かみいずみとくや》参謀に「外国人はみなこの必死必勝の闘魂におどろいて、この勢いでは日本は勝つかもしれないと考えるようになった。日本駐在のイギリス海軍武官のごときは『日本はかならず勝つ』と本国に報告した…不退転の精神力が、外国人を〝日本びいき〟にした」（「上泉徳弥海軍中将の話」『有馬良橘伝』所収）と語ったように、諸外国に対して、日本は本気で勝つつもりでいることを知らせる上で甚大な効果があった。

秋山、先任参謀となる

第二回閉塞作戦ののち有馬は司令部を去り、秋山が先任参謀になった。三月八日、すぐれた兵術家で露海軍の至宝といわれ、秋山も深く傾倒したマカロフ中将が太平洋艦隊司令長官に赴任した。マカロフによって態勢を立て直した旅順艦隊は、それまでの消極策を改め、日本艦隊を見つけると港外に出て反撃するようになった。

マカロフ中将赴任

秋山発案の機雷敷設

このようなとき、秋山の頭脳からは沸くが如くアイデアが出た。日本艦隊が接近すると、露側は必ず数隻の艦艇を湾口外に出動させ、湾口近くを周回して日本艦隊を誘致する。これにつられて近づけば、陸上砲台の射程圏内に入ったとたん、その餌食になることは間違いなかった。秋山は、露艦艇のパターン化した行動を逆手にとり、露艦艇が出てくる海域に密かに機雷を敷設しておけば、当たるかもしれないと考えた。

機雷の設置に成功

早速特務艦「蛟龍丸《こうりゅうまる》」の艦隊付属敷設隊司令小田喜代蔵《おだきよぞう》中佐を司令部に招き、機雷設置計画の具体化を命じた。四月十一日、連合艦隊は「蛟龍丸」の機雷敷設作業を援護するため第七次攻撃行動を起こし、十二日夜半旅順港外に達したが、さいわい濃霧のような細雨に包まれ、予定地点に機雷を沈置することができた。機雷の寿命は内蔵電池の寿命である。電池の寿命が尽きるまでに敵艦艇を誘き出さねばならない。

思惑通りの露艦隊の行動

任務を終えて帰投中の第二駆逐隊が敵駆逐艦一隻を発見し、攻撃を加え撃沈した。これを見た露艦隊は、巡洋艦「バヤーン」を先頭に、マカロフが座乗する戦艦「ペトロパヴロフスク」や同「ポルターワ」など主力艦を続々繰り出した。この時のマカロフはいつもやる事前の掃海作業を省略し、大艦隊を進めてきた。十三日午前十時半、「ペトロパヴロフスク」は機雷による大爆発を起こし、わずか一分半で轟沈《ごうちん》した。マカロフと運命を共にした乗員六三〇余名、もう一隻も大破した。

マカロフ戦死

日本側の被害

だが日本側も一ヵ月後に仇を打たれ、露側が仕掛けた機雷のために六隻も失う大損害を出した。五月十二日に水雷艇四十八号と通報艦「宮古《みやこ》」、十五日には主力戦艦「初《はつ》瀬《せ》」と「八島《やしま》」、十七日には駆逐艦「暁《あかつき》」を機雷で失った。「初瀬」は触雷と同時に沈没し、副長以下四九二名の戦死者を出した。これに追い打ちをかけるように、十五日に巡洋艦「吉野《よしの》」が「春日《かすが》」と衝突し、佐伯艦長以下三一九名とともに沈没、翌十六日には特務艦「大島《おおしま》」も「赤城《あかぎ》」と衝突して沈没した。七月五日には、海防艦「海門《かいもん》」が触雷し、高橋艦長以下二十二名が艦と運命を共にした。機雷戦は日本の完敗であった。

日本、機雷戦に完敗

秋山、作戦失敗の責を負う

作戦を指揮する司令部に対する風当たりは当然強くなる。ことに戦艦二隻の損失は重大で、その非の一端は司令部あるいは秋山が負わねばならなかった。旅順封鎖のため戦艦六隻が二群に分かれ、一群が旅順港口に対して直角に往復警備したあと、二群は旅順港に対して平行に航行すべしとの「三笠」航海長上野亮の進言を司令部が無視し、一群同様のコースを命じたために悲劇が起こった。この直後、後甲板で秋山は上野にさんざんなじられ、秋山が反論したために掴み合いの喧嘩になった。

停滞する旅順攻撃

マカロフが戦死した露艦隊は再び消極的になった。翌四月十四日、上村彦《かみむらひこ》之《の》丞《じょう》の第二艦隊が第八次攻撃を仕掛けたが、露側は沈黙を守り続けた。アルゼンチン政府の好意でイタリアから到着したばかりの巡洋艦「春日」と「日進《にっしん》」の間接射撃だけで引き揚げた。

旅順艦隊が戦闘回避策をとり湾内に逼塞《ひっそく》すると、日本側には対応策がなく、露艦が不意に出てくる不安だけが残る。四月六日の参謀総長、次長、軍令部次長の会議で、軍令部次長伊集院が第三回閉塞計画に触れ、「閉塞は十中八九成功の見込」と語ったといわれる。これが事実とすれば、第三回計画は第二回作戦のあと早々に決定されたことになる。体調不良が囁《ささや》かれた有馬の転出は四月十八日だから、作戦計画立案までやったと思われる。有馬は後任として秋山を推薦し、秋山に計画の実施を任せた可能性が高い。

大掛かりな第三回閉塞作戦

作戦計画は、秋山と有馬が推挙した砲艦「鳥海《ちょうかい》」艦長林三子雄《みねお》の二人で推進された。第一回が五隻、第二回が四隻であったのに対し、第三回は十二隻、参加する士官・下士卒合わせて二四四人という大掛かりなものになった。準備中の陸軍第二軍の遼東《りょうとう》半島東岸の塩大澳《えんだいおう》上陸作戦が第三回閉塞作戦に合わせて実行されることになっており、海軍としては失敗するわけにはいかなかった。

荒天により作戦は失敗

閉塞隊は五月二日夜に旅順港口に近づいたが、吹き荒れる南風に各船は翻弄された。所定位置での自沈と隊員の収容が困難と判断した林三子雄総指揮官は中止を決断、しかし荒天のため命令の伝達がうまくいかず、そのまま八隻の閉塞船が進航した。間もなく閉塞船は陸上砲台の砲撃を受け、作戦はまたもや失敗した。

この失敗により、連合艦隊側から仕掛ける手は尽き、旅順艦隊側が動くのをじっと待つほかなくなった。

四　旅順攻略作戦の誤算

露海軍の反攻計画

早期に旅順《りょじゅん》艦隊を撃破する計画の破綻は、直接間接に多くの影響が出た。繰り返される日本側の閉塞作戦に、露海軍は反撃の姿勢を示す必要を認めて三つの方針を決めた。第一はウラジオ艦隊を出撃させて日本軍の後方を撹乱《かくらん》すること、第二は旅順艦隊が残っている間にバ艦隊を東航させ日本海軍を粉砕すること、第三は日本艦隊が旅順に釘付けになっている間に海外との通商により輸入を増やすことであった。

ウラジオ艦隊の出撃

第一について、四月二十五日、出撃したウラジオ艦隊の巡洋艦「ロシア」は、一個中隊の陸軍兵と大本営《だいほんえい》派出の将校数名を乗せ、朝鮮半島北部の日本海側の元山《げんざん》沖を航行中の「金州丸《きんしゅうまる》」を停止させ、乗員等を下船させたのち撃沈した。ついで六月十五日、陸軍兵一〇〇〇余名を乗せ塩大澳に向け航行中の「佐渡《さど》丸」、同じく陸軍兵一〇〇〇余名を乗せ南尖子に向け航行中の「常陸《ひたち》丸」、塩大澳より帰投中であった「和泉《いずみ》丸」が、ウラジオ艦隊のために相継いで撃沈された。翌十六日には、舞鶴《まいづる》沖で英船「アントン」を拿捕《だほ》し連行、また隠岐《おき》近くで「第九運礦《うんこう》丸」を停止させ、これに「和泉丸」で得た捕虜の一部を移して解放、さらに奥尻島《おくしりとう》沖で帆船「安静《あんせい》丸」「八幡《やわた》丸」を撃沈、帆船「宝徳《ほうとく》丸」を臨検解放した。十七日には帆船「清栄《せいえい》丸」を撃沈、十八日には松前《まつまえ》沖で「巴港《ともえこう》丸」を臨検解放、十九日には帆船「博通《はくつう》丸」を拿捕して連行した。

上村彦之丞への非難

ウラジオ艦隊の傍若無人の行動に世論は激昂し、同艦隊捕捉を命じられた第二艦隊司令長官上村彦《かみむらひこ》之《の》丞《じょう》に轟々《ごうごう》たる非難が集中し、留守家族も危うくなった。八月十四日早朝、上村直率の第二戦隊は、旅順艦隊の旅順脱出に呼応して単縦陣で南南西に向かう「ロシア」「グロモボイ」「リューリク」を発見、「リューリク」を撃沈、「ロシア」「グロモボイ」を取り逃がしたが、修理不能の損傷を与え、ようやくウラジオ艦隊の脅威を取り除くことができた。

バ艦隊の東航

第二のバ艦隊の東航は、マカロフの戦死にニコライ二世が激怒したのが発端とされる。旅順艦隊が健在のうちにバ艦隊を極東に送り込み、日本海軍を粉砕する目的で決定され、四月三十日、海軍元帥アレクセイ・アレクサンドロウッチより発表された。まだバルト海は氷に閉ざされ、艦艇の整備も春を待つ状態で、出撃態勢になるにはまだ相当の時間が必要であった。だがバ艦隊東航のニュースは日本海軍に大きな衝撃を与え、とくに連合艦隊司令部を精神的に圧迫した。

海上ルートによる輸入

　第三の海上ルートによる輸入は計算外であった。ロシア政府は、戦争中といえども、シベリアという未開地に食糧や日用品を供給する責任を負っていた。シベリア鉄道の運行は、シベリア開拓に貢献するところ大であったが、バイカル湖南部山岳地帯の難所部分がまだ未完成である上に、単線のため運行数に制約があった。

シベリア鉄道の軍事輸送化

開戦にともない、鉄道が兵員・軍需物資の輸送を優先すると、開拓地に生活必需品を供給できなくなる。この難題を救ってくれたのが、日本海軍の旅順港口釘付けであった。開拓地のために食糧、馬糧、日用品類を船舶で輸入できれば、鉄道を軍事輸送に集中できる。

日本側の手薄な警備

　開戦とともに対馬《つしま》、津軽《つがる》、宗谷《そうや》三海峡の封鎖を宣言したものの、すべての通過船舶を発見することはできなかった。旅順封鎖作戦に従事する艦艇が三海峡警備に回れば、事情は好転するが、当時の戦況では望むべくもなかった。日本側の手薄な警備をついて、

密輸の横行

中国、フィリピン、ヴェトナム、アメリカ、カナダ等で物資を積み込んだ密輸船がシベリアの港を目指した。密輸船の船籍は英・米・仏・独などまちまちで、船主も船員も自国政府の政策など眼中にない。密輸は危険が大きいだけに、成功すればプレミ

密貿易の利権構造（米・馬糧の場合）

ロシア代理人
↓
A 商　会
‖ プレミア付輸送委託契約
B 船会社
↓ プレミア付船員雇傭契約
成功の場合の特別報奨金約束
危険航海特別保険契約
ロシア・ウラジオストック

アと高額の報奨金がつくため、植民地間を往来する帝国主義時代特有の「ならず者」の船が仕事に群がった。各月の密輸船拿捕《だほ》隻数をみると、明治三十八年（一九〇五）一月および二月にかけ急増する。原因は、旅順が陥落して各艦艇が内地に帰り、整備後、海峡警備に出始めた結果である。強い北風で荒れ狂う真冬の日本海を危険を冒し航海する事情を考慮すれば、この急増の意味は何倍も大きい。三月に減少するが、バ艦隊の接近が伝えられ、艦船が鎮海《ちんかい》に集結して猛訓練に入ったためである。

駐露仏大使館付武官の視察

シベリア鉄道が密輸のおかげで軍事物資輸送に専念できるようになり、後退しながら反撃態勢を整えるロシア的作戦の準備が進んだ。駐露仏大使館付武官のシャルル・ブ・ルアールは、シベリア鉄道建設事業に対して多額の投資を行ってきたフランス銀行団の依嘱を受け、同事業への再投資の可否を調査するため、明治三十七年夏ごろに戦況の視察に出かけた。ルアールの使命を認識していたロシア側は、最大限の便宜を提供し何でも見せ、作戦計画も説明した。

ロシアの反攻態勢

それによれば、日本軍をできる限り北方に引き寄せ、準備が整ったところで、ハルピン周辺のビルテルリング大将麾《き》下《か》の独立第二兵団と遼西のリネーヴィッチ中将麾下の独立第一兵団が同時に反撃に転じること、反攻に転じる絶対条件として「旅順口が猶《なお》三四週《ママ》日の間日本軍隊の大部分を阻止し、主たる日本艦隊は旅順口前の存在を必要とするが為《た》めに浦塩《ウラジオ》の封鎖を厳密にし、朝鮮東北海岸（元山）の監督を確保し能《あた》はざること」を挙げている。もう少し旅順艦隊が日本海軍を引きつけ、そのために日本海軍が朝鮮半島沿岸に対する監視ができなくなれば、露軍の反攻態勢が整うというのである。

旅順艦隊が日本海軍を引きつけ、他海域での自由行動を得る戦略が最初からロシア側にあったとは思えない。偶然の所産であろう。日本海軍にしても、かかる障壁にぶつかるとは思わなかった。対露戦術を練ってきた秋山も、キューバのスペイン艦隊と違う強大な旅順艦隊が出てくるのを当然とし、兵棋演習を重ねてきた。単なる膠着《こうちゃく》状態は問題ないが、その影響が他海域に出はじめ、バ艦隊の東航決定の情報が伝われば安閑としていられなくなる。

陸攻案の浮上

旅順艦隊を撃破できない日本海軍に残された道は、旅順港口を封鎖状態に置くこと、もう一つは陸軍に旅順港の背後を衝《つ》いてもらうことであった。前者が目処のない受け身作戦なのに対して、後者はこちら側から攻撃するため決意次第で成果が期待できる。ついに連合艦隊司令部も陸攻を考えるに至った。旅順陸攻作戦は、海軍作戦の延長として浮上してきたわけである。参謀本部は、開戦前の計画にない遼東《りょうとう》半島南部攻撃という支作戦に貴重な兵員と武器弾薬を割きたくなかった。これから本番を迎えようとしている満州における露陸軍との戦闘が、旅順攻略戦のために兵員・武器の不足を生じ、これがために敗北でもすれば、究極の敗因は海軍の無策になる。

陸軍第三軍編成

海軍の要請による旅順攻略のために、陸軍がなけなしの兵力と武器弾薬を割いて第三軍の編成に着手したのは五月二日である。第三回閉塞作戦の閉塞船が荒天の中を旅順港に近づきつつあった頃である。一方で閉塞作戦が十中八九成功といいながら、他方で陸攻を要請していたのは、閉塞に自信がなかった証左であろう。第三軍の旅順攻防戦こそ、旅順艦隊撃破の失敗がもたらした最も深刻な影響であった。

司令官は乃木希典

司令官乃木希典《のぎまれすけ》、参謀長伊地知幸介《いじちこうすけ》は、東京青山の陸軍大学校で編成準備を急いだ。五月末には広島宇品に集結、六月六日、遼東半島の塩大澳に上陸し、あとから来る第一・第九・第十一師団、野戦砲兵第二旅団、徒歩砲兵三個連隊等を待った。旅順港の背

旅順の要塞網

後には幾重にも要塞線が張り巡らされ、これらを一つ一つ乗り越えながら旅順港に近づくのだが、第三軍だけでなく陸軍中央も連合艦隊も、露側がそれほど周密な要塞網を構築していることを知らなかった。

陸軍の第一回総攻撃

六月二十六日、大連《だいれん》港の安全をはかるため、第十一師団が剣山《けんざん》・歪頭山《わいとうざん》攻略、七月末までに他の軍が兜山などを占領、金州《きんしゅう》半島を南北に分断した。八月半ばに旅順要塞の外郭に進出し、十九日に第一回総攻撃を計画した。攻撃目標を二龍《にりゅう》山と東鶏冠《ひがしけいかん》山と決め、二八〇門による砲撃のあと主力三個師団の五万七〇〇〇人の将兵が前進した。突如《とつじょ》要塞側が唸《うな》りを上げ、猛烈な弾雨が日本兵に降り注いだ。二十四日までの間に総兵力の三分の一に近い一万五八〇〇余が死傷し、攻撃は頓挫した。

乃木の伝言

旅順攻略の捷報《しょうほう》を一日千秋の思いで待っている連合艦隊司令部は、バ艦隊との決戦前に艦艇整備の時間がないのではないかと気が気ではなかった。大本営《だいほんえい》海軍部参謀《さんぼう》の上《かみ》泉徳弥《いずみとくや》が第三軍司令部を訪れた際、乃木から次のような伝言を頼まれた。

若し出来得るものならば、乃木の希望としては、敵に覚《さと》られざる様極《ごく》内々にて、一二隻づゝ内地に廻航せしめて修繕を加へられ、敵の増遣艦隊の到着迄《まで》には我が艦隊の戦闘力を恢復《かいふく》せしめ置かれ度《た》きこと之《こ》れなり

東郷へ艦艇の修理を提案

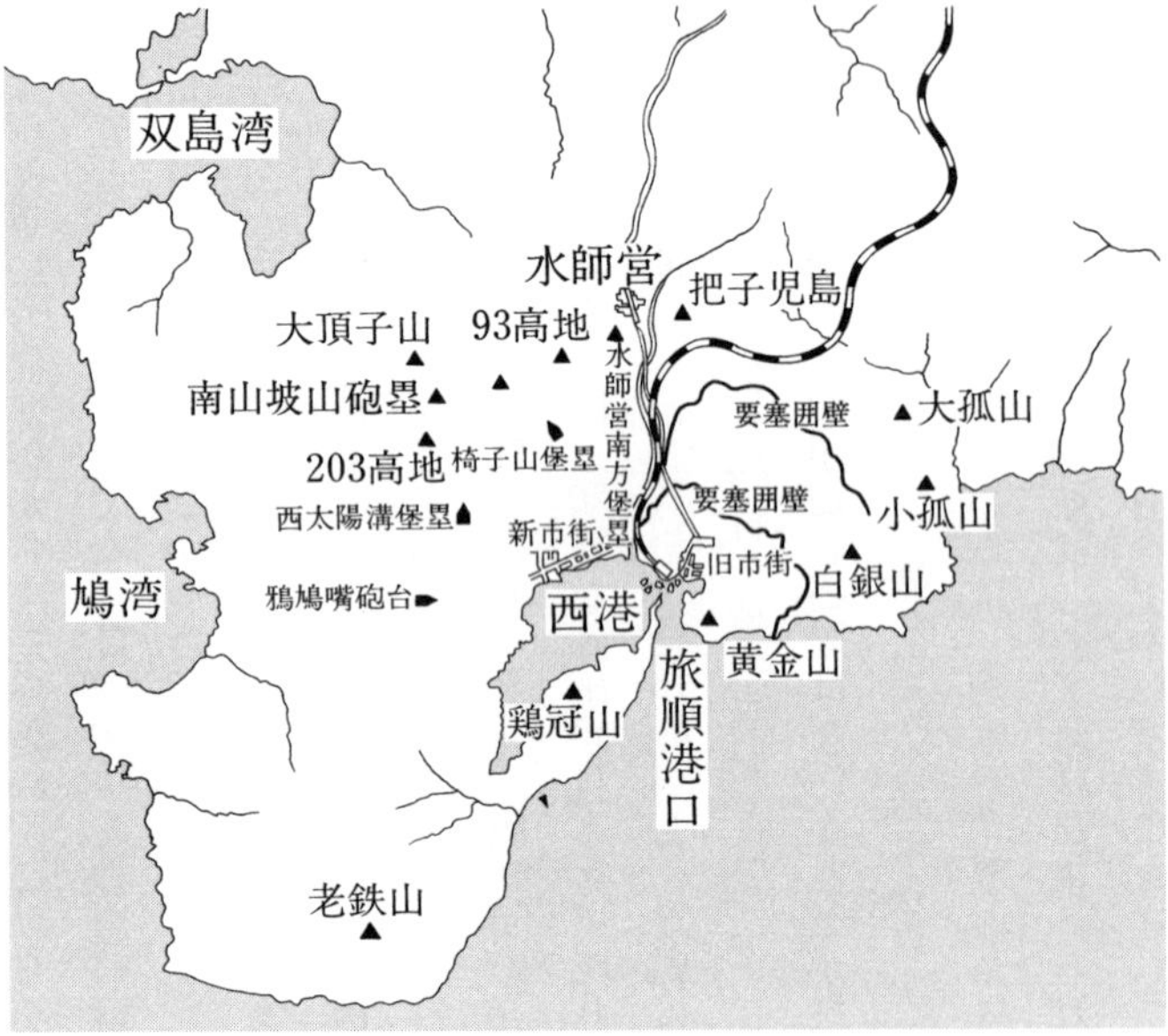

旅順要塞図

（「乃木院長記念録材料」『東郷元帥詳伝』所収）

伝言を頼まれたのは八月下旬で、宛先はいうまでもなく連合艦隊司令長官である。東郷《とうごう》はこんなことまで乃木に心配させていたのである。伝言の時期は第一回総攻撃失敗の直後だから、東郷は攻撃開始前の乃木に旅順攻略を強い調子で要請したことがうかがわれる。攻撃失敗後、乃木は詫びかたがた、先の見込みが立たない状況下での艦艇修理の方法を提案したというわけである。

第二回総攻撃

第二回総攻撃までに、工兵による正攻法の採用と攻撃目標に二〇三高地《こうち》の追加が決った。九月十八日から四日間に亙《わた》り攻撃が行われたが、堅固なコンクリート壁を破壊できず、四八〇〇余の戦死傷者を出して中止された。十月二十六日からの攻撃では、第一師団が松樹《しょうじゅ》山堡塁を、第九師団が二龍山を目標にしたが、機関銃や要塞砲の反撃がもの凄く、参加将兵四万四〇〇〇人の八・六％に当たる三八〇〇〇人が戦死して作戦は中止された。

第三回総攻撃

二〇三高地

第三回総攻撃は、バ艦隊の東航開始の報告を得た中で計画された。そのため旅順港内を見渡せ、在泊艦砲撃の観測点になる二〇三高地の奪取に全力を注ぐことになった。十一月二十六日、内地から持ち込んだ二八《センチ》榴弾砲《りゅうだんほう》、海軍の重砲等の猛砲撃の後、第一師団歩兵が高地にのぼる。敵弾が降り注ぎ、折り重なる屍《かばね》の間を兵士が匍匐《ほふく》前進して二〇三高地にたどり着いた。だが敵の逆襲を受け後退、今度は屯田兵《とんでんへい》の伝統を有する旭川第七師団が奪回、争奪戦は五日たっても決着しない。満州軍総参謀長児玉源太郎《げんたろう》がやってきて榴弾砲や重砲の陣地替えを行い、敵の要塞と砲台を順次破壊、間隔をおいて歩兵団の突撃を繰り返し、十二月五日に同高地を奪取した。この総攻撃の参加将兵六万四〇〇〇人、死傷者一万七〇〇〇人、四分の一弱の犠牲者であった。夥《おびただ》しい屍に覆われた高地からは、旅順港内に碇泊する艦艇が手に取るように見えた。

この間、秋山は居ても立ってもいられなかった。作戦中、陸軍第三軍随従の海軍中佐岩村団次郎《だんじろう》に一日も欠かさず書簡を送り続けた。第三軍の戦況を現地にいて最もよく知る岩村を通じて、連合艦隊司令部のせっぱ詰まった事情を乃木軍に伝えてもらいたかったのである。書簡はいずれも秘密版『明治三十七八年海戦史』所収の「備考文書」に収められている。まず十一月二十七日付の書簡は、

> 今回の不成果に因《よ》り決して絶望致さず……来月十五日頃までに旅順敵艦隊の内戦艦三隻片付くを確実に認知するを得ばそれにて満足可致《いたすべし》……若《も》し之《これ》が出来ざれば由《ゆ》由敷《ゆしき》大事なり……此《こ》の際思切つて連続二〇三高地に向ひ全力をここに専注せらるること至極《しごく》必要と存候

と、かなり焦燥している文面である。戦艦三隻を片付けてくれさえすればいいとは随分身勝手な要請だ。二〇三高地を奪取するために、屍の山を築いている死物狂いの第三軍にすれば、三隻も一〇〇隻も同じことだ。

同じような希望は、十二月三日付の書簡に「海軍の見地より言へば、旅順の敵艦隊だけ片付けば要塞は陥落せざるも、来年五、六月迄現状維持のままにて左程《さほど》苦痛を感ぜ

ず」と、身勝手は一層甚だしい。第三軍の旅順攻撃は海軍のために始められたが、これほど犠牲が多くなれば、もう陸軍や日本全体の面子の戦いだ。陸軍にすれば、完全な勝利を収めなければ面目が立たないし、父や兄弟を失った国民に申し訳が立たない。

陸軍の面子

十一月三十日付の書簡に、

……実に二〇三高地の占領如何《いかん》は大局より打算して、帝国の存亡に関し候《そうら》へば是非是非決行を望む……察するに敵が斯《か》く迄《まで》も頑固に死守するだけ彼等に取りて旅順の価値が貴重にして、敵にも旅順の存亡が国家に関するものにて……之《これ》を以《もっ》て見るときは旅順の攻略に四、五万の勇士を損するも左程大《だい》なる犠牲にあらず、彼我《ひが》ともに国家存亡の関する所なればなり

旅順攻撃の意味

と、戦闘の意味に感じるところがあったことを伝える。いつの戦争でも、開戦前の予想がはずれるのが歴史の真理、いやこれこそ兵理の核心である。十二月二日付の書簡で「二〇三高地は旅順の天王山と云《い》ふよりは日露戦争の天王山」というごとく、二〇三高地あるいは旅順攻防戦が戦争全体の天王山との認識に変わっている。秋山も、戦艦三隻の撃沈という身勝手な要求を続けた自分が恥ずかしくなったにちがいない。

二〇三高地は日露戦争の天王山

二〇三高地の観測点を占拠すると、十二月六日から旅順港内の艦艇に対し、碾盤溝《てんばんこう》の

二〇三高地占拠により旅順艦隊は壊滅

二八チセン榴弾砲による砲撃を開始した。戦艦「ポルターワ」「レトウィザン」「ペレスウェート」等が撃沈され、港外に逃れようとした戦艦「セバストポール」も、連合艦隊の駆逐隊、水雷艇隊の執拗な魚雷攻撃によって擱座《かくざ》、行動不能になった。

同日付の秋山の書簡には、「本日午前中より捷報《しようほう》続々到着、一同欣喜雀躍《きんきじやくやく》仕《つかまつ》り長官閣下にも久し振りにて我々に笑顔を見せられ候」と、東郷長官もやっと安堵し、喜びにわく司令部内の様子をうかがわせる。連合艦隊司令部内が大喜びするのは、これで後顧の憂いなくバ艦隊と戦えるというよりも、バ艦隊に勝てる目処が立ったことにあった。

十一月三十日および十二月四日付の秋山の書簡に、「バ艦隊来るも旅順艦隊あらざる時は、我に対し勝算ある攻撃を取ること能はざれば」「バ艦隊も旅順艦隊の合同を得るにあらざれば、我に対し十分の優勢位置に立つ能はず、従《したがい》て攻勢を取るの余力無く海上を制圧するの望もなし」と、旅順艦隊に合流できないバ艦隊では、日本海軍に対する攻勢はむずかしく、日本の優位は動かない。すでに冷徹な秋山の計算からは、日本の勝利が算出されていた。

五　黄海海戦と日本海海戦

猖獗《しょうけつ》を極めていたウラジオ艦隊に旅順《りょじゅん》艦隊が合流を策すのは、十分予想されるところであった。逆に連合艦隊にとって、この時だけが旅順艦隊を撃破する唯一の機会であった。明治三十七年(一九〇四)六月二十三日に掃海隊を先頭に主力艦十一隻が湾口を出た。これを連合艦隊が十分引きつけない中に包囲して攻撃に出たため、旅順艦隊は再び港内に引き籠もった。

黄海海戦

八月十日未明、十九隻の大艦隊がウィトゲフト司令長官座乗の旗艦「ツェザレウィッチ」を先頭に出港した。連合艦隊は、前回の反省に基づき敵を遠くまで誘い出し、それから叩く作戦をとった。黄海《こうかい》海戦の開始である。

丁字戦法の失敗

逆番号順で単縦陣を組んだ第一戦隊は、午後一時十五分に砲撃を開始、ついで北東に変針し、敵の先頭に圧迫をかけた。丁字《ていじ》戦法である。しかし敵は第一戦隊の後方に逃れ、ウラジオストックへの脱出をはかる。第一戦隊は再び丁字戦法で敵の前方を遮《さえぎ》ろうとするがすでに時機を逃し、敵艦隊が先行する形の同航になり、追撃を試みるが距離を縮められず、一時砲撃を中止するほかなかった。

旅順艦隊旗艦を攻撃

再度速力を上げて追撃した第一戦隊は、二時間後の午後五時半頃、敵艦隊に七〇〇〇メートルまで近づいた。第一戦隊は三度敵艦隊の先頭を圧迫し、これに砲火を集中した。六時三十七分、旗艦「ツェザレウィッチ」の司令塔付近に砲弾が命中し、ウィトゲフト長官は戦死、それだけでなく操舵手《そうだしゅ》も取り舵《かじ》のまま即死したため艦は左に急転舵し、自軍の艦列に突っ込んで大混乱に陥れた。これに連合艦隊は砲撃を浴びせ続けた。

戦艦三隻は残存

旗艦「ツェザレウィッチ」と駆逐艦三隻が山東《さんとう》半島の膠州《こうしゅう》湾に、巡洋艦「アスコリド」と駆逐艦一隻が上海に、巡洋艦「ディヤーナ」がサイゴンに逃走して武装解除され、巡洋艦「ノーウィク」が樺太《からふと》に至ったが座礁し、その他は旅順に引き返した。この結果、戦艦三隻が湾内に残存することになり、これが連合艦隊司令部の頭痛の種になったことは、前引した秋山の乃木軍随従の岩村団次郎中佐に宛てた書簡でも明らかである。

黄海海戦の教訓

旅順艦隊の脅威を完全に取り除けなかったため、黄海海戦について幾つかの反省事項や戦訓が残った。まず丁字戦法には早目早目の判断が必要なこと、過度の集中砲撃は命中率が落ちること、砲撃だけで止めを刺すのは困難なこと、等である。黄海海戦は、これまでに取り組んできた戦法や戦術にまだ課題があることを教えてくれた。バ艦隊の来航が現実になれば、決戦までに解決しておかなければ勝利はおぼつかない。

なお集中砲撃については、過度に集中すると弾着観測が困難になり、ために命中率が落ちることが、「三笠《みかさ》」砲術長加藤寛治《ひろはる》少佐の指摘で明らかにされた。加藤は昭和五年（一九三〇）にロンドン軍縮条約調印問題で紛糾した時の軍令《ぐんれい》部長である。また敵艦に止めを刺すには、爆発力の大きい魚雷に頼らざるをえないことは日清戦争で明らかになっているが、いまだ駆逐隊および水雷艇隊の運用法に関する指針が固まらず、露艦を取り逃がす一因になった。

バ艦隊の出発

バ艦隊がリバウ港を出港したのは、黄海海戦から二ヵ月後の十月十五日であった。東航が大幅に遅れた原因は、「当時完全なる軍艦は僅《わずか》に数隻に過ぎざるを以《もっ》て露国政府は未成軍艦を竣工《しゅんこう》せしむるが為《た》め大至急工事を施すこととし職工を増加し既に契約せる私立造船会社をも徴発」したものの、「此等《これら》の戦艦は出発の前日迄《まで》に工事を竣工せしむる様《よう》急ぎたるを以て、適時に各種の試験を行ふこと能《あたわ》ざりき」といった事情にあった。内海であるバルト海での行動を考慮した艦艇は、復元力および艦首部の装甲が弱く、どれも艦の本質に係わりながら、手をつけずに遠征準備が進められた。

バ艦隊の低い練度

乗員も慌ただしく農村部から徴発され、「乗員の組織は統一ならず又《また》戦術的教育欠如」の状態であった。乗員の精神的一体化や各種術科訓練は、東航中の課題として残された。急造艦隊の練度の低さは、出港直後の北海で英国漁船を日本の軍艦と思い込んで砲撃を加えた一事で暴露され、世界の物笑いの種になった。

バ艦隊の曖昧な戦略

バ艦隊にとって最も深刻な問題は、ミハイル・スミルノフが「戦略計画の存在せざるのみならず、其目的すら判明せざりし与へられたる一定の戦略上目的とてはなく、ただ漫然極東回航の方略のみが存せしなり」(『一九〇五年五月二七、二八日朝鮮海峡』)と自嘲気味に語る戦略の不在であった。軍事的要求よりも、政治的判断によって東航が決定された事情への批判である。大艦隊が極東まで行く肝心な軍事目的が曖昧とあっては、乗り込んだ将兵たちの士気も上がらない。

困難な石炭補給事情

もう一つの懸念は、石炭を燃料とする汽走船は三日から五日ごとに石炭を補給するが、貯炭所のある港湾施設を使える見込みが立たないことであった。やむえない場合には洋上に停滞し、給炭船から一旦石炭を艀《はしけ》に降ろし、つぎに艀から艦艇に積み込む厄介な作業を繰り返さなければならなかった。白波が立ち、うねりがあれば容易な作業ではない。当時世界中に貯炭所を配置していたのはイギリスだけで、それが同国海軍の世界的規模での展開を可能にしていた。露国海軍には一ヵ所の海外貯炭所もなく、それだけで東航途上の困難が想像できた。東航の背景には、同盟国フランスが植民地の港湾利用を認めてくれるかもしれない期待と、独国政府の行った石炭補給の密約があった。

英政府からのバ艦隊情報

東航が始まると、独ハンブルグアメリカ会社のチャーター船がイギリスでカーディフ炭を購入し、バ艦隊に補給を繰り返した。英国政府は、戦争当事国でないドイツの英炭輸入を取り締まれなかった。その代わりに、バ艦隊の動きとハンブルグアメリカ会社のチャーター船の出入港に関する情報を随時日本に提供した。このおかげで日本はバ艦隊東航の細部を知ることができた。

石炭の洋上補給

日本や英政府の抗議を受けた仏政府が植民地の港湾使用を拒否したため、バ艦隊はもっとも恐れていた洋上補給を行わざるをえなくなった。艦隊の平均速力は著しく低下、載炭作業のため航海中に行う予定の新兵に対する術科訓練も満足にできなくなった。

第一次ロシア革命

モロッコのタンジールでスエズ運河経由の艦艇とアフリカ西岸を航行する主力艦隊に分れたバ艦隊は、三十八年（一九〇五）一月九日、マダガスカル島北西のノシベ島沖で合流した。ここで「旅順陥落」の衝撃的ニュースを聞いただけでなく、本国でのちに第一次革命と呼ばれるようになる「血の日曜日事件」が勃発、首都ペテルスブルクが騒乱状態にあるという噂も聞いた。

旅順艦隊全滅の影響

露国側には確たる戦略がなかったとはいえ、まず旅順艦隊にバ艦隊が合流し、優勢になったところで日本海軍を圧倒するぐらいの戦策は持っていた。露国側戦策の前提は、繰り返し述べてきたように、バ艦隊が極東に着くまで旅順艦隊が持ちこたえることであった。旅順艦隊全滅により東航の前提がなくなれば、来た道を帰るしかない。

本国政府への打診

バ艦隊司令部内では、東航の是非について激しいやり取りが行われ、結局本国の判断を仰ぐことになった。革命に揺れ動く本国政府から東航続行の命令が届いたのは二月に入ってからであった。ロマノフ王朝と露国政府の威信回復を狙った決定であるのは明らかで、依然として政治的判断が優先していた。露国政府は旅順艦隊の穴埋め分として、

東航続行を指示

老朽の戦艦・巡洋艦・海防艦等から成る太平洋第三艦隊を編成し、二月十五日にリバウを出港させた。二ヵ月間の空白のあと、三月十七日にノシベを出港したバ艦隊は、四月半ばにヴェトナムのカムラン湾に到着した。ここで第三艦隊を待つためさらに一ヵ月を空費した。航行時間よりも停泊時間の方が長く、それに比例して各艦の艦底に付着した貝殻の日増しに大きくなるのが、甲板上からも視認できるようになった。

日本海域へ侵入

バ艦隊は五月十四日にカムラン湾を出港した。台湾から先は事実上日本の海であり、いつ日本海軍の攻撃を受けてもおかしくない。石炭補給のために停泊するのはきわめて

危険で、ウラジオストックに行くとすれば一気に行くしかない。
世界中のマスコミが、中立地帯を航行するバ艦隊の動向を競い合うように報道し、また英国海軍も随時情報を流してくれたため、日本側はバ艦隊の艦艇内での会話と動き以外は掌握できた。他方、戦闘地域内にある日本海軍の動きは、報道管制と密輸船取締強化によって遮蔽《しゃへい》され、バ艦隊だけでなく日本国民にも皆目わからなかった。

バ艦隊の航路選択

鎮海湾に集結した連合艦隊

バ艦隊は、最後の方針を決定しなければならない時期にきた。ヴェトナム出港直前の五月八日、旗艦「スワロフ」艦上で最後の作戦会議が開かれた。議論百出して決着せず、司令長官ロジェストウェンスキーに一任することになった。長官および参謀等は、日本海軍は安全確実な対応を取る筈だとして、三海峡に分散してバ艦隊を待ち構えるものという最も常識的な判断を下した。露国軍令部も同じ見方で、有名な戦史家グラドー中佐が、「(朝鮮海峡において)全日本艦隊と遭遇するが如《ごと》きは全《まつた》く予想外で不意に乗ぜられたるもの」(「露国海軍中佐グラード意見書」)といっているのも、露側の三海峡分散論の裏返しである。三つに分散した日本艦隊ならば、どの海峡も突破可能であり、ウラジオストックに到達できると考えた。かくてバ艦隊は、三つに分散し手薄になっている筈の日本艦隊を蹴散《けち》らすべく、朝鮮海峡を目指して直航した。

海軍最高首脳会議

二〇三高地が陥落し旅順艦隊も潰滅したことにより、バ艦隊に対する日本海軍の優勢が確実になった。伊東祐亨軍令部長の命令で、東郷司令長官が第二艦隊司令長官上村彦之丞を伴って上京した。三十七年(一九〇四)十二月三十日、伊東部長および山本権兵衛海相は、東郷および上村らと海軍最高首脳会議を開き、バ艦隊の行動とこれに対する戦策について意見交換を行った。その結果、まずバ艦隊の行動について、つぎのような推論をまとめた。

バ艦隊の行動を予想

一、万難を排して浦塩斯徳《ウラジオストック》に到達し、同地を根拠地として作戦せんとするもの其《そ》の一なり

二、東海(東シナ海)若《も》しくは黄海沿岸に直進し、其の方面に於ける敗残せる戦勢を恢復《かいふく》せんとするもの其の二なり

三、台湾付近又は南清沿岸若くは其の以南に於て一地を占領し、時機を俟《ま》ちて前記二項若くは其れ以上の目的に向ひ、作戦せんとするもの其の三なり

海軍首脳部がバ艦隊の行動について立てた三つの予想のうち二つまでもが、中国沿岸部で戦力を建て直し、それから攻勢に出るというものである。こうした推論が生まれた理由は、バ艦隊に二隻の工作艦が含まれていたことにあったが、これだけで何ができただろうか。しかしこの推論が日本海軍に至福をもたらすことになった。

日本海軍の配置

首脳会議は、バ艦隊行動の推論に基づき日本海軍の配置について検討した。結論は、

先づ全力を朝鮮海峡に置き、以て敵の第二太平洋艦隊の行動を監視し、機に応じて動作することに決定せり　（普通版『明治三十七八年海戦史』）

と、バ艦隊との遭遇が東シナ海や黄海、それに日本海であっても、対応可能な朝鮮海峡に全戦力を配置することであった。つまり分轄する余裕のない艦隊を鎮海湾に集結する決定である。

バ艦隊東航開始直前の三十七年九月末、露国海軍首脳部の会議で、中国の沿海部に根拠地を獲得する案や日本領の島を占領する案が討議されており、日本側の推論は必ずしも荒唐無稽なものではない。露国側が、検討過程で出た諸案を日本側も推論する可能性

に気付けば、早期に下した「日本海軍は三海峡に分散する」という断定に拘束されず、もっと自由に思索できたかもしれない。

秋山による作戦計画の策定

海軍首脳部によって大枠が決められ、これに基づき各艦隊の配置と作戦計画の策定作業が秋山に任された。国家の命運に係わる作業である。三十八年四月十二日、東郷長官名で連合艦隊の詳細な戦策が提示された。第一・第二艦隊で発足した連合艦隊は、開戦から間もなく第三艦隊も麾下に入れ、日本海軍のほぼすべてが連合艦隊の指揮下に入り、日本海軍と連合艦隊は実質的に同義語になっていた。戦策の要点を引用すると、

秋山の戦策の要点

……本職の戦略上の心算は、昼戦に於ては第一戦隊を以て敵の主力に対し先づ持続戦を行ひ、第二、第三、第四戦隊等をして敵の手足たる巡洋艦以下を極力撃破せしめ、敵の弱点の生ずるを機とし、我が第一、第二戦隊の全力を挙げて敵の主力を撃滅するに努め、第三艦隊の諸隊は総予備として敵の孤立艦を撃滅する等、凡《すべ》て最終の戦果を収めしめんとするにあり。

（秘密版『明治三十七八年海戦史』）

七段構えの戦法

と、攻撃の主力である第一戦隊は、敵主力に対する持続戦すなわち同航戦を実施する。ただし桜井真清《さねきよ》『秋山真之』が説明する七段の戦法では、第一段が駆逐隊・水雷艇隊による連繫水雷の敷設であり、主力隊の戦闘は第二段からになっている。同二十一日、黄

海海戦の反省に基づき「第一戦隊は敵の主隊を迎へ、其先頭を圧迫攻撃し其転針する方向に向首して之と戦闘を持続す」と、丁字《ていじ》戦法の強化が追記された。また第二～四戦隊は、黄海海戦の反省に基づき、敵主力の後方に並ぶ敵巡洋艦群に対する「乙字《おつじ》戦法」すなわち挟撃を行って撃滅をはかるとされ、従来の戦策が確認された。

夜間戦闘の想定

そして主力艦隊の攻撃後は次のように計画された。

又夜戦は主として駆逐隊艇隊に委任し、日没後直《すぐ》に魚雷攻撃をなさしめ、次《つい》で連繋水雷攻撃を続行し、更《さら》に翌朝に及びて戦隊の昼戦を再始せんとするの方針なり

と夜間戦闘を想定し、これを駆逐隊および水雷艇隊による魚雷攻撃に任せるとした。魚雷攻撃は黄海海戦で失敗した敵艦に対する止めを刺すのを目的とする。同じ攻撃パターンを繰り返し、最後にバ艦隊をウラジオストックの手前につくった機雷原に追い込んで全滅を目論む作戦は、七段の攻撃を、朝鮮海峡から機雷原までの海面を七つに仕切って行うもので、戦役後、「七段備の攻撃」と呼ばれたが、山屋他人《やまやたにん》が提唱した「総掛かり」戦を起源として発展してきたものである。

連携水雷

連繋水雷は、黄海海戦の際、旅順艦隊の前を通過したわが駆逐艇が石炭叺《かます》を海中に投棄したところ、機雷敷設と誤認した敵艦が回避行動をとった事例にヒントを得た秋山

が思いついたといわれる。これをマカロフ提督を屠《ほふ》った機雷敷設隊司令小田喜代蔵《おだきよぞう》中佐が実用化し、「連合艦隊訓令」で駆逐隊、水雷艇隊の夜襲用兵器と決めた。

連携水雷投下作戦

日本海海戦直前の五月十七日、「連合艦隊機密第二五九号」で巡洋艦「浅間《あさま》」、第一駆逐隊、第九艇隊で臨時奇襲隊を編成し、連繫水雷投下作戦が計画された。これによれば駆逐艦「暁」が密かに敵主力の進路に連繫水雷を投下、敵味方が同航戦になったところで第一戦隊の後尾に占位する第九艇隊が、敵の前方に出て魚雷攻撃を実施する。「暁」は黄海海戦で捕獲した露駆逐艦「レシテリヌイ」で、触雷で沈没した「暁」の代用として使われてきた。この紛らわしい艦を利用して、バ艦隊の進航先に九連群三十六個の連繫水雷を投下、バ艦隊を変針させて丁字作戦に持ち込む作戦であった。

バ艦隊が消息を断つ

ヴェトナム沖を出港し、東シナ海に進入したバ艦隊の航跡が消えた。日本側では津軽海峡への迂回を疑う見方が強くなり、司令部は軍令部宛に「相当の時期まで当方面に敵影を見ざれば当隊は明夕刻より北海方面に移動す」と打電した。五月二十五日午前、東郷は旗艦「三笠」に各司令長官と参謀長らを召集した。午後三時に津軽海峡に向け移動することに決しかけたとき、遅参した第二艦隊参謀長藤井較一《こういち》が猛然とこれに反対した。

津軽海峡への移動を検討

三十八年（一九〇五）一月に連合艦隊参謀長を加藤友三郎《ともさぶろう》と交代し、第二艦隊第二戦隊司令官に転出した島村速雄《はやお》もこれに同調したため、二十六日正午まで移動を延期した。そして期限直前にバ艦隊の一部が中国呉淞に入港したとの情報が着電、また天候も悪化する一方であったので移動中止に決まった。

信濃丸からバ艦隊発見の入電

沖ノ島沖津宮宿直の宗方市五郎《むなかたいちごろう》が記す日誌によれば、二十六日は「西風暴降雨」とあり、大型艦の航行も困難であった。二十七日午前四時五十分、仮装巡洋艦「信濃丸《しなのまる》」から「敵航路東北東、対馬《つしま》東水道に向かうものの如《ごと》し」の入電があった。十五分後、東郷司令長官は即時出動を命令、各艦からは津軽海峡移動用に積み込んであった高価な英カーディフ炭が惜しげもなく海中に投棄された。蒸気圧が基準に達した艦艇から鎮海湾《ちんかいわん》の入り口に当たる加徳《かとく》水道を通過、漸次陣形を整えた。

連合艦隊所在に関する取材攻勢

この数日前から、大本営海軍部報道担当の小笠原長生《おがさわらながなり》は、激しい新聞記者の取材攻勢にさらされていた。質問内容は、バ艦隊の位置ではなく、連合艦隊がどこにいるかに集中した。台湾や沖縄を上げるもの、ヴェトナムや中国をあげるものあり、意外に朝鮮海峡が少なかった。これら質問は、報道管制の成果を証明する一方、マスコミの中では、朝鮮海峡よりずっと南の海域で迎え撃つ予想が強かったことを物語っている。

敵艦見ゆとの警報に接し、連合艦隊は直《ただち》に出動之《これ》を撃沈滅《げきちんめつ》せんとす、本日天気晴朗

連合艦隊出撃の電文

なれ共波高し

東郷長官が大本営に宛てた余りに有名な電文の原文である。「本日天気……」以降が秋山の追加した部分である。大本営が公報を出す段階で「撃沈滅」から「沈」が消え、いつの間にか「天気」が「天候」に変わった。大本営の修正は小笠原の手になるらしい。秋山が追加した「波高し」は、水雷艇隊を加えた臨時奇襲隊による連繋機雷敷設作戦が実施困難であることを暗示していた。午前十時、東郷長官は波浪に翻弄される水雷艇隊を見て、隊列を解くよう命じた。第一段奇襲作戦の中止である。

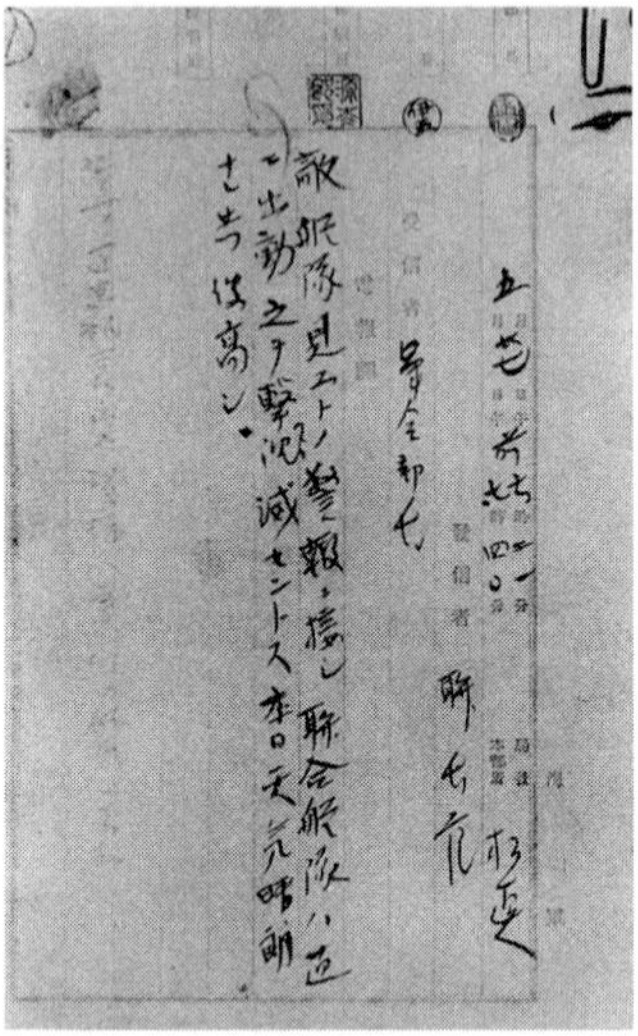

大本営宛東郷司令長官電文

（毎日新聞社提供）

日露両艦隊の遭遇

午後一時五十五分、日露両艦隊は、秋山の予想に反し東水道においてほぼ同時に相手を視認した。北東に向かうバ艦隊、南西に向かう連合艦隊、このまま行けばすれ違いである。旗艦「三笠」艦橋の司令塔では議論百出し、混乱の極にあった。「三笠」副長松

松村龍雄の回想

村龍雄《たつお》は、この時の模様を「回想録」に記している。当時の副長は艦橋に詰める規則で、このおかげで司令部の一部始終を見ることができた。

針路選択の議論

我れは戦闘速力で進むのであるから刻一刻に敵に近づき、最早《もはや》一万以内に入ってしまったのである。これがため反航戦にするか同航戦をするかとの議論が艦橋《かんきょう》に於て起こるに至った。こんなに接近して未だ射撃準備も出来上がらないのに、同航戦をするため針路を転ずるときは多大の損害を受けるから、一時反航戦をして好機会を持つにしかずという論と、そんな事をすれば敵を逸する恐れがあり、なんでも同航戦をして雌雄を決すべしとの論が起こった。

安保清種の焦り

議論がまとまらないまま、バ艦隊は刻一刻と近づいてくる。やきもきしていたのは、艦の左右どちらの側で戦うか命令を出す安保清種《あぼきよかず》砲術長であった。「回想録」は続ける。

反航か同航か定まらぬ内は射撃の号令を下すわけにはいかないので、砲術長安保少佐は大いに焦燥し、各砲台でもどうしてよいか当たりがつかない実状であった。その内にとにかく同航戦と定まって三笠が取舵《とりかじ》に大角度の転針を行ったときは、もう八千㍍の近距離になっていた。

敵前大回頭の真相

のちに海軍大臣になる安保清種の右か左かと慌てる様が見えるようだ。文中の「取舵に大角度の転針」が、後世「敵前大回頭」として有名になった。しかし転針は迷いに迷った末の決定であり、東郷英雄伝説に描かれる格好のよいものではない。同航戦は持続戦ともいわれるように長時間撃ち合うため、砲撃力の差が明瞭に出る。下瀬《しもせ》火薬に伊集《いじゅう》院信管《いんしんかん》を組み合わせた砲弾は、甲板上の欄干や曳綱に触れただけで炸裂、猛烈な火炎を発して辺り構わず焦熱《しょうねつ》地獄に変え、バ艦隊主力の攻撃力を短時間で消滅させた。

圧倒的な日本の水雷攻撃

日露両軍を比較すると、戦艦・巡洋艦では露側に分があるが、駆逐艇・水雷艇では日本が圧倒的優位に立っていた。前述のように、バ艦隊側も日清戦争における日本海軍の水雷艇隊の活躍を研究し、日本海軍の水雷攻撃をかわすため、朝鮮海峡進入を真っ昼間と決めたといわれる。戦役後、露国内でも昼間進入の是非が議論されたが、日本海軍の水雷攻撃をかわすにはこれしかなかったという結論になった。

水雷攻撃の効果

絵に描いたような丁字戦法が実現し、上村の第二戦隊に助けられながら「艦隊決戦」も決まり、主力艦隊は計画通り合計六十一隻の駆逐艇・水雷艇にあとを譲った。海戦後に捕虜になったバ艦隊の捕虜が「当夜水雷攻撃の猛烈なりしは殆《ほとん》ど言語に絶し、我が艦艇連続肉薄し来るを以て応援に遑《いとま》無く」（秘密版『明治三十七八年海戦史』）と、夜に入ってからの水雷攻撃の凄さを怯えながら語っている。「艦隊決戦」で敵の攻撃力を奪い水雷攻撃で止めを刺す、これが旅順港口の戦いや黄海《こうかい》海戦での戦訓を糧につくり上げた秋山の戦策であったのである。

軍艦が大型化し装甲が強化される趨勢の中で、砲撃だけで敵艦を撃沈するのが困難になり、水雷攻撃の必要性が高まった。もともと砲術には疎く水雷屋に近かった秋山は、開戦後の戦闘で水雷攻撃の戦果に歯ぎしりし、黄海海戦での水雷攻撃にも腹を立て、水雷攻撃の全艦長・艇長の交代を要求した。バ艦隊との遭遇までに「艦隊決戦」と水雷攻撃の組み合わせに成功しなければ、「敵艦隊撃滅」は不可能であったのである。

秋山自身の勝因分析

駆逐艇や水雷艇による水雷攻撃を作戦に組み入れ、その威力を実証して見せた秋山だが、戦役後、自らこれに水を差すような発言を度々している。戦争から四年後の明治四十二年(一九〇九)、秋山は雑誌『海軍』五月号に当時の思い出を綴っている。

……先頭に立てる旗艦三笠に集中せるを以て、三笠は未だ一弾も放たざるうちに多少の損害も死傷者もありしが、幸《さいわい》に距離遠かりし為め大怪我はなかりしなり、それより約三十分にして敵の戦列全《まった》く乱れたり、実に皇国《こうこく》の興廃《こうはい》は此の三十分間の決戦に由《よ》って定まりしなり

誇張される艦隊決戦の戦果

右文は秋山の「艦隊決戦」が大成功し、戦闘の主導権を握ったことを述べているに過

ぎない。この後に有効な打撃がなければ、バ艦隊に逃走の機会を与えかねない。それを防いだのが水雷攻撃だが、その部分がないため、読者は「三十分」で勝敗が決したと早合点した。これを端緒に、「敵前大回頭」が一人歩きを始めたのだから罪は大きい。

水雷攻撃を重視

が、大正三年（一九一四）十一月には、秋山は国防会議で「敵前大回頭」を否定する講演を行った。

これ（バ艦隊）が日本海に破れたのは必ずしも遠航に疲れたためでなく、戦術砲術等に於て劣っていたのと、我が多数の駆逐艦水雷艇の果敢なる襲撃に耐えなかったからであります。

日本海海戦のような大規模な海戦は、一つの要因で勝敗が決まるほど単純でなく、複数の要因が絡み合うのが普通である。秋山も講演の中で、要因を大約して戦術、砲術、雷撃の三つを挙げている。それにもかかわらず駆逐艇・水雷艇の雷撃を名指ししているのは、よくよくのことである。

文部省唱歌「日本海海戦」

そういえば「国防会議」と同じ大正三年頃の文部省唱歌「日本海海戦」（作詞　芦田恵之助、作曲　田村虎蔵）の第二番も、同じ趣旨の内容になっている。

二、　主力艦隊前を抑え、巡洋艦隊後に迫り、

囊《ふくろ》の鼠と囲み撃てば、見る見る敵艦乱れ散るを、
水雷艇隊駆逐隊、逃《のが》しはせじと追いて撃つ。

海軍も水雷攻撃を評価

歌詞は具体的で、主力艦と巡洋艦隊が丁字と乙字の戦法でバ艦隊を袋の鼠にして撃ち、ちりぢりにしたところで水雷艇隊と駆逐隊とが仕留めたというのである。これほど秋山が構想した戦策を凝縮した表現はほかにない。唱歌「日本海海戦」は海軍側検定委員の強い指導の下で製作されもので、海軍が日本海海戦における水雷艇と駆逐艇の活動を高く評価し、それが重要な勝因であることを公式に認めていたことになる。明治時代に幼少期を送った小説家獅子文六《ししぶんろく》は、英国海軍に比べ小さい日本海軍に悔しい思いをしながら、少年同士で「水雷艇は、日本が一番強いんだよ。水雷なら外国に負けないんだよ」と自賛した話を書き留め（『海軍随筆』）、こうした解釈が国内に定着していたことを教えてくれている。

大正から昭和にくだる時代に水雷攻撃の部分がだんだん欠落し、その分、主力艦の威力が誇張されていった。いわゆる大艦巨砲《たいかんきょほう》主義の横行だが、その根っこは、日本海海戦そのものというより、あとから上塗りされた解釈により形成されたものらしい。

第四　日露戦後

一　秋山兵学の歴史的評価

近代軍隊と戦史編纂

近代軍隊では、戦争・戦闘の詳しい経緯を編纂し、国民の負託に応えたことを明らかにする記録として、また部内での戦訓調査に資するために、戦史を編纂した。これにより兵理の探求、軍の運用、戦術や戦略の研究もしやすくなった。海戦参加者の体験は貴重だが、どうしても主観的になりがちで、秋山のように司令部に詰めて全艦隊の動きを俯瞰《ふかん》しているつもりでも、一面的にならざるをえない。これに対して戦史は、司令部の報告書や海戦に参加した全艦艇の詳報をつぶさに調査し、科学的・客観的に事象を検証しながら編纂されるだけに、戦術・戦略の適・不適、指揮官判断の根拠・理由、戦果の原因等を明らかにするには、これ以上の資料はない。ただ刊行までに最低でも四、五年を要するので、戦後すぐに行われる戦訓に基づく規則類の改正、艦隊の編制、運動程式・教育訓練課程・教範等の見直しには間に合わないことが多い。

日露戦争戦史の編纂

軍令部《ぐんれいぶ》では、伊集院《いじゆういん》五郎次長と小笠原長生《おがさわらながなり》のラインで日露戦争開戦直前から編纂準備を開始し、戦争が終わった時には必要な資料がほぼ集まり、ただちに編纂作業に取り掛かることができた。よほど手際がよかったのか、わずか五年間で一四七冊が完成した。

停滞する兵術思想研究

本来ならば、これを契機に兵理や戦術、戦務に関する研究が本格化し、新しい兵術思想の検討、次世代の戦術や戦略が模索されるものである。だが膨大な戦史の完成に続く兵術思想研究の波は起こらなかった。日露戦争全般というよりも日本海海戦の大勝利という一事が、秋山兵術に対して誰も文句が言えなくなった。およそ軍事にかかわる諸問題は、戦闘の勝敗でその正否が左右される性質を持っている。日本海海戦の大勝利を前にされては、これに反する兵理を立てるのは至難である。マハンの思想が世界的に高い評価を受けていたにしても、秋山の方は実戦で世界的に希有《けう》な完勝を実現したという強みを持っていた。彼の兵術は実績により完璧の印を押され、それに代わる思想の登場を困難にした。こうなっては明治三十年代のような熱気は起こらない。

秋山兵学の確固たる位置

世界最高水準の兵学

明晰な理論と実戦で証明された秋山兵学は、批判を許さない絶対的な地位を得た。戦艦や装甲巡洋艦による丁字《ていじ》および乙字《おつじ》戦法、総掛かり戦術、また主力艦の戦闘後に行われる駆逐艇や水雷艇による水雷攻撃は、世界最高水準の戦術であったといえるかもしれない。何故なら自ら立てた兵術を自ら実践するという特異な経歴を持ち、世界的にも前例のない実績を上げたことで、誰しもその優秀性を認めざるをえなかったからだ。

日本海海戦の歴史性

だがその優秀性が認められた期間は非常に短い。二十世紀最初の大海戦であった日本海海戦は、長い歴史の中でみると新しい時代の幕開けというより、むしろその逆であった。有史以来繰り返された海戦は水面上の戦闘つまり二次元の戦いであり、その最後が日本海海戦であった。九年後に勃発した第一次大戦から飛行機や潜水艦が登場し、戦闘は三次元の立体的戦いへと形態を変えた。日本海海戦でも魚雷が多用されて立体化の現象が現れはじめており、すでに新しい思想が必要になっていた。秋山も駆逐隊や水雷隊の位置づけで苦心し、新しい兆候に気付いていたが、まだ兵学の形成に至らなかった。

海戦の立体化

第一次大戦における海戦の立体化の影響は陸戦ほどではなかったが、遅かれ早かれ海戦が立体化するのは誰の目にも明らかなところまできていた。

秋山兵学の価値喪失

秋山の兵学は、二次元の海戦という条件下に構想された。三次元の戦争になってきたとき、秋山の思想が価値を喪失するのは致し方ない。だがその後長い間、海軍の中で秋山兵学が時代遅れという声はほとんど聞かれなかった。むしろ秋山兵学の価値の喪失より、この方が深刻な問題であった。秋山自身、思想を変える大きな要因は技術の進歩であるといっているが、日露戦争時代になかった飛行機や潜水艦という革命的兵器の登場は、明らかに兵学を転換する不可避の要因であったにもかかわらず、彼の後輩は誰もこれをしようとしなかった。

思想変革の困難

思想の変革は、前の思想の創造者に匹敵するか、それ以上の能力を持つものが出てきてはじめてなされうるものであり、組織の手ではむずかしい。新しい発想と価値観が不可欠であり、画一均一な教育を受けた金太郎飴的な後輩たちには、秋山に匹敵するかそれを凌ぐ思想形成力を持った天才の登場は望むべくもない。大正以降の目前の実利ばかり追いかける海軍に、役立つかわからない兵学を研究させるために、秋山や佐藤鉄太郎《てつたろう》を留学させた山本権兵衛《ごんべえ》の度量を求めるのは無い物ねだりであり、ますます天才の出現を困難にした。

「艦隊決戦」という看板

秋山兵学の本質に手をつけず、看板だけ付け足したのが「艦隊決戦」と、それを補強する「漸減作戦」である。秋山の考えた「艦隊決戦」の意味は何度も述べたが、日本海海戦以後の「艦隊決戦」は、文字通り敵味方の艦隊が国家の命運を賭けた海戦に意味が変わった。この「艦隊決戦」には思想的肉付けはなく、日本海海戦で実証された経験則を全海軍軍人の共有財産として教条化されたものに近いため、簡単にすり替えが行われた。

「漸減作戦」

飛行機や潜水艦がもたらした戦術上の変化を、秋山兵術に整合させるために提唱されたのが「漸減作戦」である。日本海海戦の際、秋山は主力艦間の「艦隊決戦」を第二段作戦に位置づけ、第一段作戦に駆逐隊と水雷艇隊による連繋水雷と魚雷の攻撃を置いた。この第一段作戦は、第二段の主力艦による「艦隊決戦」において味方を戦力的に有利にするために行われるもので、明らかに敵の漸減を目的とする作戦であった。

わが国で主力艦隊による決戦を前に漸減作戦を企図したのは日本海海戦が最初であり、秋山の独創力が生み出した作戦であった。昭和の海軍軍人たちは、漸減作戦を佐藤鉄太郎の「国防ノ三線」論で意味づけたが、実際面では、日本海海戦での駆逐隊と水雷艇隊の任務を航空機と潜水艦に委譲しただけに過ぎない。換言すれば主たる攻撃兵器である魚雷の運搬手段を、駆逐艇や水雷艇から飛行機や潜水艦に変更しただけで、兵術思想面ではいささかも変わっていないのである。

海軍学校制度整備の弊害

このような貧困な思想活動の原因には、海軍内部の学校制度が整備され、内容が定型化されて、かえって自由な発想の目をつみ取る結果になったこともあるが、海軍だけでなくわが国全体が新しい文化を吸収する意欲が減衰し、新しい価値や思想を創造する冒険を避けるようになったことも挙げられよう。だが兵学の開拓にとってゆるがせにできない重大な問題が一つある。それが戦史の取り扱いである。

日露戦後の戦史取り扱い

大正五年(一九一六)を境に戦史の取り扱いが変り、これ以後に編纂される戦史に過度の秘密化の枠がはめられた。こうした変化をわかりやすくするため、海軍戦史の大要を紹介する。

取り扱いの内訳

「普通」は、一般向けにも刊行されるものを指す。「部内限」「部外秘」は部内で見る場合には制約はない。「秘」「極秘」「軍機《ぐんき》」は秘密扱いの程度を示すが、最も取扱が厳しい「軍機」資料は、発行部数および配布先を海軍大臣に通牒《つうちょう》、三ヵ月に一回の割合で保管状況の査閲、亡失・毀損《きそん》に対する捜索・処置など、事細かに規定された。

最高機密である「軍機」

「軍機」戦史の場合、海軍軍令部・海軍省の最高首脳以外には戦史編纂の事実および戦史の存在さえも秘密にされ、軍機戦史の閲覧による研究などありえなくなった。第二次大戦後まで、『大正三、四年海軍戦史』以降の戦史の存在を知る海軍軍人は実質的に皆無であった。昭和三十五年(一九六〇)頃、『大東亜戦争海軍戦史』以外の「軍機」戦史が米議会図書館に一セットずつあることが発見され、はじめてその存在が知られた。

戦史の秘密化と事なかれ主義

海軍戦史の取り扱い

編纂された戦史	取扱	冊数
明治二十七八年海戦史	普通	三冊
〃	秘・部内限	一二三冊
明治三十七八年海戦史	普通	四冊
〃	極秘・部外秘	一四七冊
大正三、四年海軍戦史	軍機	一九冊
大正四年乃至九年海軍戦史	〃	一二冊
昭和六、七年事変海軍戦史	〃	一一冊
大東亜戦争海軍戦史	〃	三冊

組織が持つ事なかれ主義は、どんなことにも蓋をし秘密にする傾向があるが、まさに戦史編纂の秘密化の主因もこれにあった。事なかれ主義に基づく無節操な秘密化は、組織が弾力性を失い積極性を失った表れでもあり、新しい価値観や思想の創造を困難にする。軍人組織が官僚化し、明治の軍人のように貪欲に欧米の知識や技術を吸収し、これに工夫を加えて新しい価値を生み出す活力を失うと、これに比例して秘密化の動きが加速される。日露戦争後から大正初期はまさにこうした時代だったといえる。

思想変革を停止した原因

大正時代以降に編纂された戦史が軍機扱いになり、海大教官ですら教育と研究のために利用できる戦史は日清戦史と日露戦史だけであった。それ以降は、辛うじて断片的な資料による研究ができただけであった。日清戦争に比べ日露戦争に対する関心がはるかに高く、戦史研究の対象は自ずと日露戦争に集中する。大正時代以降の戦争に関する戦史研究が事実上不可能になれば、日露戦史を繰り返し掘り返すのは自然の理である。古いデータだけ与えられたのでは、新時代に応える思想を生み出すのは至難である。二次元戦争の戦訓を手がかりに三次元戦争における兵術を攻究しても、革新的戦術を発見できない。結局、日本海海戦と同じ「艦隊決戦」の舞台を西太平洋に移動させ、広大な海域での立体的「漸減作戦」を導入するぐらいのことしかできなかったのである。

二　シーメンス事件

事件の勃発

大正三年(一九一四)一月、シーメンス事件が勃発した。元海軍艦政本部長で呉鎮守府《くれちんじゅふ》長官であった松本和《かず(やわら)》中将、艦政本部第四部長藤井光五郎《てるごろう》少将、艦政本部員沢崎寛猛《ひろたけ》大佐、同平岡善之丞《ぜんのじょう》少佐、造兵中監鈴木周二、予備役少将岩崎達人、機関少将武田秀雄、機関大佐貞永甚五郎《さだながじんごろう》、同中佐鈴木重彦らが、軍艦の購入や軍需品の買付に際してイギリスのアームストロング社やヴィッカース社、ドイツのシーメンス社、日本の三井物産等から賄賂を受け取ったという海軍未曾有《みぞう》の大疑獄事件である。判決を受けた国内の民間人だけで十二名にのぼり、ヨーロッパでの判決も含めると三十人は下らなかった。

海軍粛正、山本内閣打倒国民大会

東京市内では、山本権兵衛《ごんべえ》内閣および薩摩閥海軍に対する不人気も手伝い、各地で不祥事に怒った市民と警官の格闘や警官の抜刀騒ぎに発展し、東京日比谷公園では海軍粛《しゅく》正《せい》、山本内閣打倒国民大会が開催された。なお事件の中心人物とされた松本和中将や藤井光五郎少将らは、いずれも薩摩出身者でなかったから皮肉である。農村部から都市への人口流入、都市における生活格差の拡大、低所得層の社会に対する不満の増長といった諸現象が深刻化し、いつでも日頃の不満が爆発しかねない状況になっていた。

査問委員会の設置

一月二十九日、シーメンス・シュッケルト会社事件査問委員会が設置され、査問委員長に出羽重遠《でわしげとう》、委員に秋山のほか吉松茂太郎《よしまつしげたろう》、有馬良橘《りようきつ》、山屋他人《やまやたにん》、向井弥一《むかいやいち》、百武《ひやくたけ》三郎、斎藤七五郎らが指名されたが、故意か偶然か薩摩出身者は一人も入っていない。査問委員会は、二月二十三日に解散するまで関係者を尋問し、事件の真相解明と海軍の不利益にならない事件処理の道をさぐった。

大隈内閣発足

三月下旬、はじめての海軍出身首班であった山本権兵衛が身内の不祥事の責任をとる形で退陣し、大隈重信《おおくましげのぶ》に大命が降下した。事件は薩摩閥に対する致命的痛手になり、事件の後始末をする海軍大臣には薩摩系以外の人物を抜擢せざるをえない形勢になった。

その結果、外相加藤高明《たかあき》の竹馬の友で、舞鶴《まいづる》鎮守府司令長官だった八代六郎《やしろ》中将が輿望《よぼう》をになって海軍大臣に推され、次官にはこれまた率直かつ無私の人格者として評判の高い鈴木貫太郎《かんたろう》が、また海軍省のキーマンである軍務局長には秋山が配され、八代を助けることになった。八代は秋山夫妻の仲人であるが、愛知県出身、清廉高潔にして諸事に不偏不党、公明正大の士として広く認められていた。不祥事の解決には、果敢な性格と相俟って、これ以上の人物はいなかった。

秋山の予算折衝

海軍が事件を深刻に受け止めたわけは、折から審議中の海軍予算に影響が及び、折角の軍艦建造予算獲得が困難になることを恐れたからだ。八代海相の就任前まで軍令部第一班長であった秋山は、元老《げんろう》井上馨《かおる》の私設秘書をつとめ大隈内閣成立の仕掛け人であった望月小太郎に会い、建造中の戦艦の大正三年度予算について折衝した。「所謂《いわゆる》薩派の使嗾《しそう》等の有無に関係なく、小生が軍令部の主班にいる間は、薩摩系が無条件で入閣するようなことは、国家のためになりませんから許しません」と断言した上で、臨時議会に追加予算を提出したいと要請した。

臨時議会の召集

秋山は臨時議会召集の理由について、二年度予算で起工を認められた戦艦三隻の予算が通らなければ、海軍の兵力に大欠陥が生じ、横須賀工廠《よこすかこうしょう》の職工の大量解雇が避けられなくなると説明した（憲政資料室所蔵「望月小太郎関係文書」）。いわば海軍から薩摩閥を追い払うことを条件に、戦艦建造の予算成立を要求したのである。秋山の要求は、のちの八六艦隊、八八艦隊に連なる艦隊建設計画の実現が危うくなるのではないかという部内に高まった焦燥感を反映している。その直後、海軍省軍務局長に転じた秋山の動きについては、関係の深い小笠原長生《おがさわらながなり》の『侠将八代六郎』、自叙伝『鈴木貫太郎自伝』に見えてもおかしくないが、何一つ記録されていない。

秋山要求が承認される

議会は、秋山の要求に基づく望月案を軸に展開し、三隻の戦艦のうち三菱・川崎造船所における建造の中止、横須賀工廠分の継続を承認して決着した。そして議会との暗々裏の約束に基づき、海軍として山本権兵衛前首相、前海軍大臣斎藤実《まこと》の予備役編入、財部彪《たからべたけし》前次官の待命を決めた。

軍法会議での審議

裁判の方は、片岡七郎大将、名和《なわ》又八郎中将、松村達雄少将を判士長とする軍法会議において審理された。松本、沢崎、鈴木に対する判決が大正三年（一九一四）五月二十九日に言い渡され、藤井への言い渡しが同九月十四日に行われた。松本に懲役三年・追徴金四〇万九八〇〇円、沢崎に懲役一年・追徴金一万一五〇〇円、藤井に懲役四年六ヵ月・追徴金三六万八三〇六円という厳しいものであり、とくに四〇万円にものぼる追徴金額に世間はびっくり仰天した。しかし鈴木周二は免訴になり、判決内容は予想以上であったが、〝大山鳴動《たいざんめいどう》〟のことわざ通り有罪はわずか三人にとどまった。

山本・斎藤への処分伝達

判決のあと、不祥事の責任を取る形で山本、斎藤の二人が予備役になった。桜井真清《さねきよ》の『秋山真之』では、将校の進級増俸だけでなく、そして懲罰を含む黜陟《ちゅっちょく》を担当する軍務局長の秋山は、関係者を家に招き泣いて処分の事前説明を行い忍従を求めたというが、まさか海軍の大御所である山本、斎藤まで呼び入れたとは思えない。『侠将八代六郎』には、八代が大隈や加藤と相談の上で決めたとあるだけで、誰が二人に伝達したか記していない。事務責任者である秋山が山本と斎藤の私邸に出向き、海軍省の決定を伝えた可能性がもっとも高い。

事件の後遺症

事件後、海軍部内の勢力図は大きく変わった。八代は事件処理をすませると辞表を出して京都黒谷《くろたに》に隠棲、あとを広島出身の加藤友三郎《ともさぶろう》に託した。海軍次官は千葉出身の鈴木が留任し、海軍省だけでなく、薩摩出身者が歴代主要ポストを占めていた軍令部も、軍令部長に高知出身の島村速雄《はやお》、次長に山形出身の山下源太郎という布陣になり、以後薩摩出身者が軍令部長になることはなかった。事件の後遺症の深さは、海軍を追われた松本和の没年、没場所が海軍関係の文書に一切記録されていないことでもうかがわれる。こうした例は将官の中で松本のみである。近年、昭和十五年(一九四〇)一月二十日にひっそりと世を去ったことが厚生省資料で明らかになったが、いかに海軍が事件を忘れたがっていたか推察される。

三 陸海軍治罪法問題

陸・海軍治罪法

明治二十一、二年(一八八八・八九)に制定された「陸・海軍治罪《ちざい》法」が秘密裁判主義に基づいているため、被告が冤罪《えんざい》を被る可能性が高く、人権を尊重する近代法制と矛盾する。裁判の公開によって部内の不祥事がさらけ出され、陸海軍の面目がつぶれることを恐れて考え出された制度といわれ、江戸時代、武家の不祥事を隠すため、庶民とは別個の司法制度をつくったのに似ていた。

寺内陸相の口約

明治四十年から四十一年にかけての第二十四回帝国議会で、陸海軍が明治十四年制定の陸・海軍刑法に若干の修正を加えた陸・海軍刑法案、陸・海軍刑法施行法案を提出した際も、あまりに非文明的だと非難された。苦し紛れに寺内正毅《まさたけ》陸相が、「この修正案をまず通し、しかるのちに公開裁判制度を実現したいと思うのでよろしく」と答弁したので、議会はこの口約を信じひとまず落ち着いた。

口約の棚上げ

ところがこの口約が五年間も放置されたまま、内閣が五回も交替した。この間、陸海軍はそれぞれ調査会を設置し、基礎研究および各国の制度の調査を進めていたものの、本気で修正案をまとめているようには見えなかった。そこにシーメンス事件の勃発である。「口約の棚上げ」状態によって軍部攻撃の口実を得ていた議会は、事件で勢いを得て、とくに事件当事者の海軍首脳部に対する攻撃を一層強めた。

花井卓蔵

その急先鋒は衆議院中正会所属の議員で法学博士でもあった花井卓蔵《たくぞう》で、五年前に寺内陸相に口約を結ばせた当の本人であった。花井は英吉須《イギリス》法律学校第一回卒業生で、星亨《とおる》を刺殺した伊庭《いば》想太郎の弁護を担当し「法律に血あり涙あり」で一躍名を上げ、在野ながら法曹《ほうそう》界では誰知らぬものはない人物であった。彼の孫にあたり日独協会理事をつとめたこともある花井清が、祖父のかかわった陸海軍治罪法問題を書き留めてくれたため、その過程だけでなく、偶然にもその中で活動する秋山が姿を見せることになった（「海軍治罪法改正　秋山真之と花井卓蔵の激論」『歴史と人物』八一号、昭和五十二年五月）。

花井による軍法会議公開の提起

シーメンス事件発覚後、花井はただちに行動し、三月七日、尾崎行雄《おざきゆきお》ら三十名の賛同を得て、五項目からなる「軍法会議ノ公開及弁護権上訴権ニ関スル質問主意書」を議会に提出した。主意書の要旨は、陸・海軍治罪法改正審議会を設置し、海軍の腐敗を一掃するため軍法会議を公開し裁判の公正を期すというものであった。

治罪法改正案を提出

三月十三日、突如、花井は「陸軍治罪法中改正法律案」「海軍治罪法中改正法律案」を提出し、陸海軍わけても事件処理に苦悩していた海軍を大いに慌てさせた。両案は、軍法会議を公開し厳正な裁判の実現を目指すものであったが、これに対する海軍省法務局が海相の国会答弁用にまとめた回答案は、次のようなものであった。

海軍の回答案

本案に付ては反対すること

軍法会議の公開は現行法の審理手続を変更するに非《あら》ざれば、公開の益《えき》なきのみならず、公開を為《な》すに付《つい》ては相当の条件を付せざるべからず。而《しか》して其《そ》の審理手続の如何《いかん》等に付ては、慎重調査を要する処《ところ》目下陸海軍治罪法全部の改正調査中に付き、其の改正に先《さきだ》ち公開に関する一部改正を為すは困難なるのみならず、其の必要を認めず。

（「斎藤実関係文書」）

軍法会議の公開に反対

治罪法の改正は目下検討中としているが、五年前の寺内陸相の口約からほとんど前進していない内容である。海軍の本心が軍法会議公開の反対にあり、引き延ばしをはかるうちに沈静化し、あわよくば公開要求が自然消滅するのを待つことにあったのは明らかである。しかしこの回答案が読まれる前に、事態は予想外の展開を見せた。

楠瀬陸相、治罪法改正を言明

花井の改正案提出に対して、楠瀬《くすのせ》幸彦《さちひこ》陸相が登壇し、

……しかし唯今ここで申し述べましたとおり、もう成案はできているのであります。……海軍もうできております。……故《ゆえ》に私は本年のこの次の議会には必ず提出致すということを、此処《ここ》で明言致すに憚《はばか》らぬのであります。（『歴史と人物』八一号）

と発言したため、治罪法改正を審議する調査委員会の設置が避けられなくなった。

海軍予算の削減

二月十二日に衆議院は、海軍拡張費を三〇〇〇万円削減し、大正三年度の予算案を可決したが、三月十三日に貴族院は、衆議院を通過した予算案からさらに海軍拡張費を四〇〇〇万円削減した案を可決した。海軍にとって抜き差しならない事態に追い込まれた。斎藤実《まこと》海相は先の花井案に発言しなかったが、海軍に対する強い風当たりの中で、へたに海相が発言すれば、状況を悪くするだけという判断がはたらいたためであろう。

山本内閣後継の行方

二十三日の衆議院における内閣弾劾上奏案《だんがいじょうそうあん》を審議中、山本内閣は三日間の停会を命じ、翌二十四日に総辞職した。後継首班の行方は、貴族院議長徳川家達《いえさと》への内命《ないめい》、枢密《すうみつ》顧問官清浦奎吾《きようらけいご》への大命降下《たいめいこうか》へと二転した。しかし組閣準備がほぼ完了したところで、

加藤友三郎、予算要求を理由に入閣固辞

海軍大臣を予定された加藤友三郎《ともさぶろう》が土壇場で固辞し、あえなく流産してしまった。固辞の理由は、自分が海軍大臣になる代償に海軍補充計画年度割九五〇〇万円の支出約束を要

求したが、これが受け入れられなかったことにある。海軍に対する世間の厳しい風当たりに気をもみながらも、他方で予算要求だけはしっかり行う海軍の図太さを覗《のぞ》かせている。

大隈内閣発足

二転三転した後継首班は、四月十三日に大隈重信《おおくましげのぶ》に大命降下があり、十六日に発足した。二十日以上もの間、政治の空白が続いたことになる。海軍の疑獄事件が政変の原因でありながら、新内閣成立の条件に海軍の予算獲得を突き付けたことは、国家の一機関が承知の上で倫理を踏みにじる前例を残しただけでなく、自己の要求を内閣交代より重んじる海軍の本音を暴露した。こうした本音は陸軍も同じであり、政府が潰れようが潰れまいが、陸海軍が存続すればよいという考えが軍人間には強かった。

秋山は軍務局長に就任

大隈内閣成立で誕生した海軍大臣の八代《やしろ》六郎、軍務局長の秋山らが突きつけられたのは、シーメンス事件の跡始末は無論のこと、審議中の治罪法改正問題の解決であった。後者の問題は、シーメンス事件の軍法会議の在り方にも影響を与えるため、本来ならば世間の注目を引くことなどない治罪法改正の論議も、この時ばかりはいつもと違っていた。

秋山の法務特訓

だがシーメンス事件の審理は、治罪法改正の結論を待たず、旧法の定める非公開制に基づき進められた。軍務局長になった秋山は、事件の処理が順調に進むのを眺めながら、治罪法改正委員会の設置に備え、法務官を招いて連日特訓を受けた。もともと思想や理論に強い秋山は、短期間で法哲学や法理論を理解し、委員会の開催までに予習を終えた。

治罪法改正委員会を設置

十一月、「陸軍治罪法海軍治罪法改正案共同調査委員会」が設置され、十二月に陸相岡市之助、海相八代六郎が選考した委員が発令された。委員長に陸軍次官、陸海軍委員には陸軍参謀本部、海軍軍令部より各一名、陸海軍省の軍務局長、人事局長、法務局長、法務官から各一名、陸軍教育総監部本部長、海軍教育本部長を揃え、それに部外の有識者若干名が加えられた。日本独特のラインの局・部長による委員会である。

委員会の構成

初代委員長の大島健一は岐阜県出身ながら山県有朋《やまがたありとも》に気に入られ、陸軍大臣にまでなった。三国同盟締結から第二次大戦終了まで駐独大使をつとめた大島浩は彼の長男である。歴代の委員を紹介すると、陸軍では奈良武次《たけじ》、白川義則《しらかわよしのり》、山梨半造、海軍では鈴木貫太郎《かんたろう》、岡田啓介《けいすけ》、有馬良橘《りょうきつ》、井出謙治《いでけんじ》、堀内三郎、谷口尚真《なおみ》、秋山ら錚々《そうそう》たる名が見える。それに部外委員では、枢密顧問官富井政章《まさあき》、検事総長平沼騏一郎《きいちろう》、花井らがみえる。治罪法改正委員会の場合、委員長を含め委員の定数は陸海軍側十三名、これに二、三名の部外委員が加わり、延べ人数は三十九名である。部内委員は本務の異動とともに交代するので、最初から最後まで委員であったのは、花井ら外部の有識者にすぎない。

日本の委員会制度

日本の委員会は、おもに局・部・課・班等のラインの業務を補足するために設置されることが多く、委員にはライン上にある局長・部長・課長等がそのまま委員になるのが通例である。本人の経歴や学識に関係なく、たまたま着任した補職が委員を兼務しているため、何もわからないまま委員会に出席するのも珍しくない。しかもライン優先のため、本務の異動により委員もどんどん交替し、二、三年もしないうちに全員の顔ぶれが変わる。そのため委員の学習と理解は深まる前に終了する。委員が代わるたびに、同じ議論が何遍も繰り返されるため、とことん突っ込んだ議論がなされる例は少ない。

委員会設置の前に「答ありき」の場合が多く、委員会審議を新規計画の通過義務と認識されてきたきらいがあり、とことん検討を尽くした委員会報告や答申が作成されることは意外なほど少ない。アメリカの委員会がラインから独立し、学識経験者や会社経営者が委員に指名され、成案を得るまでほとんど同じ委員が審議を重ね、成案の実施にも責任を持たされる制度とは本質的に異なる。

本務を優先する日本の組織の中では、委員会の議論はあまり重視されなかったし、最終報告に抜本的な改正を求める理念や政策を盛り込むことはとくに忌避された。官僚機構の骨格であるラインから革新的計画が出る可能性は低く、ラインの縮図である委員会も同様であった。日本人的器用さによって技術面では、海軍は欧米に肩を並べる位置に近づいたが、新情勢や新兵器登場にともなう組織制度の変更や運用法の作成には必ずしも成功していない。通過義務的委員会からは、新しい価値観や思想は生まれてこない。

秋山と花井の論戦

大正三年（一九一四）十二月七日に第一回委員会総会を開催して以来、大正七年に答申を出すまでの四年六ヵ月間に九十九回の治罪法改正の委員会が開かれた。委員会がはじまると、たちまち秋山と花井が論戦の主役になった。花井の孫の清は、次のように述懐している（前掲「海軍治罪法改正秋山真之と花井卓造の激論」）。

この委員会は、当時陸軍省で毎週月曜日の午後四時から開かれ、軍人と文民の委員間で討議が白熱し、夜九時、十時にいたることも珍しくなかったという。ことに同年齢で共に四十五、六歳だった海軍省軍務局長秋山委員と衆議院議員花井委員が口《こう》角泡《かくあわ》を飛ばし、時には激論高じていっそう怒気を面上に現わしながら、お互いに「委員を罷《や》める」とか、「罷めろ」とか怒鳴り合う喧嘩《けんか》はしばしばで、両委員の激突は、いつしか会議の名物になったという。

論戦の様

海戦の修羅場を何度も経験してきた秋山が、興奮のあまり大人気ない言葉を吐くことも再三であった。花井という論敵に巡り会ったことが秋山の闘争本能を掻き立て、花井に一歩も引かない議論を戦わせた。一方花井は、法廷でわざと相手を怒らせ、動揺を誘う心理戦などほんの序の口の名うての弁護士であった。だから花井も秋山も、むしろ論戦を楽しんでいる様子であった。

海軍法務官山田三郎

委員会で秋山のうしろの席には、必要な資料を用意したり議論上の助言を与える海軍法務官の山田三郎がいた。山田は現在の中央大学の前身である東京法学院を優秀な成績で卒業したあと、花井の法律事務所で実務に励み腕を磨いた。山田にとって花井は、一人前にしてもらった大恩人である。しかしどういう奇縁か、大正三年に海軍法務官に転じ、シーメンス事件の審理に加わることになった。海軍に転じた山田は、大恩人である花井と激しくやり合う秋山を補佐することになろうとは夢にも思っていなかったにちがいない。山田はどちらとも話ができる立場であったので、委員会のあとの二人について詳しかった。

秋山と花井の親交

……両者は公の席上でこそ、口角泡を飛ばして論議こそすれ、之《これ》が却《かえ》って機縁となり、其後両者は非常に仲良くなり、遂《つい》にプライヴェイトの問題にまで立入って親交を結ぶようになった。

（前掲「海軍治罪法改正秋山真之と花井卓造の激論」）

秋山と花井の論点は、秘密裁判制度の改正を最小限にするか大幅にするかにあり、いうまでもなく秋山は海軍の利益のために急激な改正反対を、これに対して花井は秘密裁判を違憲とし、国民の利益擁護のために大幅な公開を主張して譲らなかった。

秋山、海軍省を去る

秋山が海軍省を去り、軍令部に転出したのは大正五年二月である。この時までに開催された委員会は二十回前後であり、二人の激論もこの時までである。秋山に代わって委員に入ったのは海軍次官の鈴木貫太郎で、すでに大物らしい寛容な包容力、軍人離れした調整力を見せていたが、法律論争を受けて立つ雄弁家ではなかった。

委員会の変化

花井は、もっぱら陸軍省および海軍省法務局長の志水小一郎《しみずこいちろう》、内田重成《しげなり》を相手に議論した。あらかじめ論題を決めたが、次第に志水、内田は委員の質問に用意した回答文を読み上げる国会答弁方式を取り入れ、眠気を誘う盛り上りに欠ける委員会になった。花井も戦闘意欲を失ったが、ときどき怒気を含んだ大声を出し出席者をびっくりさせた。

整理委員会を設置

日本では、議論に時間をかけない会議が歓迎される。中身を棚上げして、事前の根回しにより審議が円滑に進行するのが喜ばれる。秋山が去ったあと、委員会の下部組織として「整理委員会」が設置され、専門的な調査研究を行い、報告を委員会に上げる制度に改められた。整理委員会は平沼、花井ら七名で構成され、陸軍案と海軍案とを分けて審議し、あとで陸軍・海軍軍法会議法案にまとめた。新しい陸軍軍法会議法五百六十一条、海軍軍法会議法五百九十九条で、国会の協賛を受け、天皇の裁可を得たのは大正九年(一九二〇)、公布は十年四月二十六日であった。この時の改廃法令は、つぎの通りであった。

治罪法改廃法令の公布

一、刑事交渉法の制定
二、陸海軍軍法会議私訴裁判強制施行法の廃止
三、陸軍法務官及び海軍法務官の恩給と遺族扶助に関する法律の制定

一項の刑事交渉法は、事件が通常裁判と軍法会議に絡む場合に備え、一般の司法警察と陸海軍の司法警察との相互捜査を定めたものである。二項と三項で軍法会議を、検察官の請求または公訴提起に基づき開廷される制度に改め、かつ裁判事務を管掌する法務官の地位を強化し、恣意的免官を廃して裁判の公正化につとめた。このほか委員会の争点であった審判の公開、公判での弁護人設置等、旧法の問題点が大幅に改正された。

近代軍隊として制度化

新軍法会議法の成立は、旧軍法会議法が持っていた裁判の秘密主義に象徴される前近代的側面を一掃し、軍人といえ人権を尊重される公正な裁判を陸海軍が承認したことを意味する。すなわち近代軍隊内に残る非近代的部分を改革し、外見も内面も近代軍隊に

ふさわしい制度につくり変えることを目指し、ある程度の成果をあげたのである。

四　中国革命への支援活動

第一次大戦勃発

大正三年(一九一四)一月十二日、鹿児島の桜島が大噴火、翌々日には火山灰が東京にも降り市民を驚かせた。それから十日とたたない二十三日にシーメンス事件が発覚した。あたかも桜島の灰が、薩摩閥凋落《ちょうらく》の前触れでもあるかのようであった。国内は比較的穏やかだったが、八月、ヨーロッパで第一次大戦が勃発し、日本も参戦して中国山東省青島《チンタオ》に陸海軍が出兵し、南遣艦隊が独国東洋艦隊を追って南太平洋に出動した。大戦の方は主戦場がヨーロッパであり、それまでの経験で一年もたてば終息に向かうと楽観視し、政府、陸海軍の関心は中国の政局に向けられた。

中国における動向

辛亥革命

一九一一年(明治四十四)の辛亥《しんがい》革命で二〇〇〇年近く続いた清朝が滅亡した。しかし孫文《そんぶん》に代わって中華民国臨時大総統の地位についた袁世凱《えんせいがい》が、中国革命同盟会、民族資本家、日本留学の軍人や知識人らの築いた革命の芽をことごとく摘み取り、政情不安を招いた。袁世凱は山東《さんとう》半島に近い河南省項城《こうじょう》県出身で、華北に勢力を築いたので、彼の一派を北方派、上海《シャンハイ》や南京《ナンキン》を地盤とする孫文ら革命推進派を南方派と呼ぶ。袁世凱は、権力の集中と南方派の抑圧をはかったため、両者の間で対立が絶えなかった。

袁政権の権力強化

一九一三年二月の選挙で御用政党共和党が大敗し、野党国民党が圧勝したため、袁は国民党弾圧の一環として指導者宋教仁《そうきょうじん》を暗殺し、四月には権力強化に欠かせない軍資金調達のため、英・仏・独・米四国借款《しゃっかん》、ついで国会を無視して進めた善後借款協定に基づく英・仏・独・米・日・露六国借款（のち米脱退）を実現した。

矛盾する日本の対応

中国の政情に対する日本の対応には、いつも相反する二つの路線があった。辛亥革命でも、北京《ペキン》駐在武官の青木宣純《のぶずみ》は清朝側に武器弾薬を提供し、一方漢口駐在の寺西秀武《ひでたけ》は革命勢力に武器を提供した。袁世凱に肩入れして借款を与える政府と、追放された革命派人士を日本に受け入れる政治家・官僚等とがあった。この矛盾し合う二つの対応が中央で調整されるのであればまだしも、各機関が独断で行動しているのが問題であった。

第二革命

七月、袁が三人の国民党系都督《ととく》の罷免、更迭に出たため、江西都督李烈鈞《りれつきん》は独立を宣言し、また黄興《こうこう》も南京で袁征討軍を挙げた。これを第二革命と呼ぶ。しかし圧倒的兵力を有する袁軍の前に、九月はじめに南京が陥落し、革命は失敗に終わった。勝利した袁は、翌一四年一月、国会議員の職務を停止し、袁に独裁権を付与する中華民国約法を公布し、革命により採用された近代的制度の否定と帝政復活に向けた復古主義化をはじめた。この間、日本人数名が殺害され、日本将校が監禁される事件が起こり、革命に失敗した孫文、陳其美《ちんそみ》、胡漢民《こかんみん》、蔣介石《しょうかいせき》らは日本に亡命した。

対中政策への関わり

軍務局長になった秋山は、日本の対中政策に直接かかわることになった。それより前、秋山が艦長をつとめた軍艦「音羽《おとわ》」は、南清艦隊の所属艦として南清警備に任じ、たびたび上海に入港したため、中国の実情をつぶさに見る機会があった。秋山は上海領事の松岡洋右《ようすけ》と三井物産上海支店長の森恪《つとむ》にたびたび会い、中国の将来について議論した。

松岡洋右と森恪

のちに松岡は国際連盟脱退、三国同盟、日ソ中立条約締結により対米英戦争への道筋をつくった政治家として、また森は政友会幹事長をつとめ、外務政務次官のときに山東出兵後の対中基本政策を話し合う東方会議を主催して、強硬大陸政策の道筋を決めた政治家として、それぞれ歴史に名を残した。森の妻は、日露戦争の際、第二艦隊司令官をつとめた瓜生外吉《うりうそときち》海軍大将の娘で、秋山にとってまったく縁がなかったわけでない。日露戦争では、東シナ海に入ったバ艦隊が、石炭購入のため輸送船を上海に派遣した際、三井物産上海支店にいた森が港内の艀《はしけ》という艀を全て借り上げ、石炭の搭載を不可能にさせた逸話があり、日本海海戦勝利の影の立て役者の一人でもあった。

十四年振りの中国行

秋山が中国に上陸し見物するのは十四年振りで、その様変わりに驚いた。彼の鋭い洞察力は、中国の着実な発展とこれに対する日本政府の認識不足を見抜いた。早速、秋山の考えた対中政策に関する提言をまとめた書簡を知人や上司に宛てている。わけても南清艦隊司令官寺垣猪三《いぞう》少将宛の書簡は、彼のすぐれた見識を示しているので引用したい（故篠原宏氏所蔵。口絵参照）。

寺垣猪三への書簡

清国海軍再興の件に就《つ》き各方面より多少聞知致たる処有之《ところこれあり》、是れに対し此《この》際我海軍の執らるべき手段に関し至急御賢慮を煩　度乍意　拝　爰《わずらわせたくさいながらはいしてここ》に卑見《ひけん》申上度候

と、まず書簡の趣旨を、日清戦争で精鋭の北洋艦隊が潰滅した清国海軍の再興に対する日本海軍の態度におき、つづいて、

而《しか》して其《その》鋭意着手の事業が現在各省水師《すいし》の統一編制軍港の選定及商計製艦の計画幷《ならび》に将校教育等にあるも亦《また》事実らしく推測　被致候《いたされそうろう》、又之に対する英米独等の造船兵家代表者の運動幷に此等《これら》諸国使臣等の後援も随分盛挙様子……

と、清国が海軍の諸制度、建艦、将校教育の近代化に積極的に取り組み、英米独等の列強もこれを積極的に後援している実情を述べ、「我国は此間に処《しょ》して袖手傍観《しゅうしゅぼうかん》彼等の為《な》すが儘《まま》に任《まか》すべき乎《か》、将《はた》た何かを以《もっ》て是等に対抗可致乎《いたすべきか》」と反問し、秋山の対応策を

縷述していく。

中国の軍事強化

日清戦争に続く日露戦争でも、日本が勝利したことに衝撃を受けた清朝は、国民の支持を繋ぎ止めるためにも軍事の近代化を急ぐ必要があった。秋山が上海に入港した一九〇九年（明治四十二）には、中央直轄艦隊として北洋艦隊と南洋艦隊を統合した巡洋艦隊を、経済の動脈揚子江《ようすこう》の警備用に長江《ちょうこう》艦隊を、また地方艦隊として蘇浙《そせつ》艦隊・福建《ふっけん》艦隊・広東《カントン》艦隊を設置するという海軍七ヵ年計画がスタートしたところであった。

秋山が右の書簡で述べた清国海軍の動きは、七ヵ年計画の第一年度の内容を紹介したものである。〇九年八月から初代籌弁《ちゅうべん》海軍大臣の載洵《たいじゅん》と二代目大臣になる薩鎮冰《さっちんひょう》が日本を皮切りに欧米各国を歴訪し、欧米各国で艦艇建造の契約を結んだが、日本では数隻の小型砲艦建造の発注をしたに過ぎなかった。こうした事情が、秋山の「袖手傍観彼等の為すが儘に任すべき乎」の発言につながっている。

将校教育引受を提案

日本政府の無策振りに憤りすら感じていた秋山は、つぎのような対策を提言した（前掲寺垣宛書簡）。

今日の清国財政現状に対し多大の運動費等を投じ、未決の製艦の四隻許《ばかり》を私立造船所に得せしめたりとて、其利益唯《ただ》一時的にて永遠のものには無之《これなし》。夫《そ》れより寧《むし》ろ……将校教育一切を引受け、以て日清海軍の関係を永遠に保持したる方、直接間接の利益遙《はるか》に多大なるかと悪信　仕《つかまつり》候。

少しばかりの軍艦建造を引き受けるより、将校教育を引き受けた方が日清海軍間に長い友好関係が維持できるし、そこから生まれる利益は計り知れないというわけである。

教育効果の分析

つづいて教育が効果を上げうる背景について説明する。

聞く処に拠《よ》れば目下清国の有司は実に此将校教育問題に就《つ》き考慮中にて、多数の違憲は本国に善美なる学校を興《おこ》し多数の外国教師を雇傭《こよう》するも、内地にての教育には諸種の弊害相伴ひ、到底完全なる精神上物質上に於ける教育の目的を達成する事困難なるが故に、先《ま》づ多数の海軍留学生を外国にて真正に養成し其卒業を待ち、之を基礎とした本国の教育機関を興さんとするものの如《ごと》く、而《しか》して留学生は日本若《も》しくは英国に依頼せんとする哉《か》に有之候、

今や海軍再興に着手せんとするに際し此教育問題に及び英国に依頼せん乎、将又《はたまた》日本と尚《な》ほ関係を保持すべき乎に決断せんとせる時機に到達致居《いたしおり》候。若し今日の重要なる時機を逸した清国海軍将校の教育を全然英国に奪取せらるゝ時は、日清海軍の関係は此《ここ》に全く断絶し、其将来に及ぼす損失蓋《けだ》し可不少《すくなからざるべし》。

日本への留学の増加

日清戦争後、変法自彊《じきょう》運動に促され、日本への留学と日本が摂取した欧米文化の輸入がはじまった。だが日本の大学教育は緒に着いたばかりで、大量の中国人留学生を受け入れる余裕はなかったが、彼らを当て込んだ私立大学が雨後のキノコのように林立した。政府に教育を含む対中政策がないのを幸いとばかりに、学生の回転を良くして利益を上げるべく、四年間の教育を三年あるいは二年に短縮した速成教育を行う不届きな私立大学も出現し、目先の利益を優先するわが国の対中・アジア政策が顔を出しはじめた。

日本人教習の招聘

日本への留学の増加にともない、日本が清朝打倒と共和制樹立の運動の中心地になり、これを警戒する清国政府が留学生派遣を抑制し、代わりに日本人教習（教員）の招聘《しょうへい》を増やした。日露戦争直後の一九〇六年に六二四人、〇八年に四三七人、〇九年に四二四人と多数の教習が招聘され、各地の学堂、学校で教鞭をとった。招聘数の減少傾向は、日本側にこれ以上の教習を派遣する余裕がないのと、教習の質の低下が顕在化したためである。辛亥革命後、新政府が中国人教習に切り替える方針に転じ、教習派遣はさらに減少した。英米が中国人留学生のために留学費用免除制度を設けたり、義和団《ぎわだん》事件の賠償金で中国に多くの学校を設立し、卒業生に優先的に英米への奨学金付き留学の機会を与えるなどして、第二次大戦までに多くの親英米中国人を育てたやり方とは対照的である。

陸軍は教習派遣に積極的

中国大陸に強い関心を持つ陸軍も、留学生の受入先の一つであったが、どちらかといえば教習の派遣に積極的であった。すでに日清戦争直後から、中国の軍官学校や武備学堂に武官の教習を派遣したが、一九〇五年から全国各省の陸軍小学堂・中学堂にも派遣した。教習は教育訓練のかたわら、地方の軍事・政治・経済・社会等に関する情勢を北京の日本大使館付武官に報告した。武官はこれらをまとめ東京の参謀本部に転送した。

この体制は、シベリア横断で有名になる福島安正《やすまさ》が北京の武官であった明治十年代、中国各地に派遣されていた島弘毅《こうき》、向郁《むかいいく》、大原里賢《さとかね》ら語学留学生から情報を受け取る仕組みをつくったのが最初で、神尾光臣《かみおみつおみ》、青木宣純らによって発展した。しかし語学留学生制度が廃止されると、留学生の役割を武官の教習が代行するようになった。教育と情報収集という二足の草鞋《わらじ》をはいた教習は、一面で中国の近代化に貢献しても、他方では中国大陸進出をはかる陸軍の手先になることを意味した。

二十一ヵ条要求

一九一五年(大正四)に中国に二十一ヵ条の要求を突き付けた頃から、教習の活動も情報収集に重点が置かれるようになった。その後、日中関係が悪化するにつれて多くの教習が解雇され、情報収集力が弱体化した。英米の対中政策を文化植民地政策、日本のそれを軍事植民地政策と評する見方がある。が、日本は最初から軍事植民地政策を進めていたわけでなく、むしろ中国人留学生を仲介役とする文化植民地政策に重点を置く時期が長かった。だがそれも二、三十年先を見越した政策であったとは思えない。

日本の対中国植民地化政策

第一次大戦中の英米勢力の後退を契機に、日本は軍事植民地政策へと転換し、留学生と教習の教え子という貴重な財産を自ら放棄し、彼らが反日化する原因をつくった。昭和初期の中国大陸における日本の武断政策は、語学留学生や教習を利用した情報収集活動の中止によって中国を観察する目を失った陸軍が、特務機関による謀略を重視し、中国社会の変質を見誤った結果として出てきたものである。

秋山提言の核心

秋山の提言は、日本の対中政策が武断主義に転換するちょうどその時に当たっていた。陸軍に比べ留学生の受け入れに無関心であった海軍において、中国人に教育の機会を与えるべしとする秋山の主張は、勇気を必要とするものであった。秋山の提言は続く。

之れ《(ママ)》に反し我海軍が清国留学生に兵学校并《ならび》に機関学校を開放せば、彼等は争ふて我教育を受け直接間接に将来を益《えき》する事、我陸軍士官学校卒業清国将校の現情に鑑《かんが》み明白なる事と存《ぞんじ》候。……兎《と》に角《かく》此清国海軍教育問題は軽々と看過《かんか》すべからざる一大事件とも存、諸外国が当てにもならぬ製艦請負等に盲動せる際、我国は此大問題に着眼し、其筋に於ける者は信切着実に御研究相成、若《も》し清国年来の希望を此際容らる、事ともなれば彼等永遠の利益多大なるべく、今や閣下御上京の折節自然御勧説の機会も可有之《これあるべき》と思惟致し、心附たる儘《まま》卑見筆 進《まいらせ》候

諸外国が製艦請負に執着している間に、清国海軍の留学生を受け入れた方が、長い目で見たときどれほど日清両国の利益になるかわからない。それ故、海軍兵学校および海軍機関学校を清国留学生にも開放すべきであるというのが、秋山の提言の核心であった。

中国実地見分が背景

陸軍を牽引役として進められる対中政策の変化は、秋山の提言が実現される余地を残さなかった。中国にたびたび上陸した秋山は、江南の実情、とくにその中心である上海の目覚ましい経済発展と市街の変貌振りをつぶさに見て回り、着実に近代化を遂げる中国の姿に、これまでの対中政策を根底から見直す必要を痛感した。それ故、秋山書簡は、歴史の流れに逆行しつつある政府および陸軍の政策に警鐘を鳴らす意味を込めていたが、もとより大局の見えない指導者の中に、秋山の提言に耳を傾ける人物はいなかった。

南方派支持とその評価

辛亥革命の際、北方派と南方派を天秤にかけた政府や陸海軍は、部内の混乱そのままに方針が確定せず、事件のたびに場当たり的対応に終始した。中国の変貌を肌で感じた秋山は南方派の将来性を買ったが、海軍中央は別の見方をした。秋山が江南地方を基盤

とする革命運動を支持し、孫文らの活動を支援したのは、歴史の流れを客観的に読み取るすぐれた時代感覚に基づいているが、彼の作戦計画のようには支持されなかった。

南方派支援のための資金調達

軍務局長として東京に復帰した秋山は、時局を論ずるため三井物産の芳川《よしかわ》寛治、満鉄の犬塚信太郎と三十間掘にある料亭「新田中」で毎日のように会った。時々陸軍の田中義一《ぎいち》、福田雅太郎《まさたろう》という大物将軍も顔を出した。そこで秋山は、「今の内に支那と固い握手をして置かなければ大戦終了後困る事になる。換言すれば我が国に反対する袁世凱を倒し、我が国に好意を持つ南方を援助し、攻守同盟と経済同盟を結ぶのだ」として、資金調達を二人に要請した。三井物産は、のちに三井の大番頭になった益田《ますだ》孝《たかし》が三池炭を上海や香港等の南清地域に売り込んで業績を上げた商事会社で、中国南部と関係が深かった。田中義一や福田雅太郎の懇願も受けた芳川は、唐継尭《とうけいぎょう》や岑春煊《シンシュンカ》の南方軍務院を援助し、犬塚や久原鉱業の久原房之助《くはらふさのすけ》らは孫文に資金を提供した。

秋山の立場

この挿話は、秋山が中国の革命運動を熱心に支持したエピソードとしてしばしば引き合いに出される。しかしこの時期の情勢を振り返ってみると、若干の疑問が残る。秋山が軍務局長に赴任したのは大正三年(一九一四)四月半ば、日本政府は翌四年一月十八日に袁世凱政権に悪名高い二十一ヵ条の要求を突き付けている。仕掛け人は、八代《やしろ》六郎を海軍大臣に呼んだ外務大臣加藤高明《たかあき》である。八代は前述のようにシーメンス事件の処理を期待されて入閣したが、政治の話を得意にする軍人でなかった。二十一ヵ条の文案には、沿岸の海湾島嶼《とうしょ》を他国に譲渡しない海軍の要望らしい一項目があり、事前に海軍にも回覧されてきたはずで、軍務局長である秋山も知らないはずはなかった。

二十一ヵ条要求の影響

二十一ヵ条の要求は、欧米列強が第一次大戦に忙殺されている時期に、おもに満蒙・華北の権益を日本の勢力下に置くというもので、日本人が想像した以上にはるかに近代化を遂げた国家や人々に突き付ける内容ではなかった。火事場泥棒的なタイミングと十九世紀的な要求内容が中国人を怒らせたことはいうまでもない。

対中国政策の制約

二十一ヵ条の要求は、袁世凱政権の存続が前提であり、軍務局長として袁の打倒を画策することは認められない。第二革命に勝った袁は、国民党を解散し、国会議員の職務を停止し、独裁権力を掌握して皇帝に即位する一歩手前まで進んだが、それでも日本は彼を打倒してはならなかった。秋山らに許されるのは、袁政権には手を触れず、裏で孫文ら南方勢力をほどほどに援助するぐらいであった。秋山の孫文ら南方勢力に対する援助活動は、こうした枠組みの中に置いて考える必要がある。

満鉄社員山田純三郎

秋山と孫文のパイプ役をつとめたのは、青森県弘前出身の満鉄社員山田純三郎であったといわれる。兄の良政は孫文の運動に共鳴して革命軍に加わり、一九〇〇年（明治三十三）、義和団事件の混乱に乗じた三洲田《さんしゅうでん》蜂起の際に戦死、中国革命に殉じた最初の日本人となった。純三郎は兄の遺志をつぎ、生涯、孫文の秘書役として仕えた。

秋山と孫文

孫文と秋山との間に、どの程度の交渉があったかを示す記録は少ない。孫文の自叙伝『志あらばついに成る』には、彼を助けた日本人の氏名が紹介されているが、この中にも秋山の名は見えない。しかし大正七年（一九一八）に秋山が病没した際、当時日本政府の命により箱根に逼塞《ひっそく》していた孫文がしきりに葬儀に出席したがったこと、追悼会や納骨式の際に必ず代理人を遣わしたこと、その後も兄の好古《よしふる》やすゑ（季子）未亡人に挨拶を欠かさなかった後事によって、二人の間に緊密な交流があったことが推察される。

小池部屋

おそらく袁政権一派や日本政府の監視の目が憚られる中では、軍務局長という要職にある秋山は、孫文との直接接触を避けたにちがいない。しかし裏では犬塚や芳川らとはかり、さらに対中慎重論を唱えて右翼に暗殺された阿部守太郎《もりたろう》を継いで外務省政務局長になった小池張造《ちょうぞう》とも謀り、孫文を援助した。外務省の政務局長室には、毎週一回か二回、秋山、犬塚、芳川、陸海軍の同志が集まり、孫文や南方派を支援する策謀を企てたので、いつしか梁山泊《りょうざんぱく》をもじって〝小池部屋〟と呼ばれた。

対中国政策の二つの潮流

明治維新以来の日本の対中姿勢に、二つの潮流があったことは前述した。すなわち陸海軍を含めた政府の公的な対中政策と、政府の構成員であろうが在野の人間であろうが個々の日本人が示す対中姿勢との二つであり、両者の間には大きな落差があった。

国家としての政策

国家としての対中政策は、欧米諸国の帝国主義的対中進出競争の中で日本が勝ち残ること、国家の利益を確保すること、といったドラスティックな目的から模索される。これに対する個々人の対中姿勢は、漢文化に対する畏敬、同文同種の親近感、中華世界観への信頼に強く影響されていた。明治時代の青年層には、薩長以外の出身であったために、封建時代に鬱積したエネルギーを文明開化期に発散する機会がなく、新しい場を新時代の創造を目指す中国に求める者が少なくなかった。小池部屋に出入りする秋山らは、こうした人々の仲間ではないが、心情的には明らかに共通していた。帝国主義的対中政策を進めなければならない立場に身を置き、心情は革命勢力の味方である不整合に苦しんだに相違ない。

秋山の非公式の活動

秋山の活動は、必要な資金を実業家の久原房之助に仰いだことでも窺えるように、非公式の行為である。資金を得た秋山は王統一《おうとういつ》と謀り、中国海軍の軍艦を乗っ取って江南機器局を攻撃する計画を立てた。革命軍が軍艦を機器局に横付けし、侵入に成功したものの内部の呼応がなく、間もなく工場側の頑強な抵抗に会い占拠に失敗した。秋山にとり、最初にして最後の失敗となった。もし日本の要人が参画していたことが発覚すれば、大きな国際問題に発展したことは確実である。それにもかかわらず当時の政府内には、こうした分派行動を黙認する雰囲気もあった。分派行動が政権を危険に陥れればともかく、憲兵や特高の活動がにぶく、この程度のことは見逃されていたのである。

第三革命

一九一五年（大正四）十二月一日、中国参政院は袁世凱を皇帝に推戴《すいたい》することを議決し、翌日、袁が帝位を受ける旨発表すると、内外で物凄い反対の声が湧き起こった。雲南省は独立を宣し、南部で討袁運動がはじまるとたちまち各地に波及した。これを護国戦争とも第三革命とも呼ぶ。

久原房之助から資金調達

上原勇作《うえはらゆうさく》陸軍大将を仲間に引き入れた小池部屋のトリオは、第一次大戦中に飛躍的に営業成績を伸ばしつつあった久原から一〇〇万円もの資金を引き出すことに成功し、この内、七〇万円を孫文に手渡した。伝聞によれば、大正五年二月二十日といわれる。

小池部屋の討袁計画

日本政府は、英・仏・露らと連合し袁に強硬な抗議を行った。これとは無関係に、毎夜、小池部屋のメンバーは討袁計画を策謀し、陸軍きっての中国通で、旅順《りよじゆん》要塞司令官から参謀本部に異動したばかりの青木宣純中将を上海に派遣し、江南の反袁勢力を支援させた。この時ばかりは、政府と小池部屋の考えが一致した希有な時期である。

日本の対中政策と一致

大正五年三月七日の閣議は、陸海軍大臣の発言を追認するかたちで中国南方派の軍を交戦団体として承認し、民間有志の排袁運動を黙認する方針を決定した。黙認された「民間有志」に政府や陸海軍内の有志が含まれるのか明らかでないが、小池部屋や青木中将の動きも含んで承認したものと解釈される。これにより、ほんの一瞬にせよ小池部屋が、あたかも日本の対中政策の司令部のようになった。

皮肉にも孫文に久原から活動資金が渡された翌日、秋山は軍務局長の職を解かれて軍《ぐん》令部《れいぶ》出仕になり、第一次大戦視察のため渡欧を命じられた。

五　第一次世界大戦視察の訪欧

日清戦争の教訓に基づき、軍令部《ぐんれいぶ》は戦争の勃発と同時に戦史の編纂に取り掛かる慣行をつくった。戦争後に資料の収集を開始しても、手遅れになるからである。前述のように日露海戦史の編纂は、開戦前から資料蒐集に着手してほぼうまくいった。ほぼといったのは、予算で決められた期限内には間に合わず、五分の一ほどが原稿を清書したのみで、印刷にかけられなかったためである。

第一次大戦参戦と戦史編纂

第一次世界大戦に日本が参戦を決めると、のちに連合艦隊司令長官をつとめる竹下勇《いさむ》を委員長として直ちに戦史資料の蒐集に着手した。編纂事業の中心人物は、民俗学者で有名な柳田国男《やなぎたくにお》の実弟松岡静雄《しずお》であった。海軍兵学校二十五期をめったにない優秀な成績で卒業したが、兄譲りの学者肌が災いして昇進は遅く、大佐で退いたあとは、二六〇〇頁余の『日本古語大辞典』二巻を刊行するなど古典文学の世界を切り開いた。

戦史命名の理由

軍令部では、早々と件名を『大正三、四年海軍戦史』と決めた。西欧近世の傭兵《ようへい》軍隊が失業を恐れ、終わりのない戦争を続けたのと対照的に、徴兵《ちょうへい》で編成された軍隊による近代戦争は、兵が早い復員を望むこともあり、早くケリをつける傾向にあった。そのため普仏戦争から日清・日露戦争までの戦争は、ボーア戦争を除きことごとく二年以内で終わるのが通例になり、欧米諸国はもちろん日本も、第一次大戦が長期戦になるなど夢にも考えなかった。こうした当時の常識を背景に、軍令部も大戦が二年以内に終わるものとし、『大正三、四年海軍戦史』と定めたのである。

二種類の戦史を編纂

ところが世界中の予想を裏切り、いつ終わるともわからない戦況になった。そのため編纂事業も二年で終了するわけにもいかず、新たな計画を起こして『大正四年〜海軍戦史』とし、毎年度予算を請求して、終戦になったところで具体的終了年次をいれることにした。このため第一次大戦の戦史はもう一種編纂され、これを『大正四年乃至九年海軍戦史』という。

近代動員制度の行方

一つの戦争に、取り扱う年度の異なる二つの戦史を編纂する珍現象は、第一次大戦が当時の人々の想像を超えた戦争であった一端である。国内の隅々から徴兵する近代動員制度は、これを実行すると想像を絶する巨大な兵力が産み出され、巨大兵力を戦場に投入すると止めどもない大戦争と消耗戦になることを、この制度を発展させたクラウゼヴィッツら誰一人予言できなかった。

国民戦争

近代国家の持つ全機能と動員により出現した巨大な軍隊とが動き始めると、最早誰もこれを制止できない。あとは国家の有する人的・物的資源を使い切り、自壊するまで突き進むほかなかった。これを総力戦とか消耗戦、もしくは全体戦争などと呼ぶが、最終的には国民の生命と国民が蓄えた財産を消耗し尽くすまで終わらないという意味から、国民戦争という表現が要をえて適切であると考えられる。

国民戦争のメカニズム

ひっきりなしに砲弾が飛び交う戦場に向けて、糧食・水、衣料・医薬品、武器弾薬等を積んだトラックの列が絶え間なく続く。車列の最後尾はまだ広大な集積場で荷物を搭載しており、トラックの出る集積場の反対側には、貨物列車が荷物を降ろしている。貨物列車は、独身女性や夫を戦場に送った主婦が懸命に働く軍需工場から兵器を満載して来たものであった。軍需工場には、国内だけでなく海外の植民地から運ばれてきた軍事資源が山積みされ、これを大量生産機械にかけて武器弾薬に変えている。これが大戦の一断面図である。消耗戦、総力戦の構図、欧州の戦争が世界戦争に転化し、家庭が戦争の最下部になる国民戦争のメカニズムがこの中に凝縮されている。

臨時海軍特別調査会

極東の地にある日本の陸海軍は、想像を絶する欧州の戦争を観察し調査するほかなかった（日本では、第二次大戦が起きるまで、「欧州戦争」という呼び方が一般的であった）。つぎつぎに命令を受けた日本の軍人は、渡欧し戦場を回って実情を見聞し、資料を集め日本に発送した。資料を受けた陸海軍は、委員会や研究会を設置し、討議を重ねては研究成果をまとめた。海軍の中で最大の組織で最も多い研究成果を上げたのが、大正四年（一九一五）十月から九年三月末まで活動を続けた臨時海軍軍事調査会であった。秋山もこの調査会委員を命じられ、渡欧することになる。

委員会勧告

委員会は大戦中に現象する様々な変化とその意味を読み取り、それを調査報告にまとめて勧告を行った。これに基づき法令、訓令、達《たつし》等の改訂を進め、制度、部隊編成等の変更のほか、兵器装備、教育訓練、技術開発の改善、戦術思想の転換にまで及ぶ。こうならなければ、委員会をつくって調査検討した努力が水の泡になる。

勧告の効果

ところがラインが委員会の勧告に左右されない優越性を有するがゆえに、勧告が握り潰されたり先送りされたりする例が少なくなかった。陸軍と海軍を比較すると、海軍への勧告はある程度の成果を上げたが、陸軍への勧告は、現状維持の力が強く、山梨半造《はんぞう》および宇垣一成《うがきかずしげ》両陸相の近代化を目指した軍縮が中途半端に終わり、成果を上げるに至らなかった。やがて陸軍は、列国の装備や戦術の進歩から取り残されることになる。

秋山の欧米視察

大正五年二月二十一日、海軍省を去った秋山は軍令部出仕となり、同二十五日に臨時海軍軍事調査委員の辞令を受けた。間もなく欧米諸国の実情視察の命を受け、三月二十一日、前述の松岡静雄《しずお》、山梨勝之進《かつのしん》、鳥巣玉樹《とすたまき》を伴って行くことになった。山梨は海大教官時代

第一次大戦関連調査・委員会

大正四年六月	戦史編纂委員会
十月	臨時海軍軍事調査会
十二月	海軍信号書及秘密電信暗号書改正調査会
大正五年一月	大正三四年従軍記章授与調査委員会
大正六年五月	海軍武功調査委員会
十月	潜水艇防禦用防材実験委員会
十二月	臨時潜水艇航空機調査会
大正七年三月	実験心理学応用ニ関スル調査委員会

	六月	海軍度量衡調査会
大正八年	八月	潜水艦試験委員会
	十一月	製鉄造船調査委員会
	十一月	臨時潜水艦実験調査会
大正九年	十二月	陸海軍航空協定委員会
	十二月	戦利航空機実験研究委員会
大正十年	八月	旧独国潜水艦爆発実験委員会
	九月	対潜水艦方策調査研究委員会
大正十一年	六月	砲戦指揮装置調査委員会
大正十二年	四月	航空特別調査委員会
大正十三年	二月	臨時海軍航空会議
	二月	海軍教育制度調査会
	四月	臨時海軍軍需工業動員協定委員会
	四月	海軍軍事普及委員会
	十二月	臨時海軍暗号書編纂委員会
大正十四年	四月	航空船調査会
	五月	燃料政策調査会
	六月	陸海軍協同作戦研究会
大正十五年	一月	臨時海軍航空会議
	五月	機雷調査委員会

の教え子で、ロンドン軍縮条約締結時の海軍次官、大将昇進後に学習院院長にもなった。この山梨が、視察旅行の思い出を随筆にまとめてくれたおかげで、細部まで知ることができる（「秋山将軍欧米視察旅行記」『秋山真之』所収、「欧州戦線視察」『山梨勝之進先生遺芳録』所収）。なお鳥巣は英国赴任がてら秋山に同行したもので、のちに中将にのぼり、海軍兵学校長、佐世保《させぼ》鎮守府《ちんじゅふ》長官などをつとめた。

一行の出発

多数の見送りを受け東京駅を出発、東海道線を西進した一行は、下関から釜山《プサン》に渡り、京城の朝鮮総督府で寺内正毅《まさたけ》総督と懇談した。兄の好古《よしふる》が朝鮮駐箚《ちゅうさつ》軍司令官に赴任するのは五ヵ月後のことである。

ロシアに滞在

それからシベリヤ鉄道経由で露都ペテルスブルグに入り、駐在武官の米内光政《よないみつまさ》少佐の出迎えを受けた。昭和の海軍を担う米内については、わざわざ説明するまでもあるまい。日露戦争から十年しか経ない時だけに反日的高官もいたが、好印象を得てつぎのフィンランドに向け出国している。これから一年後に第二次革命が勃発しロシア帝国は崩壊するが、秋山も山梨もその兆候に気付いていない。

イギリスに入国

フィンランド、スウェーデン、ノルウェーを経て、五月下旬、ニューカッスルから英国に入った。史上最大の海戦といわれる英独海軍の総力を傾けたジュットランド沖海戦から帰った英国艦隊の一支隊が停泊するプロサイス軍港に赴き、旗艦「インビンシブル」にペケナム中将を訪ねた。

ペケナム中将

日露戦争の際、観戦武官として軍艦「朝日《あさひ》」に搭乗したペケナムは、日本海海戦観戦中、砲弾の破片で顎を打ち抜かれたことも顧みず、艦橋《かんきょう》で戦況を書き続け、「朝日」の将兵を感嘆させた。彼の報告書は欧米諸国で高く評価され、日本海海戦研究の重要な資料になった。

ジェリコ提督の歓待

ペケナムと別れた後、駆逐艦で大根拠地スカパフローを訪問し、英国艦隊司令長官ジエリコ提督に迎えられた。かつて英国東洋艦隊の参謀長として極東勤務の経験があり、義和団事件の際、シーモア司令長官の下で北京進攻を試みたジェリコには日本海軍に知人も多く、秋山一行を懇篤鄭重《こんとくていちょう》に遇した。

秋山の作図能力

ロンドンに戻ったあと、ドーバー海峡防衛の司令官ベーコン中将を訪ね、特別に少しだけ独国潜水艦の侵入を防ぐ防潜網を見せてもらった。秋山は、ロシアでほんの一、二分見せてもらった新型戦艦の図面を完全に記憶し、ホテルで細部まで再現してみせて山梨らを驚かせたが、防潜網の設置方についても正確に作図してみせた。

短いフランス滞在

ついでドーバー海峡を渡り、フランスに入った。短い滞在期間のため、戦場まで足を運べなかったが、大統領ポアンカレーや外相ブリアンと会見し、仏軍総司令部では総司令官ジョッフル元帥に会うことができた。総司令部は、電信室から聞こえるカタカタという音以外は静寂そのもので、あたかも田園の中にある王侯貴族の別荘を彷彿させた。秋山は非常に感心し、全軍の中枢はかくあらねばならないと感想を漏らしている。

イタリアに入国

一週間のフランス滞在後、七月下旬、イタリアに入った。山本信次郎《しんじろう》中佐と嶋田繁太《しげた》郎《ろう》少佐が出迎えた。山本はフランス語とイタリア語を自在に操る語学の達人で、その上、熱心なカトリック教徒で、イタリア人の高い人望を得ていた。大正十年(一九二一)に東宮《とうぐう》御学問所を終えた皇太子時代の昭和天皇が欧州歴訪の旅にのぼった際、武官兼通訳として随行し、帰国後、宮内省《くないしょう》御用掛を仰せつかった。太平洋戦争開戦時の海相であった嶋田についても多言は無用であろう。

第一次大戦下のイタリア

第一次大戦開戦時に三国同盟に属したイタリアは、秋山が訪ねた時には連合軍側につき、アルプスの線でオーストリア軍と戦っていた。観戦途中の車の近くに砲弾の破片が落下、これが最も近づいた戦場であった。イタリア滞在も一週間ほどで終了、再びイギリスに戻った。

ドイツの無制限潜水艦作戦

どこの戦線も膠着《こうちゃく》し、ひたすら消耗の毎日であった。こうなると植民地を持たないドイツ、オーストリアは不利であった。英仏両国は、インドやアフリカ等から資源だけでなく兵員までも得ることができ、長期消耗戦になると連合軍側が有利になってくる。この不利を打開するためドイツは潜水艦作戦を強化し、とくにイギリスの通商航路を遮断しようとはかった。しかしアメリカの参戦をおそれ、米船舶への攻撃を注意深く避けた。ドイツが米船舶も攻撃対象とする無制限潜水艦作戦をアメリカに通告したのは、翌年の一九一七年(大正六)一月三十一日で、その三日後にアメリカは参戦した。

アメリカを訪問

一行が米セントポール号でイギリスを発ったのは八月下旬である。まだ独潜水艦が米船舶攻撃を避けていた頃だが、それでもわざわざ英駆逐艦四隻が途中まで護衛してくれた。無事にニューヨークに着いたのが九月上旬であった。波止場には、日米開戦時の駐米大使となる野村吉三郎《きちさぶろう》中佐が、英海軍武官とともに迎えにきてくれた。当時米海軍内では、ジュットランド沖海戦の評価をめぐって喧々諤々の論争が起こっていた。そこへ英国視察を終えた秋山が立ち寄れば、見逃してくれるはずがない。米西戦争以来の友人であるチャドウィック提督をポーツマス軍港に訪ねたときも、戦術の大家として評判の高かったニブラック提督が立ち寄り、この問題が話題になった。しかし秋山は黙ったままで、二人をがっかりさせた。大使館参事官本多熊太郎《ほんだくまたろう》も秋山の名判断を本国に打電せんと手ぐすねを引いていたが、沈黙したままだった。帰国後、秋山は二十回以上の講演をしているが、その中でもジュットランド沖海戦について、なぜか一度も触れていない。

ジュットランド沖海戦の評価

秋山の沈黙

日本海海戦の大勝利は、戦艦中心の主力艦隊の丁字《ていじ》戦法による「艦隊決戦」で主導権を握り、中小艦艇の水雷攻撃で勝利を確定する戦法の正当性を証明した。前述のように秋山は主力艦で勝ったとか、水雷攻撃で勝ったとか、その時々で違った発言をしたが、そのいずれもが正しいために、発言の機会ごとに重点を変えたのであろう。

秋山の「艦隊決戦」思想

秋山没後にワシントン海軍軍縮条約による主力艦の削減を飲まされ、米海軍に対する対抗心を一層強めた海軍は、「艦隊決戦」を有利に導くために、日本海海戦の際に悪天

ワシントン海軍軍縮条約

候で中止された「漸減作戦」を見直し、これを具体化する新しい方策を模索した。「漸減作戦」を必須とする「艦隊決戦」は、秋山の思想と異なり文字通り勝敗を決定する戦いへと意味を変えていった。いわば「新艦隊決戦」論の登場というべきもので、大正の八四・八六艦隊、昭和の「大和《やまと》」型戦艦へと展開する一方、「漸減作戦」の手段として長射程魚雷や航続距離の長い航空機の開発へと発展していく。

「新艦隊決戦」の登場

だが「新艦隊決戦」の前提は、全勢力を相手にぶつけて戦いに決着をつける意志が、敵味方双方に存在することである。日露戦争の頃までは自明の理として、誰もその是非を疑わなかった。しかし兵器が多様化し、艦隊が肥大化する第一次大戦頃から、この自明の理が崩れ始めたのである。その最初がジュットランド沖海戦であった。

ジュットランド沖海戦の内実

この海戦に際して独艦隊は、多勢の英艦隊を相手に優秀な火砲で互角以上の戦いをしたが、決着をつけぬまま夜闇に乗じて引き揚げた。大海戦になるほど、戦闘を直接指揮する司令官も優劣を判断しにくい。独艦隊司令長官シェーア中将は、多勢の英艦隊に対して砲撃戦で有利に立っていたが、味方の兵力不足を懸念した。列強の艦隊が巨大化しすぎ、それらが一海域に集結して戦うことが困難になり、情勢判断ができなくなったのである。

「艦隊決戦」の自明性喪失

ジュットランド沖海戦は、勝敗をつけない大海戦もありうるだけでなく、戦争には必ず「艦隊決戦」が起こるというのが自明の理ではないことを証明した。太平洋戦争の際、あくまで「艦隊決戦」を目指す日本海軍に対し、米海軍が多様な戦闘を追求したように、一方が「艦隊決戦」を欲しなければ海戦は起きず、戦争は別の方法で行われるが、その兆候がすでにこの海戦の中に現れていたのである。

末次信正の確信

ジュットランド沖海戦を実際に見た日本人には、別の解釈をしたものがいる。英軍艦の艦橋で観戦した末次信正《すえつぐのぶまさ》中佐は、「艦隊決戦」思想の正しさを確信した。彼は、昭和五年(一九三〇)のロンドン軍縮条約をめぐる海軍部内の抗争において、軍令部長加藤寛治《ひろはる》とともに終始一貫条約に反対し続け、文字通りの「艦隊派」らしく主力艦による「艦隊決戦」を当然のことと信じた一人である。末次の見方は当時としてはきわめて常識的で、英海軍軍人も彼の見解に反対しなかったであろう。むしろ時代に先行し、歴史の潮流を直感する秋山だけが別格であった。

「艦隊決戦」の意味

秋山は、英海軍の提督たちの話から、戦争になれば「艦隊決戦」が必然する確信が意外に根拠薄弱であることに気づいた。秋山にとって、英独海軍のどちらが優勢であったかでなく、両艦隊が相まみえながら、決戦が回避された事実そのものが問題であった。

また「艦隊決戦」によって戦争の勝敗がつくと信じたが、ジュットランド沖海戦以後も大戦が決着する気配もない。仮に同海戦が「艦隊決戦」であったにしても、その影響をまったく受けずに陸上での戦闘が続く現実は、海軍軍人としてたまらなかった。

秋山の沈黙の意味

「艦隊決戦」は、その勝利が戦争全体の勝利であることを意味していたはずだが、それは思い込みに過ぎなかった。決戦が必至でないうえに、戦争の勝敗につながらないとすれば、「艦隊決戦」は一過性の海戦であり、巨費を投じる艦隊建設も無駄になりかねない。秋山の沈黙には、深刻な意味があった。

帰国

秋山と山梨は途中で別行動をとり、秋山はアメリカ北部を、山梨は南部を視察したのちサンフランシスコで合流し、シアトルから横浜丸に乗って十月三十一日に横浜に帰着、七ヵ月余にわたる長旅を無事終えた。

『軍談』を出版

つぎの補職である第二水雷戦隊司令官に着任するまでの一ヵ月余の間に、秋山は各地で講演し新聞の取材に応じている。「実業之日本社」は、社長自ら秋山に講演と同じ趣旨の原稿執筆を依頼したが、秋山は主義に反すると取り合わなかった。だが自分の講演の速記録や記者が聞き書きした新聞記事を単行本にする計画まで断る理由はないと認めたので、同社は大正二年(一九一三)から帰国直後までに行った講演の速記録や新聞記事を採録し、『軍談』と名付けて出版した。秋山の著者名で市販された唯一の本になった。十六の題目が収められているが、第一次大戦およびその後の時代の予想について、鋭敏な秋山らしさに溢れた内容で、その幾つかを抜粋してみる。

「米価と国防の関係―附《つけたり》燻炭《くんたん》肥料普及の必要」　「大戦後に於ける兵器の進化」
「戦後に於ける日本の地位及其覚悟如何」　「欧州大乱の心的原由」
「欧州大戦の三大力素」　「欧州大戦と工業」
「軍紀の整粛」　「米国海軍の大拡張」
「世界大乱の将来」

秋山の洞察力・分析力

一読して感じられるのは、秋山が類い希な洞察力・分析力をもっていることである。内容は海軍の枠を飛び越え、現実から形而上《けいじ》の領域にまで広がり、思想家を飛び越えて、予言者の趣すら漂わせている。右の項目の幾つかを選び、紹介してみよう。

「米価と国防の関係―附燻炭肥料普及の必要」の冒頭で、

米は我日本人の常食料で何は兎《と》もあれ、之《これ》が充足して居《お》らぬと、一朝有事に際し、海外との交通が途絶したとき、如何《いか》に海陸軍が外に働いても国民が内に飢餓するやうでは、国防の目的が達せらるゝものではない。

海上交通維持を重視

と、国情が日本と似たイギリスを脳裏に描きながら、これからの戦争では海上交通を守れなければ、戦場から離れて安心している国内の国民も悲惨な目に遭うことを予測している。三十年後の太平洋戦争の末期、海外に三〇〇万以上の兵力をおきながら、海上交通の維持を重視しなかったため、本土がB29の機雷敷設と潜水艦による通商破壊により飢餓状態に追い込まれた歴史が思い出される。通商破壊に備えて自給も必要であり、そのために燻炭肥料の普及を提言している。

「大戦後に於ける兵器の進化」では、

其《その》他兵員に比し銃砲数の増加するに従ひ弾薬の補給が益々《ますます》面倒となり、後方勤務の組織に大革新を来すことゝならん。固《もと》より鑓《やり》や刀だけならば、弾薬補給の面倒は少しも無い訳であるが、武器の進歩に伴ひ後方勤務の益々複雑となるのは自然の趨勢《すうせい》である。

後方勤務の重要性を説く

と、現代戦争の本質的特徴を明快に要約している。すでに第一次大戦から後方業務が前線の戦いを左右しており、『海軍戦務』の内容をさらに進めて、補給を含む後方勤務の重要性を再確認し、改めて注意を喚起している。この認識をもとに、いま一度「海戦要務令」を改めれば、その後の海軍はもっと違ったものになっていたかもしれない。

補給への認識を改める

消耗戦は補給戦であり、海上輸送路および陸上輸送路の確保が不可欠である。独潜水艦のためにイギリスの海上交通路が危うくなりかけた戦例が出たが、これを海軍が真剣に受け止め、新しい戦策や艦隊編制を検討することはなかった。『海軍戦務』において、輸送船の護衛のみを海軍の任務とし、陸上部隊への補給は任務ではないとした秋山だが、第一次大戦の視察によって補給に対する認識を一変させた。だが兵術思想の再構築に至らなかったのは、その後にこれを取上げる海軍軍人が出なかっただけに残念である。

総力戦体制

「欧州大戦と工業」では、

国防の時務は決して軍人の専業ではない。国民悉《ことごと》く之《こ》れに任ぜねばならぬので、特に工業家は此《この》点に深く留意して貰はねばならぬ。

と、現代戦は軍人だけではできないことをキッパリ言い切る。秋山は、一般の国民や経済界の指導者たちにも、この趨勢を知ってもらいたいと語る。総力戦と呼ばれる大戦争は軍人の手に負えないほど巨大化し、これを制御し、自国の利益のために機能させるには、国民・軍人・産業界等が協力し合わねばならない。

海軍改善に活かされなかった秋山報告

軍人たちは、秋山や他の調査員の報告から、第一次大戦がもたらした根本的変化を十分に理解できなかった。陳腐になった軍事理論と組織の保守的態度に縛られ、大戦の観察から得た分析結果を、海軍の改善、すなわち海軍を時流に乗せるために利用しなかった。秋山の指摘に限らず、第一次大戦を研究する各種委員会の調査研究報告について、核心をはずした部分をつまみ食いするばかりであった。まだ海軍の方が陸軍よりましであったが、だからとて自慢できることではない。

戦争形態の変化と陸海軍

第一次大戦中に欧米陸軍の騎兵はほとんど姿を消し、その役割を戦車や装甲車に交代した。第一次大戦後、山梨半造と宇垣一成の両陸軍大臣が軍備削減と編成の見直しをした際、騎兵は若干削減されただけで堂々と存在し、逆に必要性が高い砲兵が大幅に削減された。既得権と発言力がものをいい、時代が必要とする新しい要素が組織の中で軽視された。これに対して海軍は、技術面で欧米との格差を縮める努力により、分野によっては欧米に肩を並べる成果を上げたが、戦術や近代戦に対する認識といった思想面において立ち遅れたことは否定できない。

近代文明観への洞察

第一次大戦の変革を飛行機や潜水艦等新兵器の登場でしか見ないのが日本人一般の傾向だが、秋山はもっと大きな変化のあった思想や精神の問題に目をこらしている。秋山の関心は近現代戦争の物的側面から形而上の問題に移り、「欧州大乱の心的原由」の中では、大戦が起きた原因を「物的方面にのみ向上して、心的の発達が之に伴はないのが其《その》一大素因」と断じ、近代文明の欠陥こそ大戦の根本原因としている。こうした文明観は、秋山の心中で急速に支配的になり、彼はその解決策を軍事以外の世界に求めていく。最後の「世界大乱の将来」で、秋山がある答えを見出したことを窺わせる。

（西欧）の不徹底な自我主義や個人本位、或《あるい》は間違った民主思想や群衆心理などが世に蔓《はびこ》って、其れから生み出した文物制度が人生を司配する間は、主義思想其物が已に争闘を起さずには息《や》まず、物的偏重に伴うて湧き出たる、無意無心の機械兵器迄《まで》は、……相争うて人を傷け物を破らねば承知せぬのである。固《もと》より、世の中は十人中十色であらねばならぬと云ふ訳のものではなく、……笛も太鼓も、自己を本位に我儘を振舞ひ、銘々勝手に吹いたり叩いたりしては、見られも聞かれもしたものではない。乱世とは則ち此の節制と調和を失ひたるもの、謂ひで、大本の心的統一がなければ、晩《おそ》かれ早かれ、終《つい》には至るべきものである。

宗教への回帰

西欧の近代思想である民主主義、自由主義に今日の大戦の原因があり、これを解決するためには、節制と調和を取り戻し、大本の精神的思想的統一を実現しなければならないとする。大本の精神的思想的統一を実現する方法について述べていないが、この頃、秋山はしばしば宗教の重要性を説くことからみて、大本とは宗教の意で、これに回帰することにより、そこで得られる力で統一をはかるべきだという結論になると考えられる。

日本人の現状に対する失望

西欧の民主主義、自由主義を模倣してきた日本人は、いまや物的偏重に陥りつつあり、秋山はこの現状に失望しつつあった。にもかかわらず欧米との間に生じた物的格差、つまり工業力や技術力の立ち遅れにも強い危機感をつのらせ、やがて日本が直面することになるにちがいない国家的危機を察して苦悩した。戦争景気に沸き、中国青島《チンタオ》や南洋諸島を獲得して浮かれている陸海軍や国民にはとてもいえなかった。

日本の行末を予言

このままの状態が続けば、いずれ国家存立の危機が日本に迫ってくるのは避けられないと予言したのは、臨終直前に陸軍少将白川義則《しらかわよしのり》らを近くに呼び寄せたときである。

今日の情態のまゝに推移したならば我国の前途は実に深憂すべき状態に陥るであらう。総《すべ》ての点に於《おい》て行詰《ゆきづまり》を生じ恐るべき国難に遭遇せなければならないであらう。

俺はもう死ぬるが、俺に代って誰が今後の日本を救ふか。

臨終の地になる小田原の山下亀三郎別邸に泊まり込んでいた桜井真清《さねきよ》は、秋山の警鐘の詳細について聞いたはずだが、『秋山真之』にはこれ以上記していない。

欧州大戦を見て帰った秋山が憂慮したのは、大正デモクラシーの下で西欧流の思想にかぶれて身勝手な行動をする風潮と、欧米の国家も軍隊も社会も劇的に変化しているのに、日本が明治の遺産にしがみつき、現状に満足している現実であった。

「総力戦」の意味

第一次大戦のような新しいタイプの戦争を「総力戦」と呼ぶのは、国家の持てるあらゆる力を戦争に投入する実態から生まれた表現である。もっと厳密にいえば、あらゆる力とは、軍事力の総和ではなく、国家の持てる人口、資源、軍事力、工業力、技術力、財力、教育水準、社会資本等の総和という意味である。これにしたがえば資源、財力で劣り、工業力、技術力、社会資本の面で著しく立ち遅れた日本は、どうみても「総力戦」が非常に不利であるとの結論にならざるをえない。

ヨーロッパ社会の変容

ヨーロッパで進んでいた変化は根本的なもので、数百年間続いた王朝体制が崩壊し、王族、貴族、これに繋がりをもつ領主的富裕層等が没落し、これまで軽んじられてきた農民、工場労働者、商店従業員、露天商等の階層が国を動かす勢力になった。膨大な兵力を消耗する近代戦では、圧倒的多数を占める彼らが主役にならなければ戦っていけない。軍隊の将校も、これまで兵隊の供給源であった貧困層の中からも出るようになり、武器弾薬の生産や戦費も彼らに多くを依存せざるをえなくなった。こうした変化にともない、王家や貴族の廃止と共和制の採用、貧困層にも政治参加の機会を与える普通選挙制の拡大等が進められ、十九世紀の古き良きヨーロッパはすっかり姿を変えた。こうした変化を遂げえない国家はいずれ歴史から取り残され、消滅するほかない。

秋山の炯眼

秋山の炯眼《けいがん》は、日本がこの早い歴史の流れに遅れはじめたことに気づいた。一瞬の強勢にあぐらをかき、繁栄に酔いしれ、社会的影響の出る改革を避け、明治憲法で確立した古い体制をあくまで維持しようという日本人に、その兆候を見抜いた。これからの日本に明るい展望があるのだろうか。考えれば考えるほど、彼の苦悩は救い難いものになった。

秋山が次第に内向的になり、懊悩《おうのう》を少しでも解決する方法はないかともがく日が続いた。国家に忠誠を尽くし、国防の確立に精魂を傾けてきた軍人は革命家にはなれず、しだいに苦悩は絶望へと変わっていく。

六　大本教信仰と死

日本の信仰世界

江戸時代生まれの世代が多くを占める明治時代や大正時代、神仏を信仰するのは当たり前であり、信仰するかしないか一々考える人は稀だった。祖父母や両親の躾《しつけ》によって信仰が習慣化され、生まれ育った家庭の信仰を引き継ぐのが親孝行の一つであった。

だが、この自然な引継を狂わすちょっとした事件が起こるのが人生である。家族が重い病気になったり、天災人災で精神的動揺を来したりしたとき、親戚、知人、友人等に説得され、先祖以来の信仰と違う宗派や宗教を信ずる例もまた少なくない。とかく日本人は義理に弱く、相手の顔を立てて入信してしまう場合も多かった。

軍人内の日蓮宗準国教化

軍人には、熱心な日蓮宗信者が多かった。日蓮宗は、立正安国《りっしょうあんこく》論のように、身に降りかかる危難や不幸に対して、ひたすら仏の加護を信じつつ積極果敢に立ち向かえと説く、わが国の仏教の中で異質な自力本願的性格の強い宗派である。この教えが軍人の共感を呼び、陸海軍人の間では、日蓮宗信仰が「準国教」的宗教になった時もある。

武見日恕のカリスマ性

東京市杉並堀ノ内の妙法寺には、明治の半ば頃から海軍軍人がよく訪れるようになった。東郷平八郎《とうごうへいはちろう》が艦艇勤務から東京に戻ったときに必ず参拝に訪れた寺として、日露戦争後に有名になった。明治三十年代から住職をつとめたのは、まだ三十代の武見日恕《たけみにちじょ》で、そのカリスマ性と法理を明快に説く弁舌とによって、海軍内に多くの帰依者を獲得した。そして帰依者を通じて多くの信奉者を得て、さらに海軍内に帰依者を増やした。

秋山の日蓮宗帰依

秋山も、一時期、熱心な日蓮宗徒であったといわれるが、もともと日蓮宗でなかった秋山が、いつ頃、信仰するようになったかはっきりしない。日露戦争後、つまり海軍大学校教官時代、同僚の佐藤鉄太郎《てつたろう》や軍令部《ぐんれいぶ》の小笠原長生《おがさわらながなり》らが主催していた日蓮宗の研究会である「天晴会」に勧誘され、義理で信仰したのではないかと思われる。

入信の動機

そのときの心境を推しはかることはむずかしいが、入信する動機は漠然としたものであった。物事に対する科学的合理的な観察力にすぐれ、透徹した分析力と本質に迫る能力について余人の追随を許さなかった秋山だが、欧米人のキリスト教的神学が築いた宇宙観と戦ってきた合理主義者とは違う。研究や調査に要求される科学主義、合理主義も、その目的の範囲内のものであって、たとえば日常生活上の冠婚葬祭は、それが非合理であっても継承するのが日本人一般の生き方である。そこに矛盾があっても深刻に受け止めないのが日本人の特徴だが、この点においては秋山も平凡な日本人の一人であった。

秋山の体調不良

　第一次大戦視察を終えて帰国した秋山は、第二艦隊の第二水雷戦隊司令官に補された。第二水雷戦隊は精鋭の駆逐艦隊である。しかしこの頃から体調が勝れず、入港すると医師の診察を何度か受けた。日露戦争の作戦指導で心血を注いだ疲労が、ようやく出てきたのかもしれない。陸軍には、川上操六《そうろく》、田村怡与造《いよぞう》、児玉源太郎《げんたろう》のように作戦指導、戦争計画の立案で寿命を切り刻んだ例があるが、海軍には見当たらない。気楽である筈はないのだが、とにかく少ない。だが秋山は、心身共に病んでいたのである。

大本教

そんな時、秋山は、当時急速に教勢を拡大しつつあった大本教《おおもときょう》に接した。大本教は出口なおを開祖とし、明治三十二年(一八九九)頃、娘婿となった王仁三郎《おにさぶろう》がいまの京都府綾部《あやべ》に小教団を組織し、大正初期に爆発的発展を遂げた。だがそのあまりの勢力振りに脅威を感じた政府によって、二度にわたる大弾圧を受けた歴史を持つ新興宗教である。

出口なおが起こす奇跡

宗教として成立する一要件は奇跡を起こすことにある。予言、病気の治癒、失物の発見など、常人ではできない奇跡を実演し、周囲の人々に神の存在を実感させることが、宗教として成立する第一歩である。開祖のなおもつぎつぎに奇跡を起こして周囲の人々を驚かせ、宗教化に必要な多くの信奉者を得た。

大本教の教義

なおは五十七歳に至って艮《うしとら》の金神《こんじん》こそ本源の真神と確信し、鎮魂帰神によってあらゆる悩みも不幸も解決できるとし、現在・未来の幸福をかち得ることができると説いた。艮の金神とは国常立尊《くにとこたちのみこと》のことで、その対称に豊雲野尊《ゆたかうんのみこと》があり、これを坤《ひつじさる》の金神とし、両者はこの世の創造神である天御中主尊《あめのみなかぬしのみこと》の働きを二分した呼び方であるといわれる。のちになると、坤の金神に手を合わせて祈願するだけで、不幸を克服し何事もかなえられると教えるようになった。

神霊がなおを介して書かせたというお筆先《ふでさき》は、大本教の教説の根幹になるものだが、もともと文盲であったといわれるなおが書いただけに、誰にでも理解できる内容であった。大本教が宗教として多くの信者を得ることができた一因に、開祖のなおがどこの長屋にでもいるような「おばさん」で、貧しさゆえに教育を受ける機会がなかった生い立ちとが、経済的に恵まれず、社会の下層で苦しい毎日を送る人々の境遇と共通したことが挙げられる。それゆえなおが持つ奇跡を起こす霊力で同階層の自分たちの悩みを救ってくれるにちがいない期待感が、人々になにかしらの希望と将来への展望を与えた。

大本教の特徴

だが大本教の特徴のひとつは、社会の下層の人たちだけでなく、皇族や華族、経済人、や陸海軍のエリートにも多くの信者を得たことだ。日本の新興宗教は神道や仏教の延長にあるもの、両者を融合したものが多いが、大本教は多分に神道的であり、それがために宗教儀式は簡素で清楚、しかも気品に溢れている。教説も前述のようにシンプルで、こうした内容が人々の魂に安心感と親近感を与えたのかもしれない。

海軍軍人との関係

大本教の組織化と全国に信徒を広げた教勢は、ひとえに王仁三郎の類い希なマネージメント能力に負っていた。発祥の地である綾部が軍港の舞鶴《まいづる》に近いこともあり、教勢の拡大には、つねに海軍軍人の影がつきまとっている。布教活動の中核となったのは、軍隊組織を模倣した直霊軍で、海軍出身者の指導を受けて設置された。これとともに組織全体の主要ポストに海軍出身者が登用され、たとえば根本学社学長に海軍予備機関中佐の飯盛正芳《いいもりまさよし》、顧問に同中佐の福中《ふくなか》鉄三郎らが任命されている。

浅野和三郎

海軍内の大本教は、関東大震災後に横須賀から舞鶴に移った海軍機関学校を中心に広がったため、機関科の将校や下士官兵に多くの信徒が出た。その中心人物が、機関学校普通学教官の浅野和三郎《わさぶろう》である。和三郎は、一高から東京帝国大学というわが国の象徴的なエリートコースを歩み、英文学界では広く名を知られた知識人であった。人一倍熱心に布教したところをみると、やむにやまれない入信動機があったのであろう。

海軍内での布教活動

和三郎の兄が正恭《まさやす》で、当時海軍中将で呉工廠砲熕《くれこうしょうほうこう》部長をつとめていた。正恭は海軍兵学校十五期生で、同期には岡田啓介《けいすけ》や財部《たからべ》彪《たけし》がいる。弟の和三郎に勧説され、兄の正恭も呉工廠砲熕部長時代に入信しただけでなく、海軍内の同僚や部下に熱心に入信を勧めた。正恭は、大正八年（一九一九）六月に呉工廠から海軍技術本部出仕になったが、一年以上これといった仕事もないまま、九年八月に予備役になった。この扱いの理由に、大本教布教問題にあったのは疑いない。

軍人信徒の急増

大正初期の軍人信徒の急増と、これに対する陸海軍大臣の動きについて、王仁三郎の孫に当たる出口京太郎は次のように記している（『巨人　出口王仁三郎』）。

軍人信徒で教団関係の要職についた人は多数にのぼり、将官、佐官クラスだけでも枚挙にいとまがないが、入信者の数はこのころからうなぎのぼりとなり、第一次大本事件のころには、全国にたくさんの高級軍人信徒が散在して隠然たる勢力を占めるようになる。そのために、陸・海軍大臣は「大本信者は軍隊内から一掃する」と声明して、各師団や艦船の長官に厳重な通達をおこなっているほどだ。

第一次大本教事件

文中の第一次大本教事件とは、十万本の竹槍を隠匿しているというデマ情報をもとに、大正十年二月十二日、藤沼京都府警察部長を筆頭に、検事数名と京都市内選抜の武装警察官一三〇人と綾部、福知山、舞鶴の警官隊とが合流して教団本部を襲い、不敬罪および新聞紙法違反の容疑で家宅捜索、証拠品の押収、教団幹部約八十人の召喚等を行った事件をさす。竹槍一本はおろか、事件につながるものは何も出なかった。国家権力乱用の一例だが、長い目で見ると、この事件こそ日本が全体主義化する第一歩でもあった。陸海軍省が大本教一掃の方針を打ち出したのは、第一次事件後のことである。

この事件の伏線は、すでに二年前の八年二月に起きている。藤沼警察部長の命を受けた中村保安課長が綾部を訪れて王仁三郎や和三郎らを尋問し、その問答集が関係省庁に回覧された。これを受けて陸海軍省の大本教に対する姿勢が厳しくなり、浅野正恭が左遷されたのも、こうした部内の変化が反映したものであろう。

秋山の入信の動機を周囲の誰も聞いていない。桜井真清《さねきよ》の『秋山真之』は、秋山が各種宗教の原理の抽出に関心を持ち、研究のため入っただけで、帰依することなどありえず、最後には仏教に戻ったと懸命に弁明している。だが大本教の信仰から仏教に立ち戻る間もなく死去し、桜井が弁護すればするほど、事実と合わなくなる。

秋山が直面した懊悩とは、死の床でつぶやいた「総《すべ》ての点に於《おい》て行詰《ゆきづまり》を生じ恐るべき国難」だろうか。その中身を探るのは、入信には不可欠な動機があるとする常識論に発するが、常識で割り切れないのが世の常である。身体の不調、生来の信仰熱心で何事も宗教で締めくくりたくなる性格、日露海戦での戦死者に感じた無情などが挙げられるが、これらは間違いでなくても、根本の動機ではないかもしれない。

秋山入信の動機

秋山には神経を悩ます放蕩な家族もいなかったし、将官になりそこそこの生活もできた。同期の中でつねにトップを走り続け、真っ先に海軍少将に昇進した。周囲から見れば、家族や才能に恵まれ、自信に溢れ隆々たる歩みを続ける秋山には、入信の必然性などあろうはずがないと思われる。が、浅野和三郎には秋山の内面の苦悩が見えたのだろう。

和三郎への敬慕

海軍の先輩である正恭だけでなく、和三郎とは英語の勉学を通じて付き合いがあり、大本教の紹介も、彼から直接行われたと推測される。秋山は、教養と学識にすぐれ、それが話の端々に滲み出る人間が好きだった。和三郎は、秋山にとって理想的な人物、憧《どう》憬《けい》の的だったのではないだろうか。和三郎が海軍機関学校をやめ綾部に引っ越すと、秋山もしばしば綾部の和三郎を訪れるようになった。大本教というより、和三郎を敬慕して綾部参りをしている印象さえあった。

信仰態度

秋山の信仰態度は、周囲の信者たちに称賛された。威儀を正し神前礼拝する姿は、さすがに誉れ高い海軍の将官らしくあたりの空気を鎮める重々しさがあった。信者にとって模範的行為は、一人でも多くを神の道に入信させることである。海軍関係者はこの点について暗黙の箝口令《かんこうれい》をしいてきたが、秋山の勧誘で入信した部下が少なからずいたことは紛れもない事実である。

病状悪化による転任

第二水雷戦隊司令官をわずか七ヵ月余で退いた秋山は、大正六年（一九一七）七月、海軍将官会議議員に補された。格上げだが、実質は名誉職である。五月に東京駿河台病院に入院し近藤博士の診察を受けたとき、盲腸炎と診断され手術を勧められたがこれを断った。これ以後、しばしば腹部の激痛にみまわれ、乗艦の任に耐えられなくなったのが転任の理由である。十二月一日、特別のはからいで海軍中将に昇進したが、同日をもって待命《たいめい》となった。待命は一般に予備役に退く際の調整期間である。まだ早すぎる中将昇進や待命は、海軍当局が秋山の命が長くないと判断したことを意味する。

中将昇進

秋山が手術を受けなかった理由について、桜井の『秋山真之』は、秋山の「この苦痛も精神力で打勝って見せる」「必ず自己の心霊の力によって治して見せる」といった言葉を引き、精神力に確信を持っていたからだというが、むしろ神の力（心霊の力）を信じていたと解すべきであろう。大本教への信仰の深さと、物的豊かさに対抗し、精神的思想的充実を求めてきた彼なりの意地が手術を拒否したともいえる。

手術拒絶の理由

秋山は将官会議議員として東京に戻ると、夏の暑い中を東海道線と山陰線を乗り継いで綾部の本山に詣でた。三日間、神前礼拝と鎮魂帰神の修行に励んだ。鎮魂帰神に基づく手かざしによる腹痛除去、患部治癒があり、王仁三郎自ら秋山に手かざしを行ったと伝えられる。この時の一心不乱の厳しい修行は、のちのちまで信者間の語り草になった。手かざしを受けると、さしものの激痛も嘘のように引いた。何度か東京・綾部間を往復し、その都度痛みも軽減したが、長い目で見れば、症状は重くなるばかりであった。

本山詣をくり返す

年末からは、小田原にある山下汽船社長の山下亀三郎の別邸で療養した。年が改まっ

小田原での療養

臨終の地　山下亀三郎別邸

た大正七年〈一九一八〉、暖かい日には、政界や陸軍の最長老として揺るぎない地位にあった山県有朋《やまがたありとも》を近くの古稀庵《こきあん》に訪ね、衰弱した体力を振り絞り、海軍の将来について依頼するところがあったが、その内容は伝えられていない。

家族への遺諭

一月末、容態悪化の報に接したすゑ夫人が小田原に急行した。二月一日には、長男大《ひろし》、桜井真清、兵学校同期で中将の森山慶三郎《けいさぶろう》、当時陸軍少将であった白川義則《しらかわよしのり》らが駆けつけた。その夜、どす黒い血を吐き、それでも長男大と夫人に対して、比較的長い「宗教に依る人格の確立と、社会の救済」について遺諭したという。四日午前三時過ぎ、邸内で休んでいた見舞客を招き入れ、「お世話になりました」と日頃の交誼に対する謝辞を述べ、ついで「これから独りで行きますから」と別れを告げた。

白川らへの遺言

そのあと白川義則と小林海軍軍医に対し、前述した今日の陸海軍をめぐる厳しい現状と、国家が陥るべき困難を語気を荒めて叱責調に語った。維新以来、日本人は青雲の志に燃え、国をあげて登りつめた坂道であったが、登り切って見えたのは、さらに厳しい茨の道と越えられそうにもない断崖絶壁であると、諭そうとしたのではないだろうか。

辞世 最後に俳郷松山の出身者らしく「不生不滅明けて鴉《からす》の三羽かな」と口吟んだあと、障子を開けさせ、真冬の冷気をかすかな音を立てて吸い込んだ。山下亀三郎に子供の将来を託し、般若心経か教育勅語の一節を口ごもっていたが、やがてそれも聞こえなくなった。

死去 享年五十一、東京芝の青松寺で行われた追悼会の席上、兄の好古《よしふる》が謝辞の中で「弟真之はたとへ秒分の片時たりとも『御国の為め』という観念を捨てなかった。二六時中この観念が頭を去らなかった」と述べている。明治の軍人らしく国家のために尽力し、日露戦争でエネルギーを使い切った生涯であった。最後には、日本を待ち構えているであろう災厄に苦悩し、それが心身をむしばみ、ついに不帰の人となった。

秋山家略系図（右頭の数字は代数を示す）

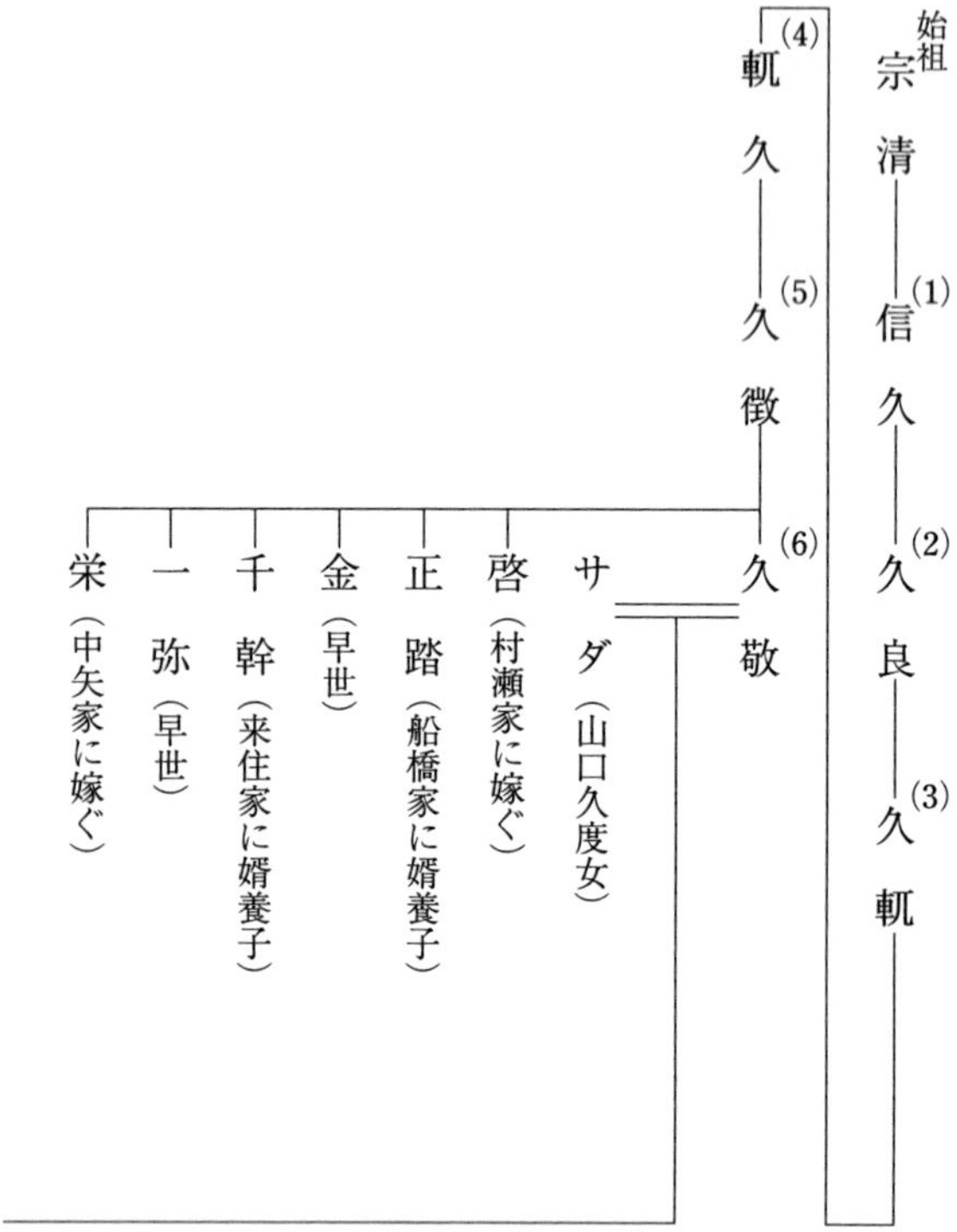

(7)則久（病弱のため好古に家督を譲る）

正矣（岡家に婿養子、朝鮮京城電気会社重役）

(8)好古 ＝ 多美

(9)信好

道一（西原家に婿養子）

真之 ＝ すゑ

大《ひろし》（僧侶　日本宗教史研究家）

固《かたし》（青山家に養子、日本製粉社員）

中《ただし》（山下汽船社員）

全《やすし》（農業大学進学）

少《わか》子《こ》

宜《たか》子《こ》（実践高等女学校進学）

種（早世）

略年譜

（年齢は数え年とする）

年次	西暦	年齢	事蹟	関連事項
明治元	一八六八	一	父久敬の五男として、松山城下に生まれる	三職分課職制定め、海陸軍務課発足、海軍の誕生
明治一五	一八八二	一五	松山中学を退校し上京	海軍省、芝開拓使出張所移転○軍人勅諭発布
明治一七	一八八四	一七	大学予備門に入学	清仏戦争勃発、横須賀鎮守府開設
明治一八	一八八五	一八		内閣制発足、国防会議設置
明治一九	一八八六	一九	海軍兵学校に入校	海軍水路部設置
明治二一	一八八八	二一		海軍兵学校、江田島に移転
明治二二	一八八九	二二		呉・佐世保鎮守府開設
明治二三	一八九〇	二三	海軍兵学校を卒業。父久敬没す（享年六九）	軍艦一二万トン建造計画成立○教育勅語発布
明治二四	一八九一	二四	「高千穂」乗組となる	シベリヤ鉄道起工
明治二五	一八九二	二五	海軍少尉、「龍驤」分隊士となる	
明治二六	一八九三	二六	「松島」分隊士となる。英国に出張、「吉野」回航員となる	海軍軍令部設置○横須賀に海軍水雷術練習所設置
明治二七	一八九四	二七	「筑紫」航海士となる	連合艦隊編成、日清戦争勃発

明治二八	一八九五	二八	「和泉」分隊士となる。「大島」航海士兼分隊士となる	北洋艦隊降伏、下関講和条約調印○三国干渉
明治二九	一八九六	二九	水雷術練習所学生となる。横須賀水雷団第二水雷艇隊付となる。「八重山」分隊長心得となる。海軍大尉・「八重山」分隊長となる。軍令部諜報課課員となり中国で活動。	海軍造船廠設置○海軍機関術練習所設置○水雷隊廃止し水雷団設置○竹敷に最初の要港部設置
明治三〇	一八九七	三〇	米国に留学	各軍港に海軍病院設置○戦時日誌・機密作戦日誌等制定○中佐・中尉の階級復活
明治三一	一八九八	三一	米西戦争を視察	海軍大臣に山本権兵衛
明治三二	一八九九	三二	英国駐在、西欧各国視察後に帰国	下瀬火薬製造所設置○軍令承行令制定
明治三三	一九〇〇	三三	海軍省軍務局課員となる。常備艦隊参謀となる	義和団事件で佐世保陸戦隊活躍○海軍教育本部・艦政本部設置
明治三四	一九〇一	三四	海軍少佐となる	舞鶴鎮守府開庁○魚雷・無線電信機が兵器となる
明治三五	一九〇二	三五	海軍大学校教官となる	日英同盟・軍事協商締結○軍艦「三笠」、英ヴィッカースで竣工
明治三六	一九〇三	三六	常備艦隊参謀、第一艦隊参謀となる。するゑと結婚	第一艦隊司令長官に東郷平八郎○連合艦隊編成、長官に一艦長官
明治三七	一九〇四	三七	海軍中佐となる	日露戦争勃発○占領前提に旅順口鎮

明治三八	一九〇五	三八	海軍大学校教官となる。母サダ没す（享年七九）	守府設置 奉天会戦・日本海海戦で勝利○ポーツマス講和条約調印
明治三九	一九〇六	三九	長男大誕生	ド級戦艦ドレッドノート号進水○重油を燃料に採用
明治四〇	一九〇七	四〇	海軍大演習で中央審判部員となる。次男固誕生	海軍砲術学校・水雷学校等設立○初の国産装甲巡洋艦「筑波」竣工
明治四一	一九〇八	四一	「三笠」副長となる。「秋津洲」艦長となる。海軍大佐となる。「音羽」艦長となる。三男中誕生	艦隊の平時編制制定○米大西洋艦隊来日○米を想定敵国の海軍大演習実施○光緒帝・西太后死去、溥儀即位
明治四二	一九〇九	四二	「橋立」艦長となる	軍令部長に伊集院五郎
明治四三	一九一〇	四三	「出雲」艦長となる。「伊吹」艦長となる。長女少子誕生	新海軍軍備充実計画成立○第六号潜水艇事故、佐久間ら殉職○帝国在郷軍人会発足
明治四四	一九一一	四四	第一艦隊参謀長となる	第三回日英同盟調印
大正元	一九一二	四五	軍令部参謀兼海軍大学校教官となる	「海軍公報」制定、辛亥革命
大正二	一九一三	四六	海軍少将となる。四男全誕生	小村寿太郎没○山本権兵衛内閣成立
大正三	一九一四	四七	軍務局長兼将官会議議員となる	シーメンス事件発生○独に宣戦布告、青島攻略
大正四	一九一五	四八		臨時海軍軍事調査会設置
大正五	一九一六	四九	軍令部出仕、欧州戦争視察に渡欧。第二水雷戦	袁世凱、皇帝即位宣言○横須賀海軍

			隊司令官となる。次女宜子誕生。	航空隊開隊〇ジュットランド沖海戦
大正六	一九一七	五〇	再び将官会議議員となる。海軍中将となり待命を命ぜらる	特務艦隊、地中海で活躍〇ソヴィエト政府成立
大正七	一九一八	五一	死去	シベリヤ出兵

参考文献

神谷政男『宗方小太郎文書』原書房　昭和五〇年
海軍教育本部『帝国海軍教育史』原本明治四四年刊　原書房復刻　昭和五八年
国立国会図書館『斎藤実関係文書』国立国会図書館　昭和四二年
海軍軍令部『秘　明治二十七八年海戦史』海軍軍令部　明治三八年
海軍軍令部『明治二十七八年海戦史』海軍軍令部　明治三八年
海軍軍令部『極秘・秘　明治三十七八年海戦史』海軍軍令部　明治四三年
海軍軍令部『明治三十七八年海戦史』海軍軍令部　明治四四年
露国海軍軍令部『露日海戦史』（日本）海軍軍令部訳・刊　大正八年
秋山真之『海軍英文尺牘文例』水交社　明治三六年
山屋他人『海軍戦術』海軍大学校　明治三二年
秋山真之『海軍応用戦術』海軍大学校　明治三六年
秋山真之『海戦要務令』軍令部　明治三四年
秋山真之『海戦要務令』第一改正　軍令部　明治四三年
秋山真之『海戦要務令続編』第一改正　軍令部　大正元年

秋山真之『海軍戦務』　海軍大学校　明治四一年
秋山真之『基本戦術』　海軍大学校　大正二年
秋山真之「諜報第百十八号」　防衛研究所蔵　明治三一年
柴五郎「(米西戦争)報告」　防衛研究所蔵　明治三一年
井出謙治「米国駐在井出謙治報告」　防衛研究所蔵　明治三三年
外務省「在仏帝国公使館　西比利亜鉄道並ニ露国軍備ニ関スル情報」　外交史料館所蔵　明治三七年
田中宏巳「日露戦争におけるロシアの密輸問題」『国史学』第一一四号　昭和五三年
海軍軍令部「東航露国艦隊及運送船ニ関スル情報」　防衛研究所蔵　明治三七年
海軍軍令部「明治三十七八年大海情報」　明治三八年
連合艦隊司令部「連合艦隊戦闘詳報」　防衛研究所蔵　明治三七年
連合艦隊司令部「第一艦隊戦闘詳報」　防衛研究所蔵　明治三八年
第二艦隊司令部「駆逐艦艇戦闘報告」　防衛研究所蔵　明治三八年
海軍軍令部「露国海軍中佐グラード意見書」　防衛研究所蔵　明治四一年
宗方市五郎「日誌」　宗方神社所蔵　明治三八年
大本営海軍部「明治三十七、八年　第三軍関係書類」　防衛研究所蔵　明治三八年
大本営海軍部「明治三十八年　旅順攻囲軍行動摘要」　防衛研究所蔵　明治三八年

日本近代史料研究会『日本陸海軍の制度・組織・人事』東京大学出版会　昭和四六年
桜井真清『秋山真之』秋山真之会　昭和八年
水野広徳『提督秋山真之』朝日新聞社　昭和九年
島田謹二『アメリカにおける秋山真之』朝日新聞社　昭和四四年
島田謹二『ロシヤ戦争前後の秋山真之』朝日新聞社　平成一一年
生出寿ほか『秋山真之のすべて』新人物往来社　昭和五〇年
海軍有終会『近世帝国海軍史要』海軍有終会　昭和一三年
海軍歴史保存委員会『日本海軍史』海軍歴史保存委員会　平成七年
宮内省『明治天皇紀』吉川弘文館　昭和四七年
ポリトウスキイ『露艦隊来航秘録』海軍勲功表彰会本部　明治四〇年
バルチック艦隊戦闘記録係『五月二十七日』明星書房　昭和一一年
フランス・ツイース『日露海戦』昭森社　昭和一二年
ノウィコフ・プリボイ『ツシマ　日本海海戦』三笠書房　昭和二七年
ミハイル・スミルノフ『一九〇五年五月二七、二八日朝鮮海峡』海軍教育本部　大正一一年
佐藤鉄太郎『帝国国防論』佐藤鉄太郎　明治三五年
佐藤鉄太郎『帝国国防史論』東京印刷　明治四三年
佐藤栄祐『有馬良橘伝』有馬良橘伝編纂会　昭和四九年

鈴木一『鈴木貫太郎自伝』時事通信社　昭和六〇年
原清『小笠原長生と其随筆』小笠原長生公九十歳祝賀記念刊行会　昭和三一年
小笠原長生『帝国海軍史論』春陽堂　明治三一年
小笠原長生『日本帝国海上権力史講義』春陽堂　明治三二年
小笠原長生『東郷元帥詳伝』春陽堂　大正一〇年
小笠原長生『類聚伝記大日本史　海軍編』雄山閣　昭和一一年
小笠原長生『侠将八代六郎』政教社　昭和六年
大田阿山『男爵坂本俊篤伝』東亜協会　昭和一七年
秋山真之『軍談』実業之日本社　大正六年
山路一善『隻手の声』筑摩書房　昭和三三年
鵜崎鷺城『薩の海軍　長の陸軍』政教社　明治四四年
伊藤金次郎『陸海軍人国記』今日の話題社　昭和十四年
木村久邇典『錨と星の賦―桜井忠温と水野広徳』新評社　昭和五五年
山梨勝之進『山梨勝之進先生偉芳録』山梨勝之進先生記念出版委員会　昭和四三年
故伯爵山本海軍大将伝記編纂会『伯爵山本権兵衛伝』原書房　昭和一三年
防衛研修所戦史室『戦史叢書　大本営海軍部・連合艦隊Ⅰ』朝雲新聞社　昭和五〇年
大本七十年史編纂『大本七十年史』宗教法人　大本　昭和三九年

出口京太郎『巨人出口王仁三郎』　天声社　平成一三年
植田捷雄『東洋外交史　上』　東京大学出版会　昭和四四年
坂野正高『近代中国政治外交史』　東京大学出版会　昭和四七年
古屋哲夫『日露戦争』　岩波書店　昭和四一年
大井篤『海上護衛参謀の回想』　原書房　昭和五〇年
金田一春彦・安西愛子『日本の唱歌（中）』　講談社　昭和五三年
獅子文六『海軍随筆』　新潮社　昭和一八年
中央公論『歴史と人物』特集日本海軍事件秘史　中央公論社　昭和五三年

著者略歴

一九四三年生まれ
一九七四年早稲田大学大学院博士課程修了
現在　防衛大学校教授

主要著書
日本海軍史(共編)　東郷平八郎　ＢＣ級戦犯

人物叢書　新装版

秋山真之

二〇〇四年(平成十六)九月十日　第一版第一刷発行
二〇〇九年(平成二十一)十月一日　第一版第二刷発行

著者　田中宏巳《たなかひろみ》
編集者　日本歴史学会
代表者　笹山晴生
発行者　前田求恭

発行所　株式会社　吉川弘文館
東京都文京区本郷七丁目二番八号
郵便番号一一三―〇〇三三
電話〇三―三八一三―九一五一〈代表〉
振替口座〇〇一〇〇―五―二四四
http://www.yoshikawa-k.co.jp/
印刷＝株式会社 平文社
製本＝ナショナル製本協同組合

ISBN978-4-642-05230-6

『人物叢書』(新装版)刊行のことば

人物叢書は、個人が埋没された歴史書が盛行した時代に、「歴史を動かすものは人間である。個人の伝記が明らかにされないで、歴史の叙述は完全であり得ない」という信念のもとに、専門学者に執筆を依頼し、日本歴史学会が編集し、吉川弘文館が刊行した一大伝記集である。

幸いに読書界の支持を得て、百冊刊行の折には菊池寛賞を授けられる栄誉に浴した。

しかし発行以来すでに四半世紀を経過し、長期品切れ本が増加し、読書界の要望にそい得ない状態にもなったので、この際既刊本の体裁を一新して再編成し、定期的に配本できるような方策をとることにした。既刊本は一八四冊であるが、まだ未刊である重要人物の伝記についても鋭意刊行を進める方針であり、その体裁も新形式をとることとした。

こうして刊行当初の精神に思いを致し、人物叢書を蘇らせようとするのが、今回の企図である。大方のご支援を得ることができれば幸せである。

昭和六十年五月

日本歴史学会

代表者 坂本太郎

日本歴史学会編集

人物叢書〈新装版〉

▽没年順に配列　▽一、二六〇円～二、四一五円(5%税込)
▽残部僅少の書目もございます。品切の節はご容赦ください。

日本武尊　上田正昭著
聖徳太子　坂本太郎著
蘇我蝦夷・入鹿　門脇禎二著
持統天皇　直木孝次郎著
額田王　直木孝次郎著
藤原不比等　高島正人著
長屋王　寺崎保広著
行基　井上薫著
光明皇后　林陸朗著
鑑真　安藤更生著
藤原仲麻呂　岸俊男著
道鏡　横田健一著
吉備真備　宮田俊彦著
佐伯今毛人　角田文衛著
和気清麻呂　平野邦雄著
桓武天皇　村尾次郎著
坂上田村麻呂　高橋崇著
最澄　田村晃祐著
平城天皇　春名宏昭著
円仁　佐伯有清著
伴善男　佐伯有清著
円珍　佐伯有清著
菅原道真　坂本太郎著
聖宝　佐伯有清著
三善清行　所功著
藤原純友　松原弘宣著
紀貫之　目崎徳衛著
良源　平林盛得著
藤原佐理　春名好重著
紫式部　今井源衛著
一条天皇　倉本一宏著
大江匡衡　後藤昭雄著
源信　速水侑著
源頼光　朧谷寿著
藤原道長　山中裕著
藤原行成　黒板伸夫著
清少納言　岸上慎二著
和泉式部　山中裕著
源義家　安田元久著
大江匡房　川口久雄著
奥州藤原氏四代　高橋富雄著
藤原頼長　橋本義彦著
藤原忠実　元木泰雄著
源頼政　多賀宗隼著
平清盛　五味文彦著
源義経　渡辺保著
西行　目崎徳衛著
後白河上皇　安田元久著
千葉常胤　福田豊彦著
源通親　橋本義彦著
畠山重忠　貫達人著
法然　田村圓澄著
栄西　多賀宗隼著
北条義時　安田元久著
大江広元　上杉和彦著
北条政子　渡辺保著
慈円　多賀宗隼著
明恵　田中久夫著
藤原定家　村山修一著
北条泰時　上横手雅敬著

道元（新稿版） 竹内道雄著
北条重時 森幸夫著
親鸞 赤松俊秀著
日蓮 大野達之助著
北条時宗 川添昭二著
一遍 大橋俊雄著
叡尊・忍性 和島芳男著
京極為兼 井上宗雄著
金沢貞顕 永井晋著
菊池氏三代 杉本尚雄著
新田義貞 峰岸純夫著
花園天皇 岩橋小弥太著
赤松円心・満祐 高坂好著
卜部兼好 冨倉徳次郎著
覚如 重松明久著
足利直冬 瀬野精一郎著
佐々木導誉 森茂暁著
細川頼之 小川信著
足利義満 臼井信義著
今川了俊 川添昭二著
足利義持 伊藤喜良著
世阿弥 今泉淑夫著

上杉憲実 田辺久子著
山名宗全 川岡勉著
一条兼良 永島福太郎著
蓮如 笠原一男著
宗祇 奥田勲著
万里集九 中川徳之助著
三条西実隆 芳賀幸四郎著
大内義隆 福尾猛市郎著
ザヴィエル 吉田小五郎著
三好長慶 長江正一著
今川義元 有光友學著
武田信玄 奥野高広著
朝倉義景 水藤真著
浅井氏三代 宮島敬一著
明智光秀 高柳光寿著
大友宗麟 外山幹夫著
千利休 芳賀幸四郎著
足利義昭 奥野高広著
前田利家 岩沢愿彦著
長宗我部元親 山本大著
安国寺恵瓊 河合正治著
石田三成 今井林太郎著

真田昌幸 柴辻俊六著
高山右近 海老沢有道著
島井宗室 田中健夫著
淀君 桑田忠親著
片桐且元 曽根勇二著
藤原惺窩 太田青丘著
支倉常長 五野井隆史著
伊達政宗 小林清治著
天草時貞 岡田章雄著
佐倉惣五郎 児玉幸多著
立花宗茂 中野等著
小堀遠州 森蘊著
徳川家光 藤井讓治著
由比正雪 進士慶幹著
林羅山 堀勇雄著
国姓爺 石原道博著
野中兼山 横川末吉著
隠元 平久保章著
徳川和子 久保貴子著
酒井忠清 福田千鶴著
朱舜水 石原道博著
池田光政 谷口澄夫著

山鹿素行　堀　勇雄著
井原西鶴　森　銑三著
松尾芭蕉　阿部喜三男著
三井高利　中田易直著
河村瑞賢　古田良一著
徳川光圀　鈴木暎一著
契　沖　久松潜一著
市川団十郎　西山松之助著
伊藤仁斎　石田一良著
徳川綱吉　塚本　学著
貝原益軒　井上　忠著
前田綱紀　若林喜三郎著
近松門左衛門　河竹繁俊著
新井白石　宮崎道生著
鴻池善右衛門　宮本又次著
石田梅岩　柴田　実著
太宰春台　武部善人著
徳川吉宗　辻　達也著
大岡忠相　大石　学著
賀茂真淵　三枝康高著
平賀源内　城福　勇著
与謝蕪村　田中善信著

三浦梅園　田口正治著
毛利重就　小川國治著
本居宣長　城福　勇著
山村才助　鮎沢信太郎著
木内石亭　斎藤　忠著
小石元俊　山本四郎著
山東京伝　小池藤五郎著
杉田玄白　片桐一男著
塙　保己一　太田善麿著
上杉鷹山　横山昭男著
大田南畝　浜田義一郎著
只野真葛　関　民子著
小林一茶　小林計一郎著
大黒屋光太夫　亀井高孝著
菅江真澄　菊池勇夫著
島津重豪　芳　即正著
狩谷棭斎　梅谷文夫著
最上徳内　島谷良吉著
渡辺崋山　佐藤昌介著
柳亭種彦　伊狩　章著
香川景樹　兼清正徳著
平田篤胤　田原嗣郎著

間宮林蔵　洞　富雄著
滝沢馬琴　麻生磯次著
調所広郷　芳　即正著
橘　守部　鈴木暎一著
黒住宗忠　原　敬吾著
水野忠邦　北島正元著
帆足万里　帆足図南次著
江川坦庵　仲田正之著
藤田東湖　鈴木暎一著
広瀬淡窓　井上義巳著
大原幽学　中井信彦著
島津斉彬　芳　即正著
月　照　友松圓諦著
橋本左内　山口宗之著
井伊直弼　吉田常吉著
吉田東洋　平尾道雄著
佐久間象山　大平喜間多著
真木和泉　山口宗之著
高島秋帆　有馬成甫著
シーボルト　板沢武雄著
高杉晋作　梅溪　昇著
川路聖謨　川田貞夫著

横井小楠　圭室諦成著
山内容堂　平尾道雄著
江藤新平　杉谷昭著
和宮　武部敏夫著
西郷隆盛　田中惣五郎著
ハリス　坂田精一著
森有礼　犬塚孝明著
松平春嶽　川端太平著
中村敬宇　高橋昌郎著
河竹黙阿弥　河竹繁俊著
寺島宗則　犬塚孝明著
樋口一葉　塩田良平著
ジョセフ＝ヒコ　近盛晴嘉著
勝海舟　石井孝著
臥雲辰致　村瀬正章著
黒田清隆　井黒弥太郎著
伊藤圭介　杉本勲著
福沢諭吉　会田倉吉著
星亨　中村菊男著
中江兆民　飛鳥井雅道著
西村茂樹　高橋昌郎著
正岡子規　久保田正文著

清沢満之　吉田久一著
滝廉太郎　小長久子著
田口卯吉　田口親著
福地桜痴　柳田泉著
陸羯南　有山輝雄著
児島惟謙　田畑忍著
荒井郁之助　原田朗著
幸徳秋水　西尾陽太郎著
ヘボン　高谷道男著
石川啄木　岩城之徳著
乃木希典　松下芳男著
岡倉天心　斎藤隆三著
桂太郎　宇野俊一著
加藤弘之　田畑忍著
山路愛山　坂本多加雄著
伊沢修二　上沼八郎著
秋山真之　田中宏巳著
前島密　山口修著
成瀬仁蔵　中嶌邦著
前田正名　祖田修著
大隈重信　中村尚美著
山県有朋　藤村道生著

大井憲太郎　平野義太郎著
河野広中　長井純市著
富岡鉄斎　小高根太郎著
大正天皇　古川隆久著
津田梅子　山崎孝子著
豊田佐吉　楫西光速著
渋沢栄一　土屋喬雄著
有馬四郎助　三吉明著
武藤山治　入交好脩著
坪内逍遙　大村弘毅著
山室軍平　三吉明著
南方熊楠　笠井清著
中野正剛　猪俣敬太郎著
河上肇　住谷悦治著
御木本幸吉　大林日出雄著
尾崎行雄　伊佐秀雄著
緒方竹虎　栗田直樹著

▽以下続刊